京都一中百五十周年記念

われら自由の学び舎に育ち

稲垣真美／熊谷かおり編著

ミネルヴァ書房

村山槐多画「乞食と女」（油彩）一九一七年九月制作、二〇〇号
日本美術院賞を受ける。女性のモデルは恋人お珠さん、少年はみけんに二条の皺があり槐多の自画像と思われる。
有島武郎が所蔵したが、一九一九年槐多の死後、京都一中の同窓、旧師、先輩有志が集まって買い戻し、母校に寄贈。諄信館、講堂等に掲げられたが、一九四八年三月新学制による京都一中移転時に行方知れずとなる。

まえがき

二〇一四年京都一中記念の「自由の碑」を今の洛北高校前庭に建てたとき、その自由を謳う記念誌も出せたら、という話になった。ではどういう形のものにしようかと、出身者たちの寄稿を求め、明治、大正以来の先輩たちの書き残した資料なども探索するうち、図らずも大正十二年四年修了の湯川秀樹さんが漱石や芭蕉、それからデカルト、ニュートンにまでわたって、ものすごく面白い発想の放談をなさっているのを見つけ出した。思わず、これだ！　と叫んだ。

京都一中は、年譜にも記した通り、日本最古の公立旧制中学校で、明治三年に創立した時は英、仏、独などの外国人教師もいて数理や医学まで教え、ゆくゆくは大学にもという構想もあったようである。それだけに早くから碩学となる人々を輩出した。

さらに明治三十年代京都大学ができて、京都一中が京大、三高と校舎も並べた吉田時代、森外三郎が校長となって自由を標榜したのに伴い、以後一層活発に各界に雄飛する人士を生んだ。湯川秀樹、朝永振一郎の日本初のノーベル物理学賞受賞者も、村山槐多のような夭折を恐れぬ奔放な詩人・画家も、西堀栄三郎、今西錦司のような探検、登山家も、大塚久雄や桑原武夫のような自由人的思考の学者たちも、その中に育ち世に巣立ったのである。

この自由の伝統は、昭和に入って、下鴨の現洛北高校敷地に移ってからも貫かれた。満州事変以後の軍国化に傾く時代に、配属将校が全校生のゲートル着用を強要した際、山本安之助校長は「諸君、断じてゲートルは巻かなくてよろしい、あれは足の健康にもよくない」と言って拒否した。こんなことから生徒たちは日々をのびのび暮らし、それぞれ将来を想い描き、登山や、やがては興安嶺、ヒマラヤ、南極探検にも挑んだ。

東京の代表的進学校であった東京府立一中や四中に比べても京都一中が特異であった一つに、大正八年の教育制度改革後、小学五年からの飛び級入学者が毎年十数人に及んだ事実がある。東京の代表的な中学や全国でも合わせて数人を超えることはなかった小学五年からの進学者が京都一中にのみ多かったのは、木内重四郎という知事が京都府師範学校附属小学校に特別教育の第二教室を設置し、五年からの進学を奨めたからである。以後この学園から、大塚久雄、清水三男、小川環樹、市村恵吾らの俊才が生まれ、昭和十八（一九四三）年に廃絶されるまで毎年十数人の五年からの一中進学者が続いて、京都一中の自由に溶け込んだ。

半面、のちに『フランソワ・ラブレエ』の一書を残して夭折した市村恵吾（京都一中昭和五年出身）のような病歿のケースもあったので、『能楽源流考』で学士院恩賜賞を受けることになった能勢朝次という優れた教師が、やはり附属小学校から京都一中に学んだ先輩・村山槐多の、高村光太郎も絶賛した『一本のガランス』の詩を掲げ、「諸君この意気をもて!!」と励ましたいきさつがある。考えてみれば、ガランスとはフランス語で深い茜色を表し、それはまた『比叡の峰にあかねさす』の一中校歌にも現れた色であった。この詩を冒頭に掲げた理由である。

幕末から明治初年にかけて最も早く市中に小学校を開いたのも京都であった。教育熱心な京都の各小学校、たとえば錦林校、京極校、下鴨の小学校はじめ、京都市内からだけでなく、大阪、兵庫、滋賀、三重、北陸からも子弟たちはこの中学に入るのを喜びとし、それぞれの個性を生かしつつ、入学後は、自由の学風の中で、才能をはぐくんだのである。ここに今、アーカイブ的に、古くは明治に学んだ木下道雄（のち昭和天皇侍従）、下村正太郎（十一代京都大丸社長）、さらに大正期の朝永振一郎（湯川秀樹とともにノーベル物理学賞受賞）に始まる自然科学、人文科学各分野で業績を上げた出身者たちの様々な資料を渉猟するうち、できるだけ現在のわれわれに近い感覚で受容しやすい部分を集めて、一冊としてみたい気持ちになった。

が、同時にまた、一九三〇年代以降は、出身者の三分の一以上が引き続いた戦争によって戦死や戦災死も免れなかった時代も経ている。その犠牲となって研学に業績を残しつつ、フィリピンの無残な戦場や、シベリアの非情な抑留地で命を絶たれた先輩たちのことを、どうして忘れ得よ

2014年12月６日「自由の碑」除幕を行う。左より稲垣真美代表委員、安藤仁介前同窓会長ら（撮影：岡本由美子）

う……。

山男だった土倉九三氏の日常を書き留めてくれた一人の山田稔さん（昭和二十三年卒）は、作家仲間でもあったが、いつだったか会った時、「一九四五年の八月十五日、あの日の太陽ほど明るい日の輝きを見たことはなかった」と異口同音に話し合ったことがある。それほどに、あの戦争というやつは、僕らの自由でぶち破らない限り、暗い壁になって立ちふさがっていた。

だが、たまたま文中の、京都ならではの鳩居堂・熊谷家の資料のことで熊谷かおりさん（洛北高校第三十一回卒）と出会うに及んで、その無上の明るさに驚いた。京都一中を引き継いだ府立洛北高校（現在中高一貫校）のはるか後代の出身で、しかも祖父熊谷直清さんは大正十一年の京都一中卒、父熊谷直好さんも洛北高校第四回の卒業である。京都一中と現在の洛北高校をつなぐうえでも、この際新しい今現代の息吹を吹き込んでほしいと、編者に加わってもらうことにした。

これこそは同窓諸氏だけでなくもっと広く読んでいただけたらと願う、世紀を超えた共編の本である。

二〇一八年夏

編著者　稲垣　真美

京都一中一五〇周年記念　われら自由の学び舎に育ち

目次

第Ⅰ部　科学と哲学の彼岸　科学・思想編

序詩「一本のガランス」「京都人の夜景色」

村山槐多

村山槐多《むらやまかいた》（一八九六～一九一九）　詩人、画家。森鷗外家の縁で父村山谷助、母玉子の子として横浜に育ち、父が京都一中の教師となったため、銅駝幼稚園、春日小学校を経て京都府師範学校附属小学校に転じ、伊勢の津の京都一中夏季の遠泳合宿に参加した折の長文の日記で人を驚かせ、成績も優秀で京都一中に入学。初め級長を務めたが、やがて、水泳着にメランコリーとローマ字で墨書するなど、内面に巣喰う暗黒と闘うことになり、学業を顧みず二、三年時より同人誌『銅鑼』『強盗』『青色庭園』等を出して、数々の優れた詩を書き残すと同時に、遠足時の風景画は時の校長森外三郎を感嘆させ、学校保存となった。一九一四（大正三）年一中卒業後上京して横山大観、小杉未醒らの日本美術院の研究生となり、水彩画小品は大観に認められ買い上げられた。二年目には「カンナと少女」の水彩画が日本美術院賞に入賞。さらに二年後の一九一七（大正六）年には「乞食と女」の油彩で二度目の院賞を得た。このころ「一本のガランス」の名詩も残したが、モデルのお珠さんとの恋に苦しみ、肺患にも冒されて、転地先の房総の海や、最後の住処となった東京代々木でも頽廃の奇行絶えず、折からのスペイン風邪とともに一九一九（大正八）年二月、わずか二二歳五カ月で夭折した。なお、槐多の名付親は森鷗外である。

一本のガランス

ためらふな、恥ぢるな
まつすぐにゆけ、
汝のガランスのチューブをとつて
汝のパレットに直角に突き出し
まつすぐにしぼれ
そのガランスをまつすぐに塗れ
生《き》のみに活々と塗れ
一本のガランスをつくせよ
空もガランスに塗れ
木もガランスに描け
草もガランスにかけ
魔羅をもガランスにて描き奉れ

神をもガランスにて描き奉れ
ためらふな、恥ぢるな
まつすぐにゆけ
汝の貧乏を
一本のガランスにて塗りかくせ

（一九一八年十二月四日作）

京都人の夜景色

ま、綺麗やおへんかどうえ
このたそがれの明るさや暗さや
どうどつしやろ紫の空のいろ
空中に女の毛がからまる
ま、見とみやすなよろしゆおすえな
西空がうつすらと薄紅い玻璃みたいに

序　詩

どうどつしやろえええなあ

ほんまに綺麗えな、きらきらしてまぶしい
灯がとぼる、アーク燈も電氣も提灯も
ホイツスラーの薄ら明りに
あては立つて居る四條大橋
じつと北を見つめながら

虹の様に五色に霞んでるえ北山が、
河原の水の仰山さ、あの仰山の水わいな
青うて冷たいやろえなあれ先斗町の灯が
きらきらと映つとおすは
三味線が一寸もきこえんのはどうしたのやろ
藝子はんがちらちらと見えるのに

ま、もう夜どすか、早いえな
あ空が紫でお星さんがきらきらと
たんとの人出やな、美しい人ばかり
まるで燈と顔との戰場
あ、びつくりした電車が走る
あ、こわかつた

ええ風が吹く事、今夜は
綺麗やけど冷めたい晩やわ
あては四條大橋に立つて居る
花の様に輝やく仁丹の色電氣
うるしぬりの夜空に

なんでぽかんと立つて居るのやろ
あても知りまへん

（『槐多の歌える』より、一九一二年京都一中五年時作）

人間は面白い　漱石・芭蕉・デカルト・ニュートン

湯川　秀樹

湯川秀樹《ゆかわひでき》（一九〇七〜一九八一）　物理学者。東京に生まれ、一歳の時父小川琢治（地質学者）が初代京都大学教授となって京都に移り京育ちとなる。京極小学校を経て京都一中に入学。長兄小川芳樹〈のち東大冶金学教授〉、貝塚茂樹〈のち京大人文研教授〉の二兄、小川環樹（のち京大中国文学教授）、小川滋樹（麻生興業）の二弟ともども全員が京一中に学んだ。湯川秀樹自身は、大正十二年四年修了で三高理科に入り京大物理学科に進み、一九三六年大阪帝大助教授時代に、素粒子の陽子と中性子を媒介する中間子の存在を予言。一九三九年京大教授となり一九四一年学士院恩賜賞、一九四三年には文化勲章、さらに中間子の存在の証明に伴い一九四九年日本人最初のノーベル物理学賞を受けた。受賞後京都一中同窓の会で、中学時代の教練教師カバさんこと渡辺勝之助元軍曹と久々に対面。その大声の号令に思わず直立不動の姿勢を取った、という学究的性格は知られているが、新聞に連載された自伝『旅人』は作家による聞き書きに近く、その生の人柄や自由な思考を十分に伝えたとはいえない。ここにご紹介する談話は、梅原猛の対談集『考える愉しさ』（一九七五年）で梅原氏一流の触発によって、漱石、芭蕉、デカルト、ニュートン等について思いのままに放談し、真率な人柄も伝えて興味深い。

年とともに好奇心

私は好奇心はわりあい旺盛だと思っております。その好奇心の範囲がだんだんと広くなってくるので困っておるんですが。若いときは、いまより好奇心が旺盛でなかったとはいえませんが、なにかあるところへ集中されていて、ある時期はやはり物理学に関して一生懸命勉強し、研究し、新しいものにたいする強い関心は、おのずから自分の専門に集中されておったわけですね。それが四十歳代から五十歳代ぐらいになると、あっちこっちの方向へだんだん発散しはじめた。むろん物理学に関係のあるような自然科学の他の分野、あるいは自然哲学的な傾向の強い哲学、そういうものにはもともと関心があったわけですが、だんだん文学、歴史というようなところへひろがって来たんです。しかし、それは同時に、物理学を専門とするようになる以前、さかのぼれば小学校、中学校、高校のころに、なんとなく仕入れたものがもう一ぺん生きて来て、新しく入ってくるものとお互いに干渉し、刺激しあうようなことがあると思いますね。教養というのは、そういうものじゃないかと思いますね。

一例として、たとえば国文学でいいますと、日本の古典、古典らしきもの、古典ともいえんようなものも含めて、いろんな書物を私は若い時代に雑読していた。そのときには、ただ読んだだけのようですけれども、のちになると、新しく入ってくるものと一種の対話みたいなことを私の心のなかで始めるわけやね。そうすると、自分でおもしろくなってくる。

つまり好奇心というけれども、好奇心の奇とは何か。何か新鮮な刺激をあたえるものが奇なんやね。ただ知識というより、やはり奇人の奇、奇妙の奇に通じる奇妙なことですね。そういうものをパッと感ずる。教養というのは、ただの常識を養うようなこともあるでしょうが、そのなかへ納まり切らんようなものもパッと来るわけでしょう。それが自分の教養、学識をある程度破壊するかもしれんというものがパッと入ってくると、脳細胞が俄然活動するわけやな。その中身はいろんなものがありますけれども。

それと、私はよく言うんですが、その人の興味というか、才能、能力のあらわれ方というものは、だいたい年齢と関係があるのではないか。たとえばデカルトを見ると、哲学者にちがいないけれども、まず数学からはじめた。彼は数学が最も得意やから、はたち前後でもう相当のことをやっている。その次に理論物理なんかをやりまして、ここでも相当の業績をあげる。その次には宇宙とか、生物とかいうほうへだんだんいく。そうこうして彼はどこまでやったか。たとえば『情念論』といった方向へ行く。彼はやはり自分をひじょうによく知っているというか、自分の才能を自分で導くというか、自分を自分で見ているわけやな。次はこうやったらよい。その次は何をやるべきか。そういう順序を知っておった。これはすごい男だと思いますね。

そこまでは意識せずにいろいろやっている人が多い。私も昔はそういう意識はあまりなかったけれども、だんだん自分でも意識するようになってきた。そして、歴史みたいなもののほうへ次第に動いていった。物理はいままでも本職で、もちろん、ひじょうに関心をもっております。物理にはまだ基本的にわからんことがありますからね。逆に数学だって、私は近ごろまた興味をもつようになった。しかし、疲れてきたら、まずどんな本が読めなくなるかというと、哲学はまずいけません。それから数学の本も困る。やはり自分で精神をきちんとコントロールできて、ロジカルに考えなければならぬ。途中をいいかげんに飛ばしたら、ぐあい悪いですからね。物理は論理以外のいろんなことと関係していますから、もうちょっと楽です。

疲れたらできんようになる学問が必ずしも高級かどうか、それは別問題ですけれども、そういう違いはあるわけやね。ただどんな方面であろうと、創造力が発現できなければつまらぬ。もっとも、ある方面の創造力や精神活動がどういうふうにすれば盛んになるかというたら、数学者と物理学者と小説家と詩人とではみな違うでしょう。歴史家だって違うんじゃないかと思いますがね。

純粋であることはしんどい

川端康成さんは、作家としてはひじょうにすぐれた人で、やはり天才だと思います。ただ、私などちょっと違いまして、純粋であるというのはいいことかもしれないけれども、皆が長生きするようになってくると、純粋であるというのは、ものすごくしんどいことやと思う。純粋と長生きとはなかなか両立しにくいんじゃないか。つまり人生を楽しむ、豊かに生きていくというためには、あまり純粋であるわけにもいかんのじゃないか。

学問のなかでいえば、数学はひじょうに純粋な学問ですね。数学者が一生純粋かどうかは別として、少なくとも若いころには最も純粋でないと何もできんわけですね。物理もある程度純粋でないといかん。私も若いときはもう少し純粋であったつもりやけどもね。しかし、だんだんと純粋でなくなって、興味の範囲が次第に広くなってきた。

何にでも興味をもつというのは、ただゴシップみたいなものをあさるというのと全く違うことでして、私はやはりある意味では知的にひじょうに貪欲かも知れないが、しかし、同時にいろんな知識を自分でまとめたいと思っているわけですよ。

ただ知識の量をふやすということではないのであって、自分がある程度なにか体系づけようとしている。すると、それと矛盾するような、あるいはそこへうまく入らんような物を嗅ぎ分けるわけやな。嗅ぎ分けて、これはなにかあるぞと思うと、それはどうしてかとやはり追究したくなる。もちろん自分の専門以外のことはそれほど体系的に努力しているわけではないけれども、人がなにか変わったこと言うたら、それは何やと、やはり追究したくなるわけやな。そして自分の薬籠中のものにしたい。なかなかうまくいかんですが、しかし、どうも変なものがあって、その変なものをいったいどう処置すべきかという、そういう意識やな。それがなかったらおもしろくないです。

長く生きても大丈夫や

西田幾多郎先生のことも、ひじょうにえらい方で、私も尊敬しておりますが、西田先生のような思想ですと、結局とんでもないものによって自分がたじろぐというか、ひっくり返される、また起き直ってというふうにはなかなかならんのじゃないか。ひじょうにえらい人やけれども、同じところばかり掘っておられる。われわれの及びもつかんくらい深いのでしょうけれども、同じところを掘り続ける。けっして軽蔑するわけではないけれども、ひじょうにしんどいわね。哲学者はふつうそうなんですね。

数学者というのは徹底していまして、ほとんど純粋な論理みたいなものでしょう。どんな事実にしたって、事実の間の数学的な関係、構造みたいなものにパッと興味がいくわけやね。それは物事自体が何であってもかまへんわけや。何にでも数学的構造を発見することですよね。哲学者にもいろいろおられると思いますけれども、物理はそうはいかんので、物そのものに興味をもたんならん。そこからだんだん行きますと、こんどは人間に興味をもってくるわけやね。そうなると興味の種はつきない。

上っつらを見ていたら、はじめはみな同じように見えるけれども、それぞれみな、なにか悩みを感じておったりするわけやな。そしてそれぞれみな変わっているですよね。私の昔からの持論は、人間というのは全部おかしい。そのおかしさの強くあらわれる人やら、あまりあらわれない人やら、またそのおかしい部分がどこであるか、人によって違いますが、全然おかしくないという人はないのでね。一人一人の人間それぞれの理解はなかなかむつかしい。だから、その辺に興味を持ちだしたら、一生いくら長くたってだいじょうぶや。

ロマンの時代は幸福

私は幸いにして物理学を二十世紀の前半の時代からやっているわけです。二十世紀の初期というのは、物理学でドグマを次々にこわしていった時代ですね。よく知られておりますように、ニュートン力学が成立するのは十七世紀の後半ですね。それから二百何十年かはしだいにそれが絶対化していくわけです。十九世紀になりますと、少し怪しげなことがあらわれますが、だいたいとしてはニュートン力学が確かなものになっていく。そうすると、真理はすでにありということになって、すでに人間に知られている。あとはそれをいろんなことに細かく適用していって、経験とか、実験とかによって、現実世界とそういう理論体系がいかにぴたっと合っているかを跡づけていく。それが物理学の仕事であるみたいな感じがひじょうに強くなるわけですね。そういう意味のアカディミックな仕事ですね。

ところが、二十世紀になりますと、ニュートン力学の枠に収まらないことがあらわれてくるわけやな。相対論も出てくるし、量子論も出てくる。そうして、最も強固な基礎と思われていた理論体系をひっくり返すということが起こる。これは、わたし流の表現をすれば、ひじょうにロマンティックなことです。私などは、そのロマンティックな時代のややあとのほうに出てきたという感じで、自分もそれに参加することができた。

しかし、もっと若い人にとっては、そういう時代が過ぎまして、相対性理論であるとか、量子力学とか、これがまたドグマになって定着し、まずそれから勉強する。そうすると、それらは教科書に水も漏らさんようにちゃんと書いてあり、そこからとても出られそうにないわけや。そこでふたたびアカディミックの時代になっていく。私は、自分はロマンティックだと思っている。若い人はアカディミックですね。なかなかロマンティックになれない。たとえば私より五つ六つ年上のハイゼンベルクという物理学者がいる。私の好きな人ですが、彼は私よりもうちょっと前に出て、量子力学をつくったりするのに自分が参加しているわけで、まさに最もロマンティックな時代のただなかにおった。彼は二十代でりっぱな仕事をするけれども、それからあと今日までつねにロマンティックであり続けようとしておるわけや。彼はやはり一人のロマンティックな学者として生きぬこうとしている。私もそうであろうとしている。ところが、そういう人は、もっと若い世代にはなかなかないんですよ。

ほかの学問、たとえば生物学などはもっと後になってから、ある種のひじょうな高揚期になりまして、分子生物学などが二十世紀の後半になって盛んになる。やはり一つのロマンの時代ですね。生物学は、物理に比べれば今がロマンの時代に見える。ぼくらはそう思うけれども、そっちの専門家から見ると、すでにドグマを通り越してアカディミックになってるという極端な見方もある。これはいろんな学問についてあるのでしょう。だから、自分がどういう時代にどういう学問をやっておるかということで、やっぱり損得があるな（笑い）。まあ哲学はいつでもロマンティックだと思うけれども……。

楽しくない漱石、エゲツないけどドストエフスキー

たとえば漱石は若くて、満五十歳にもならずに死んでいるでしょう。彼の盛んに小説を書いた時期は四十代なんですね。十年であれだけやった。あれを見ていると、なんぼでも行けたかもしれん。

文学論をやるつもりでなかったけれども、ちょっとだけやりますと、漱石は本来はディレッタントとして作家生活に入っていくわけですね。イギリスに行って神経衰弱になって、帰っていっぺんディレッタントになるわけでしょう。ところがそれから奮起して、一生懸命になってまじめに小説を書き出す。あれは性に合うておらへんのやないか。私ははじめの『猫』みたいなものが

彼の本質やと思う。

あとはだんだん無理していくわけやね。だから、しんどいわけですよね。つまり日本流の純粋になろうとする。あの人は、そういうタイプの人とはちがうのやな。しかしああいうふうにして死んでいくから、ひじょうに尊敬されるわけやね。ぼくはべつに悪いとは思いませんが、本来、もうちょっと楽しく生きようと思っておったんじゃないかな。しかしそうは思い切れんで、もう少しまじめらしき小説にだんだん移っていくわけですね。『草枕』もまだディレッタント的ですけれども、だんだんまじめになっていくわけ。天才らしきものが少しずつ認められていくというところで、やはりややこしくなるわけやな。そう考えてみると、ひじょうにおもしろいな。

漱石は教養的背景が私などと似ているので、未知なものとしての魅力が少ない。それから、漱石は何がほんとにいちばん書きたかったのか、その人独特のものはいったい何かということが、ひじょうにわかりにくい。たとえば、川端さんという人はひじょうに純粋で、特色がはっきりしていますね。谷崎という人は、晩年までひじょうにすぐれた作品を書き続けたばかりでなく、どれを読んでも実に楽しいし、よくわかる。ところが漱石の場合にはどうなんでしょうね。『文学論』があり、『猫』がありして、彼という人間にたいする興味が湧然として起ってくるけれども、小説は若いときに一とおり読んでいて、おとなになって読み直しても、それほどおもしろいという気がしなかった。

そういうたちのものですと、ほかの人にもう少しすごい、えげつない小説があるでしょう。その点で漱石はちょっと弱いね。私は『坊ちゃん』以外はけっしてきらいじゃないですよ。人間的にも大いに同感できるけれども、なにかびっくりさすようなものをもっていないですね。そういうものが本来あったのかどうか。たとえば、ぼくの怪しげな文学論だけれども、ドストエフスキーというのは、ものすごくえげつない。えげつないことを言いながら、いかにもドストエフスキーらしいものを出しているでしょう。だから、ほかの人の書いたものとは明らかに違う。ドストエフスキーはドストエフスキーですね。漱石はなるほどね、ストイックで、しんどいほうが先に立っているかもしれないな。それがやはり命を縮めているかもしれんね。

だけど、学問についても、私はやはり楽しいものやと思うんです。むろん努力せなあかんですから、しんどいことがあるにしても、自分の考え出したことを自分で解決する。それがやはりどこか自分で楽しんでいる。うれしいというか、うれしがっているというか、それでないとおかしいんじゃないですか。つまり自分の考えでなくて、人の考えによっているというか、いくらアカディミックに忠実にやっていても、その楽しさというのは、自分がやって楽しんでいるというのとはちょっと違うと思う。そこがやはりロマンティックとアカディミックの違いやと思う。私なんか、よそからなんと言われたって、やはり楽しんでおりますよ。

芭蕉の道二つ

私は芭蕉論というのは、片よっていると思う。いやにまじめ一方にするでしょう。ひじょうに純粋で、どこかへ凝り固まっているようなことになっていますが、しかし、芭蕉というのは、そんな人じゃないようですね。悪くいえばいろいろこしらえごとをしている。しかしそういうことが同時に、ちょっと楽しんでいるということでもあるのでしょうね。『奥の細道』でも彼自身はある程度フィクションでうまく文学化している。彼についている弟子の曽良がほんとのことを記録しているが、それと違うわけや。違うけれども、そのつくりごとを書いたほうが文学でしょう。それがまたおもしろいわけや。そうして芭蕉という人間のイメージをみごとにつくっていくわけですから、これはたいしたものですね。

人間というものに、やはり興味があるのは、その伝記を細かく調べて、こうやってこうしたという履歴書みたいな伝記も結構だし、それはある意味で事実かもしれないけれども、しかし、人間はこういうふうに生きたいと思って生きているわけでしょう。芭蕉はこういうふうに生きたいと思っていることを『奥の細道』とか何かに書くわけやね。それがまた芭蕉でもあるわけやね。

科学者というと、代表的なのはニュートンですが、彼はおかしな人でしてね。今日物理の古典になっているニュートン力学という、二〇〇年間、動かせなかったくらいりっぱな確かな体系を一方でつくっているわけや。しかしそれと同時に錬金術をやっておった。もう一つは、『旧約聖書』に書いてあることはみな歴史的事実やと思いこんで、それで年代記、編年史みたいなことも一生懸命やっている。その量が膨大なものや。彼の力学の書物は相当分厚いですけれども、それとは比較にならん膨大なものを書いていて、それを持って歩いているわけや。それは見せない。見せたら、科学者ニュートンというイメージが崩れるから、隠しておいた。二〇世紀になってからそれがぼつぼつ出てくるわけや。しかし、けったいなこともやっているというところで、ニュートンという人間が俄然おもしろくなってくる。やはりこれはおもしろい人物やな。それから人と論争したり、変なことがいろいろあるんですけれどね。そういう変なことも含めて、しかし、あれだけ偉大なことをやった。これがやはり人間や。人間にたいする興味というのはそういうものであってね。芭蕉の場合でもそうだと思いますね。

だいたい、人間というものを、簡単にかたづけようというのはおかしいのであって、だれでも自分に顧みたら、いろいろな欠点が目につくはずやね。しかし、なにか理想像みたいなものを考えまして、誰かをそういう理想像に仕立てたいわけや。ところが、そういう人はじっさい世の中にはめったにいない。ひじょうに若くて死んだ人とか、あるいは遠い所の人とか、大昔の人とかの場合はすきっといくかもしれない。しかし現実に生きている人というのは、そうはいかんわけです。そうすると、ひじょうに困るわけやね。しかし、ぼくは困らんでいいと思うんですがね。むしろ、それがおもしろいのであってね。

ニュートンとデカルト

もういっぺんニュートンの話に戻りますと、ニュートンというのは論争ばかりしておる。人がなにか新しいことを言い出すと、おれが先にやっておったと言うんです。それはどうしてかというと、彼が若いときに論文を書いて発表したら、先輩の学者にやられて文句をつけられた。それがものすごくこたえて、もう論文なんか発表すまいと思った。仕事はよくしているんですけれども、それはみな机の引出しへ入れておく。入れておくだけやったら、プライオリティは取れんので自分はこういうものを書いたと、ロイヤル・ソサエティに登録しておく。そしてイザというとき、それはおれが先にやっておった、証拠はちゃんと登録しておいたという。ものすごくたちの悪いやり方です。相手は知らんわけでしょう。たまたまできたと思ったら、ニュートンがそういうことを言い出す。ライプニッツとかえらい学者がみな論争でやられるわけですね。この点は人間として尊敬できんですよ。

なんでそうなったかというと、若いときに先輩にやられたというコンプレックスと、それからお父さんが、自分の生まれる前に死に、そのうえ生後間もなくお母さんがどこかへ再婚してしまう。それでおじいさんの世話になったり、おばあさんの世話になったりするんですが、ものすごく不幸なんです。からだも弱いし、どうなるかと思っておったのが、あにはからんや、ものすごくえらい学者になるわけです。そういういろんなことがあるんですね。それからいじめた先輩というのが、これまたえらい学者なんですよ。ところが、昔のイギリスにはイギリス流のナショナリズムがあって、シェークスピアとニュートンとは世界一に持ち上げておかんといかん。そこでニュートンをやっつけた先輩の学者は、ものすごい悪玉にしておくわけや。事実はこのフックという人はえらい学者なんです。漱石がロンドンで神経衰弱になったのも、私にはわかりますね。

当時は三位一体というんですが、ぼくは神学のことはよく知らんけれども、それがイギリスのオーソドックスの考え方や。ところが、彼はそれを信じないわけです。そしてユニテリアンという、よく知りませんが、違うことを信じている。それを信じているということがわかったら、大学の先生、あるいはその他の公職につけんわけです。それで隠さんならん。しかし自分がほんとうやと思うていることは、当時のイギリスの国教でいうてるオーソドックスの信仰とは違うということがあるのやな。それで聖書を研究した。聖書に書いてあることはみなほんとうやと思うておる。そう思ったりするところがぼくにはひじょうにおもしろい。それは物理学者であることと、当時としては別ではないのやと思う。少なくとも彼にとっては、そういうことです。

世界をこしらえたのは神さんや、その世界の法則は何かということを彼は一生懸命発見しようとするわけでしょう。聖書は神さんのことが書いてある。これは間違うているはずはないと思う。神さんのことはすでに書いてある。物理の法則のほうはまだだれも発見していないから、自分が発見するのやという。彼にとっては同じものや。

彼らの時代に、それは仮説というのではなくてやはりドグマなんやね。ニュートンも「我は仮説をつくらず」という。その言い方は変なんですね。前後の関係からすると、デカルトに対抗しているように見えるんです。ニュートンの場合、はっきり言うてないけれども、デカルトが一番の相手ですよ。ライプニッツとは論争して、微分・積分はおれのほうが先やといった。しかしほんとうのライヴァルは、明らかにデカルトだと思いますね。だから、「我は仮説をつくらず」というのは、デカルトはいいかげんな仮説を言うているけれども、おれのほうは真理やという主張なんですね。

ところが、デカルトはエーテルというものを考えた。エーテルを考えるとむつかしくなるんですけれども、そのエーテルはなかなか捨てられるものじゃないんです。ところが見かけ上は、ニュートンにはエーテルの話はないみたいに見えている。ところが、最後までエーテルで苦労しているんや。それはすっきりしたことにならんので、論文や著書の形にはならなかったけれども。

人間の問題でいいますと、ニュートンにはいろんなことがあります。べつにデカルトとけんかはしていないけれども、いちばん気になるのは、やはりいちばんえらい。彼にとってはいちばん手ごわいのはデカルトです。ニュートンは哲学者ではないですから、ああいう哲学で来るものはやはりかなわん。物理ではおれのほうが上やと思っているけれども、やはり思想はデカルトがごついですからね。そこで「我は仮説をつくらず」というようなことを言ったり、なんとかの規則というのを二、三書いているけれども、それはデカルトの『精神指導の規則』とか、そういうものに明らかに対抗している。そう考えると、ニュートンの心理はひじょうによくわかる。

デカルト、ニュートンという近代思想、近代科学をつくり出した人が、霊魂にこだわったり、『旧約聖書』にこだわったり、錬金術をやったり、おかしいようですが、そういうことに関心をもつということは、すなわち何か大きな体系をつくるという精神と別じゃない。

仮説は真理に通ず

ちょっとつながるような話をもう少ししますと、ニュートンの「我は仮説をつくらず」の意味をさっきちょっと言いましたけれども、ひじょうにわかりにくいんですね。むしろニュートンという人は、いろいろ疑いをもっておった人にちがいないと思うんです。デカルトももちろんそうですけれども、疑いから出発して、最後まで疑いは残っておったにちがいない。あれくらいのえらい人であれば、二人ともそうだと思います。ところが、其の後ニュートン力学は万人が認める絶対真理ということになって、それが二十世紀になってから根本的に疑われ、さきほど申しましたように、ひっくり返る。

その時期にどういう考え方が出てくるかというと、代表的なのはポアンカレですね。ポアンカレが出てきて、ほかの人もそういうことを言うんですけれども、とくに彼はすっきりしていまして、つまり、物理学とかそういうところで、原理とかなんとかいうているけれども、それはじつはみな仮説だ、数学さえもそうだ、数学の場合には別の表現で、公理といいますけれども、それをまずほんとうと思え、ほんとうと思っていろいろな結論を出してみよ、それがいろいろな事実と合うなら、物理はそれでいいんだ、ということをひじょうに明確に表現したわけですね。じっさい二十世紀の科学というものは、そういう考えでいかなきゃあかんということは確かで、私もそう思っております。しかしながら、現代はそうかもしれんけれども、昔からそうであったと思ったら、またいかんわけで……。ポアンカレ流にいうと、事ははなはだすっきりするけれども、実は、今でも、そうは簡単にいかん。つまり、私が何か言うときには、仮説やと言うかもしれん。しかし、ただ仮説やと思うているはずはないので、これは多分ほんとやろと思っている。

ただ仮説じゃないんで、これはほんとやろという気持ちが相当あって、それで仮説やと言う。じっさいそれは間違うておるかもしれん、合うておるかもしれんけれども、どっちにしても、これはほんとやろうという気持ちが、どこかに出るわけですよね。どうして出るか、なにかの機会に出るわけですけれども、そこで自信がまず出る。結論が出てから自信が出るんじゃないんです。まず自信があるのや。ということが人間精神というものの真相やと思う。デカルトはそれを直感的に自明と表現したわけですね。最初から自信がないようではあかん。人間というのはそういうものですね。

（「人間の面白さ」梅原猛対談集『考える愉しさ』新潮社、一九七五年、三三～五三頁より）

スウェーデン国王グスタフ５世よりノーベル物理学賞を授与される湯川秀樹氏（1949年12月10日）（湯川春洋氏提供）

世紀のパラドックス

朝永 振一郎

朝永《ともなが》振一郎《しんいちろう》（一九〇六〜一九七九）物理学者。東京小石川に生まれ、父三十郎が新設の京都大学哲学科教授となるに伴い、京都に移り錦林小学校から京都一中に入学、一九二三（大正十二）年卒、同年に桑原武夫や貝塚茂樹がいた。三高理科から京大物理学科へ進み、大学院を経てドイツのライプチヒに留学。不確定性原理による量子力学の権威であったウェルナー・ハイゼンベルクのもとで実験研究に打ち込み、帰朝後理化学研究所を経て、東京教育大学（現筑波大）教授、学長を務め、繰り込み理論により場の量子論を一新。量子電磁力学に貢献した功績により、一九六五年ノーベル物理学賞を受けた。京都大学時代数学を学んだ師・岡潔の研究一途の姿に心打たれ、自らの前途の指針とした。のちにカミオカンデによるニュートリノの観測成功でノーベル物理学賞を受ける小柴昌俊が、東大物理学科時代東京教育大の朝永教授を訪ねて前途の相談をし、そのアドヴァイスでアメリカに留学し、ニュートリノに至る研究の端緒を得、朝永に続くノーベル賞も得たのだった。ここに引用したのは、師ハイゼンベルクがナチスに兵器のための原子核研究を強制された苦悩を思いやり、アメリカの原子爆弾が日本に落とされて以来、さらなる兵器開発か、核防止か、世紀を超えた矛盾に、自然科学、人文科学、あらゆる分野の直面する問題を提起した、朝永著『物理学とは何だろうか』下巻の終章「科学と文明」の一節である。

国家間の恐怖の異端児・核兵器

十九世紀の科学者や技術者は科学というものを使っていろいろ新しい機械をつくったり、新しい製品をつくったりする。それは、人間の幸福に役に立つという見通しでやっていたわけですけれども、これに対して、現在の非常に有能な科学者や技術者たちが、あるいはまた有能であるはずのアメリカとかソ連とかいう国の政治家たちが核兵器をつくりつづけているのはいったいなぜだろうかと、そういうことを考えてみる必要があります。そういう好ましくないと思われることを科学者や技術者がいったいどういう気持でやっているんだろうかと、もう少しつきつめて考えなければならないわけです。

〈略〉

科学のつくり出すものが恐しければ、そういうものをつくらなければいい、そういうものを拒否すればいい。そういうものを拒否するのは理性的な判断であるはずなのに、なぜ逆に恐しければ恐しいほどそれをつくらずにいられないのか。いったいどういう状況のもとでそういう妙なことがおこるのか。どういうわけでそんなパラドクスが起るのか、どうして逆説的な行動を科学者や技術者が、あるいは政治家がするのかということですね。それはどういう経過で原子爆弾というようなものがこの世に出現したかということをちょっと考えてみると、そのわけがわかるように私は思うんです。

そもそも、最初に爆弾をつくったのはアメリカの科学者ですが、その当時はご承知のように、第二次世界大戦の最中であったわけです。そのころアメリカでもドイツでも、あるいはほかの国でも、物理学者たちはウランの核分裂を利用して大きな破壊力をもつ原子爆弾というようなものをつくることは、少なくとも原理的には可能だということを知っておりました。ウランの核分裂という現象は一九三九年、ちょうど戦争勃発の直前にドイツのハーンとシュトラスマンという二人の学者が、これは物理学者じゃなくて化学者なんですが、そういう人たちが発見したわけです。そのとき非常に大きなエネルギーが出るということもわかっていました。ですからアメリカの科学者たちも、ドイツの科学者たちも、あるいはそのほか、日本の科学者たちももちろん、そういう可能性があるということは知っていたのです。そこで戦争に入ったわけですね。

そうしますとアメリカの科学者たちはこういう可能性が見つかった以上、敵国であるナチス・

ドイツの科学者がそれをつくるかもしれないという悪夢のような恐怖心をもった。そういう可能性を知らなきゃなんでもないんですが、知ってるわけですね。自分が知ってるだけでなくて、敵国であるドイツの物理学者もそれを知ってることはたしかである。そうすればドイツの科学者のほうがそれを先につくるんじゃないか。そうすれば自分たちはどういうことになるかという非常に強い恐怖心をもった。そこでアメリカの科学者たちは、大統領のルーズベルトをくどいて、いわゆるマンハッタン計画という計画を立てて原爆をつくり上げた。

あとでわかったことですが、そのときドイツの科学者は、原爆をつくる方法は知っていたけれども、ある程度つくることを実験はしてみたけれども、結局本気になってつくるところまではいってなかった。それがわかるのは戦争がすんでから、ドイツが降伏してからあとの話で、その前にアメリカの科学者のもっていた恐怖心というのは、われわれ自身も察することができるわけです。これが恐怖心によってかえって恐しいものをつくってしまうという最初の例なんですけれども、その後こういう事情が次々に起ってきました。

まずソ連の科学者は、戦争中には、原爆の可能性は知っていたけれども、これをまさかアメリカがつくろうとは思っていなかったわけです。それが現にアメリカが原爆をつくってそれを所有しているということになると、今度はソ連の科学者のアメリカに対する恐怖というのは非常なものになります。そこで科学者も一所懸命になりまして原爆をつくってしまった。

さらにその後、ウランの原子爆弾よりも何千倍も破壊力の強い水素爆弾というものが原理的にはつくれるということがわかってきました。そうしますとアメリカもソ連も、自分のほうでつくらなければ向うが先につくってしまうかもしれない、そうなればたいへんなことになるというんで、両方ともが水素爆弾をつくるようになった。そういう経過がありまして、いまなおこの経過がつづいているわけです。片っ方がなにかをつくる、あるいはなにかをつくれることがわかると、もう片方もそれをつくらざるをえない。つまり相手が先につくってしまうと困るというんで先につくる。そういう状況がいまあるわけです。

それからまた国というものが自分の国益のため、あるいは安全のためには武力を使ってもよろしいという考え方が現在なお支配的にありますから、そういう考え方がある以上、こういう気味の悪いような状況は決して解消するはずはないわけです。よく備えあれば憂いなしといいますね。備えなければ心配だという衝動が技術者や政治家をかりたてるわけです。ところが現在の状況では、いくら備えても備えてもけっして憂いがなくならない。というのはつまり、あとからいくらでも新しく発見や発明が出てくる余地がある。そういう非常に妙な逆説的な状況が現在あるわけです。

科学の進歩はいつまでつづくか

そんなにたいへんなお金をかけて恐しい武器をつくるだけの金があり、それだけのマンパワーがあり、それだけの知能があるんなら、なぜもっと、ほんとうに人類の福祉を増すように、あるいは開発途上国をもうちょっと人間らしい生活ができるような状況に引き上げるように科学を利用することができないんだろうという疑問がしばしば起るのですが、そういう福祉を増進するというようなことは、いま言った恐怖心と結びつかないわけです。福祉を増進しないから滅ぼされるという心配はそれほど痛切ではないんで、つまり相手国のほうが先に福祉を増進しちゃったら、自分のほうが致命的な打撃をこうむるという心配はまあないわけですから、そういうのはあとまわしにしてもいい。従って、悪いもの、恐しいものをつくるほうにはどんどん力を入れるけれども、いいものをつくるほうには恐怖心は役に立たないと、そういう皮肉な見方ができるわけです。

科学のもう一つの面

じゃ私はどういうふうに考えるかと申しますと、普遍的な法則の追求が終るとは考えられないんですけれども、実はそれだけが科学の役目ではないということです。私の今までのお話で、科学あるいは物理学の目的はできるだけ数の少ない法則で、できるだけ多くの現象をカバーするような、そういう普遍的な法則を見つけることが科学の唯一の目的であるかのごとき印象を皆さんおもちになったかもしれないけれども、実は科学というのはそうでない面ももっているということです。

普遍的法則を求めるために自然を非常にかえるような実験をして、そして異常な世界を目の前に展開するというような科学のほかに、われわれの日常の自然そのもののなかに、つまり異常でない日常の世界のなかで、実験などしないで法則を見つけ出すという性格の科学が、物理学のなかにおいてさえあるわけです。そういう別の面の科学があるということですね。ですから現在中心になっているように見える、普遍的法則を追求する科学というのが一時は、少なくともある時期は、もう一つの面の科学に席を譲るということは起りうるんじゃないかという感じを私はもっております。

つまりニュートンが天体の法則と地上の法則とをまず統一することに成功したわけです。そして、力学とか音響学、熱学、光学、電磁気学とか、そういうふうなものを物理学がぞくぞくと統合していった。それから化学の全領域をやがて、量子力学というものの発見によって物理学のなかに包括してしまった。さらに生物学の一部、たとえば遺伝に関係するような一部も物理学のなかに併合してしまった。

桑原武夫さんという方を私よく知っているんですが、桑原さんはかつてこういうことを、「物理学帝国主義」と彼らしい、いかにもうまい表現をしたんです。これはなかなかうまいことを言ったと思って感心しているんですけども、しかしローマ帝国も、大英帝国も永久につづいたわけじゃない。やがていくつかの小さい国々に分裂してしまうという運命をもっていた。それと同じように、もうこれ以上普遍性を追求するよりは、ありのままの自然のなかでどういう現象が起り、それがどういう法則に支配されるかという未知の分野を追求するほうが意味があるという時期がくるかもしれない。案外近い時期にくるかもしれない。そういうことを私は感じているわけです。

といいますのは、原子の世界、素粒子の世界までいかなくても、われわれの身近なところにまだ知らないことがいかにたくさんあるかということをこのごろ痛感するからです。アポロ計画で月まで行ったとか、あるいは原子のなかでどんなことが起るかということを非常に的確に言うことができても、われわれの身のまわりにはまだよくわからないことが山のようにあります。

たとえば地球物理学という分野を見ますと、お天気がどう変るかというようなこと、あるいは地震がどうして起るかというようなこと、こういうことは実験をやるわけにはいきませんから、それを解明するのに手っとり早くはいかないわけですけれども、しかし地球物理学者が非常な努力をして、現在こういう分野でもいろんな新しいことがわかってきております。

そのほかわれわれのまわりにいろいろな生物がどういうふうに生きているか、あるいは生物と生物のあいだの関係がどういうふうになっているかというようなこと、それからわれわれの体のなかのこと、これは分子生物学で遺伝のことはわかったけれども、まだもっと身近なことでわからないことがいっぱいあるわけです。そういうふうに、自然を実験によってかえることによってはじめて見つかるような普遍的法則を探すこと以外に、われわれのすることはいっぱいあるわけです。ですからそういうものにしばらく席を譲るということも必要に迫られているんではなかろうかと思うんです。

次には第二の点、つまり社会情勢、社会の構造についてです。つまり国と国との関係をかえるとか、戦争のない世界をつくるというようなことが、はたしていつごろになって可能になるか。

こういうことは私のようなな自然科学者のもっとも苦手とするところで、皆さん方にもっともらしいことをお話するタネもないし、自信もないんです。ただこういうことは言えると思うんです。

かりに第一のほう、つまり現在のような物理学の進歩、あるいは物理学帝国の終焉の時期がいつくるかわからないんですけども、現在すでにきていると仮に考えましても、現在の段階で科学者がすでに蓄積しているいろんな知識は、それだけで非常にたくさんあるわけです。ですからこれ以上進歩しなくても、もし競争相手に対する恐怖が存在しつづけるならば、現在すでにもってる知識からだけでも、なおそうとう長い期間にわたって次々に新しいものをつくる余地は残っているということです。そういうことに注意しなければいけない。オッペンハイマーが核爆発の実験が成功したときに、物理学者は罪を知ってしまったということを言っていますが、それはなくすことのできない知識であると付け加えて言っています。

すでに知ってしまった知識を物理学者はすっかり忘れてしまうことはできないわけです。ですからこれ以上新しいものが出てこなくても、すでに獲得した知識だけでも、さらにより巨大な兵器をつくる可能性は残っているわけなんで、従って恐怖というもののない世界を早くつくらなければ、すでに第一の点がどうなっていようと、つまり進歩がいま止まっているとしても、あるいは止まっていなければなおさらのこと、第二の点を解決する手をいまからすぐはじめなければ、やはり逆説的な状況はなお長くつづくだろうと思うんです。

それじゃどういうふうにやるかということについては、自然科学者としての私になにも考えはないんですけども、とにかくいろんな分野の学者、社会科学者、あるいは政治学者、そのほか人文学者、あるいは宗教家にも考えてもらわなければならないでありましょうし、芸術家にも考えてもらわなくちゃならないでしょう。いろんな人たちの知恵を合わせて第二の問題点を解決するようにもっていくことは、科学がこれ以上進歩するとすればなおさら、進歩しないにしても力を合わせて解決していかなければならないことだろうと思うわけです。

（『物理学とは何だろうか（下）』岩波新書、一九七九年、一九九〜二一七頁より）

西田幾多郎、九鬼周造

木村　素衛

木村素衛《きむらもともり》（一八九五～一九四六）　哲学者・教育学者。石川県橋立に生まれ、家は代々回船問屋であったが、父の代に離郷して京都に移り、京都市立第一高等小学校から一九〇八（明治四十一）年京都一中に入学。同年に村山槐多、のちに旧制一高の野球部主将となった谷本勁三ら俊秀が多くいたが、木村は苦しくなった家計を支えるため、弟で植物学者となる木村有香（京都一中大正八年卒、のち東北大学教授）と牛乳配達のアルバイトをしながら、常に成績優秀。そのため卒業試験を病気で受けられなかったが、卒業を認められ、三高に進学。しかし、病身のため卒業できず、哲学を志して西田幾多郎に私淑し、京大文学部選科に入り、卒業論文成績は京大哲学科始まって以来三木清に次ぐ高点であったという。広島文理大（現広島大学）教授を経て京大文学部教授となり、一九四一（昭和十六）年六月の『文芸春秋』に載せた随筆「吉野太夫の墓」は当時の軍国の風潮におもねらず、世評も高かった。戦中京大学生部長となり、出征学生たちの身を思いやり、さらに一九四五（昭和二十）年六月にはかけがえのない恩師西田の死に遭い、戦後はアメリカからの教育視察団との応対に明け暮れ、病身の無理を押して長野県下に講演に赴き急逝した。

昭和十一年七月九日　霖雨

新聞の天気予報には後雨とあり、昼下り頃には実際雨が上ったので大丈夫と思いつつも番傘をつかんで西田幾多郎先生を訪ねた。

百万遍で、一つ行き過ぎたと思い乍ら下車して、元の出町へ行く道を通って戻り乍ら万里小路へ出て北へゆるゆる歩いて行った。また雨が降り出して来たので傘をさし乍ら行くと、百万遍の裏通りと四ッ辻になる所で、雨をくぐり乍らステッキ一本持った丈で、無帽の先生が少し急ぎ足に東からやって来られるのが目についた。近寄って行ったが、最初の間は先生は強い近眼だから私が分らなかったらしい。直ぐ分って、それから傘をさしかけてお宅へ行った。色々な話が出たが、鎌倉の海の話をしている中に、私が南の海と郷里の北国の海とは大変感じが違って、北国のは日がさんさんと照っていても冷徹だと云ったら、先生は「だから海にはPhysiognomieがあると私は言ふんだ」と早口で云はれた。私は一度聞きかへさなければならなかった。――海には人相があると云ふ事は全く面白い事だ。そして先生は先年西園寺公を訪ねられたのではないかと思われる様な調子で、興津の辺りの海の色が青々と濃い事や、それから樗牛の墓のある寺――名前を今私は忘れて思いだせないが――あの寺の富士と海とに対する位置のよさを賞められて、愕牛にはあの場所はよ過ぎると云って笑はれたりした。

それから書を沢山取り出して来られて、どれでも持って行けと言われた。道通天有形外、思入風雲変態中（程明道の句）、と云うのが数枚あり、別に老子の句のが一枚と和歌のが一枚とあった。道通の中の美しいリズムが出てゐると思はれるのを一枚と

かにかくに思ひし事のあとたえて

唯々春の日ぞ　親しまれける

と云うのと二枚いただいて帰って来た。

秋迄には充分元気になって居れと云って下さった。三時頃お訪ねしたのだが、もう電燈のつく時分だった。鎌倉の夏が今年もおすこやかである様に。

昭和十一年十月五日　晴

昨日午前日曜の快晴でぶらぶら散歩に出て妙心寺春光院の久松真一さんをお訪ねした。永々親しみを持ってゐていただき乍ら不思議にも御訪問をしたのは初めてであった。抱石庵の字ももう

古くなってゐた。先客に西村君あり、共に雑談数刻、薄茶をいただき、話が何くれとなく飛び廻ってお昼にかきそばをいただいた。二、三の人の書を見せてもらったり、西田先生のずっと以前の書を拝見したりした。

久松さんの抱石庵に於ける行住座臥の一端を目の当り見た。

昭和十六年五月十四日　晴

九鬼周造さんが病気だと云う事を大分以前西田先生をお訪ねした時一寸聞いた。大した事もない様なお話。三日にこの秋の教育学会の準備の為め文部省へ出頭。一日岐阜から美濃太田、日本ライン下り、白鷺城—蒲郡ホテル、二日東京入り、四五、北沢（山川家—木村夫人の実家—）泊六日夕方岩波（書店）へ行き、道で和辻さんに逢い昨夕岩波へ九鬼さん重態の入電ありしと知る。その夜予定に依り夜行で帰洛、あとで知ったが私が三等寝台でうとうとしている時分亡くなられた事になる。十一日法然院にて葬式。

実に惜しい事である。大学教授として西洋哲学史の先生は求められ得る。唯あの感覚はもうどこにも代りがない。特有なよき感覚と知のクラリテ。『いきの構造』等讃嘆した事を思ひ出す。

私はとうとうお宅へは一度も遊びに行かなかった。色々込み入った事情もおありだったらしい。よき人が居られたと云う事もこの人に適しい事であり、何となく美しい事である様に感ぜられる。一度高雄に紅葉を見に行った時、出逢った時には美しい人と御一緒だった。私には私自身のこの数年の生活の事の為めに九鬼さんの事が常に思はれていた。淋しい事になった。

昭和二十年六月十七日　晴

西田先生が亡くなられた。

八日の朝、学研の事で相談があり、高坂（正顕）の室で矢田部（達郎）、倉石（武四郎）君と落ち合って相談しているところ朝日新聞から電話がかかって来た。西田先生が亡くなられたので少し記事をくれと云ふ。さては、と思った。近頃御健康と承っていたので寝耳に水の感じであった。記事を取りに来た若い記者に聞いてみたが詳しい事は一向分らぬらしい。数項目の要点を与えておいて、私の名に依ってでなく新聞社の書いたものとして文章にする様に言って別れたが、紙面の都合で私の云った事は何も書けなかったらしく、告別式から帰ってから見たが通り一ぺんの略歴様のものしか記載されていなかった。

ともかく高坂と出かける事にして、部長にその事を話したり、切符を買うのに梅原（末治）君の思いつきで東伏見伯をわずらわしたり、寸刻を得て人文科学研究所へ顔を出したり、いそがしい時間を過して、夕方一寸家へ帰り、夕飯を食って弁当を作らせて八時十三分発に間に合はす為急いで家を出た。静子さんも一緒と云う事に連絡して置いた。

三人、駅で落ち合ったが汽車が軍人以外は乗せないと云ふ。而も九時何分とかのと併合すると云ふ。並んでいる人間の中に久松真一、山内得立両氏を見出した。うまく切符が買えたという。十二時二十三分とかまで待った方がよいと判断して私共三人は駅前の高坂君の知り合いの三河屋旅館で休憩と云ふ事にした。

大変な人混みで熱海辺り迄座席がない。私は合オーバーを畳んでその上にあぐらをかいて通り道に頑張って眠ったり醒めたりしていた。熱海辺りで前部に二等車を新しくくっつけると云うので走って行って座を取った。漸く朝めしのおにぎりにありつくゆとりを得た。

藤沢で下車、電車で鎌倉の方へ、久松、山内両氏は大船迄行ったらしく降りて来なかった。

姥ケ谷の停車場は止まらないと云ふ事で、稲村ケ崎で下りる。線路づたいに歩いて行って姥ケ谷の停留場の所から先生の方へ曲ると、そこに霊柩車が見えた。遅かったなと思ふと、もう静子さんは走り出して行く。急ぐな急ぐなと呼びかけてもどんどん走って行く。私達も後から急ぎ足で歩いて行くと、直ぐ上から下りて来る人に逢った。谷川徹三、和辻哲郎、柳田聖山等の顔が見える。一群の人々は寝棺をかついで下りて来るのである。ああ、と思ふ。棺は白い絹に包まれていた。それは先生の家から出て少し下った辺りであった。荷物があるので、それを家へ置いてからと思って一旦棺と行き違った。後にお供していた人の内から奥さんがつと私の方へ寄って咄嗟に激しく私の手を取られ、堅く握りしめて打ちふられた。悲しみの吐息が強く聞かれた。私も何も云えなかった。和辻先生が私と静子さんの荷物を持って帰ってくれられようとした。一つ二つ御願して玄関にほり込んでおいて二人で後を追って下りつつ模様を手短に聞いた。さきに霊柩車のあった所迄行くと、もう既におさめかけられていた。「一寸待って下さい」と云って二列に並んでいた人々の中を通って棺に近づき今一度釘をはずして貰った。

先生はものを考へられる時の様に眉の間に深い縦じわを寄せられて静かに眼を閉じておられた。顔を少し左側に向け、紫色の矢車草の花が入っていた。平常と変った感じではなかった。之れが永遠の見おさめかと思った。合掌してお別れしたが、いつまでもお顔を見ていたかった。いつもの落ちついた声で「うん、来たか」と云はれそうであった。

外彦さん外二人程霊柩車に入って火葬場へ、私共は電車を利用して行った。大分歩く道があった。今、確実に憶えているか疑わしいが火葬場の休憩室で待っていた人々は外彦さん、あさ子夫人、幾久彦君、上田操さん、手を勤労作業で怪我した坊ちゃん、金子武蔵君、先生の姪になる人（弟さんのひとり児と聞いた）東北の三宅君、佐藤信衛君、田辺寿利氏、布川氏、末綱さん、静子さん、日高君、高坂君、それに石井氏がたしかあとから来られたと思ふ。谷川君が長興善郎氏を連れて上って来て皆を紹介した。和辻さんと柳田君とは山へ来なかった。二時頃火葬が始まって四時頃遺骨ひろいになった。僅かな時間のうちに先生のお姿はもうこうゆう事になった。

帰りは幾久彦君が骨壺を抱き、皆姥ケ谷迄歩いて帰った。夕方で電車に乗せてくれないのである。道々夫人から先生の事を色々聞いた。外彦さんと昨年秋初めて一度衝突した事、その後先生は外彦はいつ迄も子供だと思っていたがいつの間にか大人になったと云われた事など。日高（第四郎）君と学徒の問題について長く話しながら歩いた。帰ってみると久松、山内氏がついていた。遺骨は応接間に安置された。久松さんが読経した。モンペイに羽織をつけていた。実に厳粛だった。外彦さんがその左側に座っていたが、突然強く嗚咽した。お経はナムカラタンノウで、それが終って四誓願、それから三拝を行った。そして三拝が了ってから久松さんは「先生、ありがたう御座いました」と、はっきり云って一礼して去った。それはうやうやしくあると同時に深いなつかしみのある言葉であった。正面には遺骨と共に外彦さんが撮った先生の写真の引きのばし――私の書斎にかけてあるもの、――が安置してあって、法名には昄然院明道寸心居士と書かれてあった。久松さんが立たれてから私は外彦さんに焼香をうながした。外彦さんは久松さんのあとへ座っても一度強く泣き出し、何か強く先生に訴える様に云われたが判然と聞き分けられなかった。「久松さんの姿を見たら堪らなくなって」と云う言葉ははっきり聞こえ、そして強くむせび泣かれた。その座にいた人が次々と焼香した。私のほかにはその時山内、田辺寿利、三宅、安成二郎氏、後から入って来た高坂と布川（角左衛門）、それだけだったと思ふ。

私は先生の前に座って久松さんの様に、ありがとう御座いましたと云えなかった。私が第一に云うべき言葉として、それは許されるべきものではなかった。私の云うべき言葉は他にあった。口の内で私は「先生、済みませんでした」と云うより外なかった。感謝よりもお詫びが私に取っては先づ第一のものでなければならなかった。悲しい事であるが、私はお詫びする外ない弟子である。御期待に添うべく何も出来なかった。のみならず御期待にそむく様な事のみやって来た。学問に於いても生活に於いてもお詫びの外ない私であった。

（『花と死と運命』木村素衛先生日記抄刊行会、一九九二年より）

第Ⅱ部　国の内外、乱ありて治　内政・外交編

昭和天皇側近日記

木下　道雄

木下道雄《きのしたみちお》（一八八七～一九七四）　昭和天皇の侍従次長。東京大学法学部教授、旧第一高等学校校長を務めた木下廣次を父に東京で生まれ、東京高師（現筑波大学）附属小学校から、一八八八年父が初代京大総長となったのに伴って京都一中に入学一九〇五（明治三十八）年に卒業。三高に進んで野球部の名三塁手として活躍。対一高との試合の折、自軍に不利となるにもかかわらず、審判の誤審を指摘して判定を覆し、長くフェアプレイの模範とされた。東大法学部を出て内務省に入り、東宮侍従、宮内大臣官房総務課長、内匠頭等経て、一九四五（昭和二十）年十月終戦直後に侍従次長となり、昭和天皇の日常や折に触れての苦悩や、その言葉をのちに『側近日誌』（一九九〇年文藝春秋社発刊、中公文庫にも）にまとめた。これは後に出た『昭和天皇実録』よりも戦後の退位も念頭に置いた天皇の苦悩の姿とその生の言葉を伝えた、貴重な記録である。今回特にその重要と思われる部分を抜粋した。木下は侍従を退いたのちは皇居保存協会理事長を務めた。

（木下道雄氏には学生時代から日記をつける習慣があった。その多くは現在も遺族が保存しているが、公私両面のさまざまなことが几帳面な字で記されている。）

昭和二十年

十月二十三日（火）曇　朝雨降る

今日は午前十一時に大臣から、任皇后宮大夫兼侍従次長の官記を渡さるるとのことにて、朝、新宿に十時半に自動車を呼び寄せ置き、供奉（ぐぶ）服に着換えて本省に行く。十一時、大臣から官記と共に沢山の辞令を受く。

一、任皇后宮大夫兼侍従次長　叙高等官一等
二、宗秩寮審議官被仰付
三、賜一級俸
四、年功加俸四百円下賜（三、及び四、は審査局長時代と同じ）
五、予算委員被仰付
六、御料地調査委員を免ず

七、宮内官考査委員会委員被免
八、宮内職員薫育委員会委員を免ず
九、明治天皇公刊御記編修委員会委員被仰付
前任広幡侯爵、予の後任本多子爵と共に省内各部局長に挨拶。

十三時三十分、第二庁舎にて聖上に拝謁。次で皇后宮に拝謁後、広幡、本多両君の拝謁に際しここに初めて侍立す。侍立は保科女官長と予の二人なり。終って、御政務室に於て改めて聖上に拝謁。
一、時局重大の際、任務を完遂せよとの御激励の御言葉あり。
二、侍従職と皇后宮職とを併合して内延府を作ること。
三、内大臣府は将来当然廃止さるべきにつき、これを内延府に併合するか、或は政務連絡局と云う名称か、又は侍従職と呼びてもよきが、とにかく上奏物取扱い其の他政変時、聖上と枢府議長、貴衆両院議長との間の連絡を取計らう部局を設くるか、研究せよ。近衛公の憲法を改正すべきや否の研究の結果は十一月中旬に奉答ある筈につき、それ迄に案を作れ。
此の部局の長に大物を（大臣級）据えるはよきも、米国側の方でこれを高圧的と視るこ

となきか、又小物を据えるときは国内にて、不満足に思うものなきか。

松平秘書官長は在任長期にして退官の希望を有する由なるも、性質もよき者なれば自分としては使いたし。

結局聖上の御考えは下の如きものと察せらる。

聖上 ― 政務連絡局（侍従職）
皇后宮 ― 内延府

広幡前大夫よりの引継の一部

一、人事

a　侍従を減員するときの順序は、一、岡部、二、小出、三、久松と思う。

b　保科女官長は留任の可能性あり。

二、雑事

a　三条西伯家の債務、信子さんの病気、皇后宮の御補助。

b　東伏見伯の財政

二時三十分、広幡、本多両君と自動車にて、皇后宮（赤坂離宮）、秩父、高松、三笠三宮邸御礼記帳。

自動車にて新宿に立寄り、荷物をまとめ自宅に持ち帰る。

十月二十四日（水）曇

今日より自動車にて通勤する事とす。油は一日六十k走行するとして約五ガロンを要する見込み。濫費の如く思わるるも、殺人的混雑の電車に朝夕心身を疲らせ、此の多忙時に時間を空費するを避けんが為なり。

十時十五分～十一時三十分、聖上に御政務室にて拝謁。

一、女官を減員する場合には、月のさわり及び死の忌の為勤務不能となる従来の慣例あることを注意せよ。男子の如く単純に減員は出来ぬなり。此の点、大宮御所及び掌典職にも関係あり。

二、過般の御放送及びマックアーサー司令部に行幸の際の無警戒の鹵簿（ろぼ）（交通取締緩和）が民間に及ぼしたる影響如何調べよ。

三、近衛公の人物評

四、万一御退位の必要に迫られたる場合の、其の後の生物学御研究の助手のこと。

五、肥料（カビ及びバクテリア）御研究は、今の生物学御研究所の規模にては其の余暇なきこと。

大規模の研究所を設立し其の所長ともならるれば、肥料研究を一部門となし得ること。かつ今肥料の研究に着手せらるれば、競争者（同学）に迷惑あるべきこと。何等競争者なき現在の御研究科目が国際的に有意義なること。

一時三十分、新宿、本多長官と事務引継を了し、局員に別離の挨拶をなす。来る29日午後四時より審査局及び主殿寮庭園係（総員二十五名）と歓送会を開くことを約す。

四時～八時、事務調査会。席上塚越内蔵頭に審査成績上奏の際用うる参考資料を貸与す。（要返還）。

八時三十分～十時四十分、常侍官候所、戸田、岡部と会談後自室に寝る。

十月二十六日（金）曇

十時、大臣拝謁。東宮殿下日光より還啓後、若干の日数赤坂御殿準備成るまで、宮城に御滕許にて御生活のことを申上ぐ。次いで予拝謁のとき御言葉あり。

十一月初旬、東宮、宮城に来るについては、義宮も帰りたく思うことと思うにつき其の前後に帰る様取計え。

予申す。

一、義宮殿下は東宮とは別に御帰りのように拝承す。それは汽車に御弱き為なり。御日取りについては、東宮還啓の前後に取計らい申すべし。

御言葉。

東宮は吹上御文庫の一室に、義宮は花蔭亭に泊るべし。

予申す。

吹上御文庫は御荷物にて充満せり。よろしく御静養室、寒香亭及び観瀑亭を選びてこれを移さん。

御言葉。

観瀑亭は東宮遊歩の所とならん。覆馬場にては如何。

余は研究致すべき旨申上ぐ。

これより先、九時、次官来室。次いで穂積東宮大夫来訪。東宮殿下日光より御帰京について話あり。期日は11月5日より7日の間、学習院生徒と御一緒に三等車に御乗車との事。

十月二十九日（月）晴

皇后宮に拝謁

一、宝石類没収さるるならば、其の前にこれを売りて国民の為に米と代える手段なきか。奉答。只今国内に売られても米の総額増加する訳に参らず、かつ目下貿易の手段無きをもって外貨の獲得にもならず。ただし思し召しの程はよく体して研究致すべし。

二、穂積大夫以下の心配する東宮御教育について、花蔭亭御使用のこと及び宮城御滞在日数を三日間にする事につき、御許を得たり。

聖上に拝謁

一、東宮、義宮御同列十一月七日御帰京。七日は赤坂離宮に御泊り、八日、九日、十日の三日間宮城。東宮は花蔭亭に、義宮は吹上御文庫に御泊のこと、御許を得たり（栄木事務官に通知ずみ）。

二、宝石類のことにつき御話あり。クレーマー大佐の処置につき、皇室に対して無礼なきよう処置せよ。かつこれを輸出して外貨又は国民の必需品購入の手段となるならば、これを処分せよ。

高松宮に拝謁の際、

一、皇族の宝石類もいずれ取調べを為すならん。これは両陛下のものと一括して何故国民供出のときに供出せざりしやについては、皇室のものは国のもの、何時にても一括使用できるが故なりとの説明を可とす。

二、国都のこと、皇城のこと、国土計画のこと。

国都については、奈良地方の御考えなり。少なくとも堀を廻らしたる城内に皇居あることを好ませられず、皇都を定めることが国土計画の第一歩。

一時三十分～五時、明治天皇公刊御記編集委員会に初めて出席。第二編第十四章六八Pを通読検討す。

五時～六時三十分、新宿。審査局及び庭園係連合の長官送迎会食。予はみそ、塩、蟹の缶詰二十ケを、本多君はビール一打を寄附す。

十一月二日（金）曇

九時二十五分、御召、拝謁。

一、内大臣府について。米国の短波より察するに、皇室に政治的権力があるらしく見ゆるは不得策なり。昨夜より色々考うるに内大臣府は廃止する方よろし。もし皇室典範及び公式令の副署の関係より存置を要するとせば、侍従長をして内大臣を兼務せしめ、なるべく大物の異動は行わぬようにしたし。藤田にて結構なり。

もし他の人物をもって代うる必要ありとすれば、余り大物を持って来ず、現宮内大臣位の所よからん。政治的経験は必要なり。尚よく大臣と相談せよ。

二、戦前のこと。

a 一九四一年九月六日の御前会議。

第一条 決戦の決心 第二条 外交交渉 近衛これを上奏す。聖上には許し給わず。第一条と第二条を反対にすべきことを命ぜられたるも、首相はこれに服せず、これに決す。

b 東条首相就任の条件。

就任の条件として、聖上は東条に9月6日の決定事項を白紙に戻すことを命ぜられたり。

c 十一月某日（日付け御記憶なし）米国より最後通牒来る。

d 嶋田は堂々とこの経緯を云う筈なり。東条は近頃頭脳変調なり。嶋田は見上げた人物なり。米内も然り。

次で内廷関係のことを次官に話す。御言葉の意味を伝え、次で次官と共に大臣室にて大臣に話す。大臣も内大臣府廃止を決意す。この廃止については牧野伯、平沼枢府議長は反対と云うかとにかく消極的なり。尚大臣は幣原首相に更に相談する様子なり。

十一月八日（木）

朝食のとき、中村武官より内話を聴く。

陛下の戦争御責任について、

一、戦争準備。

二、艦隊の展開。

三、艦隊の任務。

四、外交交渉成立の場合、艦隊の引上げ。

五、開戦の時期。

六、実戦に先だち宣戦のこと。

一〜五については御命令もあり、これを御承知になり居たるも、六については実戦に遅るること四十分、これは打電通訳に時間を要したるによる。要するに戦争に着いて御責任はあり。即ち一国の統治者として、国家の戦争につきロボットにあらざる限り御責任あることは明白なり。ただし真珠湾攻撃については、即ち実戦をもって宣戦に先だつことについては、御承知なきこと、予期もし給わぬことなりと。

十一月十一日（日）晴

東宮大夫及び侍従より、東宮の御参内は二週間置きにし、日曜日一〇時～三時としたき旨申し入れあり。桑折傳育官より、義宮は毎週にてもよきとなり。

三時十分、聖上に拝謁。

一、東宮職が二週間置きにしたき理由は、吹上御文庫にありて女官達にちやほやおされになるのを防がん為なる旨申し上げたる所、警衛又は見学等にて来られぬなら兎角、女官がちやほやする様なことは絶対になき旨お話しあり。

　予は、左様の虞（おそ）れなくば更に東宮職と相談致すべき旨申し上ぐ。

二、宝石類のこと、首相はMacArthurに話したる所、彼はそれは皇室の人気取りなり、殊に婦人の宝石を奪うのは好まずと伝える由。首相は皇室は人気取りなど遊ばす必要なしと答えたる由。此の問題は未解決なり。Mac（マックアーサー）とクレーマーとの意思は合致せざるか。クレーマーが宝石の事を云えるなり。

十二月四日（火）晴

十時三十分～十一時、聖上に拝謁。

梨本宮、犯罪人名簿に登録され居る旨、昨日通報あり。吉田外務大臣、Mac司令部に昨夕5時出頭。削除方申請したるも、これは連合国側にて決定したることにして、他の宮もありたるも、出来るだけ削除して、元帥にして神宮祭主、かつ武徳会総裁たる宮だけは削除し得ざりし由を同司令部にて語りたる由。ただしhome arrestの取扱いをする由。

陛下には、宮中一番戦争に関係せず、かつ物事を人に委せ過ぎる位の（其の為に軍の要職にも就かざりし）梨本宮が登録され居ることを痛く御同情遊ばされ、何か両陛下の御名にて慰めの物を贈られたき思召あり（例えば野菜の如きと仰せあり）。其の時機及び方法は御任せを願うこととせり（明日、奥の生椎茸に新宿の野菜を添えて事務官に渡すこととす）。

尚、戦争責任者について色々お話あり。右は非常に重要なる事項にしてかつ外界の知らざる事あり。御記憶に加えて内大臣日記、侍従職記録を参考として一つの記憶を作り置くを可と思い、右御許を得たり。

松平内記部長を相手とし、予自ら作成の考えなり。

尚、改正憲法について、条文中に、天皇は世界平和の確立、人類福祉の増進を期する事を挿入するを可とせずやと申し上げしに、それは上諭文に入るレバ格別、条項の中に入るれば却って問題を惹起するに至らんとの御言葉あり。

十二月十二日（水）晴

十時〜十一時、皇后宮穂積（重遠）大夫御進講（孟子と福沢諭吉）を御聴遊ばさるるに陪聴す。

聖上に拝謁。

一、畏れ多き事ながら、伊勢神宮式年御造営は、昭和二四年に当るも、目下の国情に照らし御延期になりては如何と申し上げたところ、今朝大臣よりも同様の申し出あり、首相に朕より話すことになり居る。首相を呼ぶ様にとの仰せ、三井事務官に呼ばしむ。

四時三十分、首相参内、拝謁。

夕刻、帰宅。

十二月十五日（土）晴

十一時、内大臣室に於て幣原首相と鈴木貫太郎大将と会見。右は枢府議長就任の勧誘なり。

二時、鈴木男、枢府議長就任式あり。

次で聖上に拝謁。

一、御製を宣伝的にならぬ方法にて世上に洩らすこと、御許を得たり。

終戦時の感想

爆撃に　たふれゆく民の上をおもひ　いくさとめけり　みはいかならむとも
みはいかに　なるとも　いくさとゞめけり　たゞたふれゆく民をおもひて
国からを　たゞ守らんといはら道　すゝみゆくとも　いくさとめけり
外国と　離れ小島にのこる民の　うへやすかれと　たゞいのるなり

これより先、九時三十分、御文庫にて拝謁。

一、山端祥玉をして御日常の御生活の御写真を拝写せしむる事、御許を得たり。二十三日、東宮御誕辰日に来る事。

三時、生研にて拝謁。

一、入江侍従、御歌所主事兼任の内奏、御許を得たり。

二、十七日枢府会議、十一時を三時に変更の件。

三、本日、御神楽の儀につき、御榊献上の深夜迄皇后宮と御別居（御夕餐も別。宮は花蔭亭）のこと、女官長より申し上げし所、御反対なる旨入江君より聞きしにより、この理由をお尋ねす。女官長の御願いは、

（イ）宮は御服喪中なるにつき、（ロ）月の障りあるにつき、御別席を乞うとの事。

しかるに聖上には、(ロ)の理由はなし。従来もかかる場合一所に居りたり。(イ)も(ロ)と同様、同程度のことなり。かつ太政官達にもかかる風習を止むべきを云えり。故に同居差支えなしとの御議論なり。

予は(ロ)と(イ)とは同列に記しあれど軽重あり。御服喪中の宮と神事に御同席あるはよろしからず、これは御止めを願うと申し上げ、御不満の態なりしも、しいて御許を得たり。

十二月二一日(金) 晴

九時四十五分〜十時四十五分、加藤虎之亮氏、中庸御進講、陪聴。講後、加藤氏と協議。中庸の後は孟子を講ずる事として、皇后宮の御意向を伺うこと(二十二日、女官長に依頼す)。

十時〜十一時、板沢氏御進講、陪聴。

二時二十分〜二時四十分、生研に於て、次官の誘引により来りたる田中清玄氏、聖上に謁す。侍従長及び予、次官、陪席。

これは従来にない破格のことである。田中は元来共産党の巨頭の一人にして、十年の刑を終えて出獄、転向したるもの。沼津の山本玄峰老師の許に参禅。終戦後、米軍相手の土木事業に乗り出したるものなり。共産党相手に戦わんとする気構え、七生報国を聖上に誓い奉る。彼としても今日は一生涯の記念日ならん。

十二月二十九日（土）晴

十時二十分、高松宮殿下御来室。

平和、正直、仁慈につき、陛下の事に関し新聞に話す種子はなきか。甘露寺に材料ありと思い、明朝九時、御殿に同君に行って貰うこととす。

二時、前田文部大臣と面談（詔書案について）。

二時〜三時、尾崎行雄氏賜茶に出る（中座、文相と面会）。

三時、吉田外務大臣と面談（外相拝謁前）（詔書案について）。

詔書案中気に入らぬことは沢山ある。殊に文体が英語（幣原首相の筆になる）の翻訳であるから徹頭徹尾気に入らぬ。

最も彼我の間に要点となれる一項、即ち原案に依れば、

朕と我国民との紐帯は終始相互の信頼と愛情に依りては結はれ来たる特性を有す。

此の紐帯は単なる伝説と神話に依るに非す。日本人を以て（これをMac自身はEmperorと書き改めた）神の裔なりとし他の民族に優越し世界を支配すへき運命を有すとの屡々日本人の責に帰せしめられたる（これは学習院プライスの原文に首相が加入せる文句）架空なる観念に依り（fales conception）説明（Predicated）せらるるものにも非すと云う所である。日本人が神の裔なることを架空と云うは未だ許すべきも、Emperorを神の裔とすることは断じて許し難い。そこで予はむしろ進んで天皇を現御神とする事を架空なる事に改めようと思った。陛下も此の点は御賛成である。神の裔にあらずと云う事には御反対である。

よって、予は改めて考え直し、左の文を作った。

凡そ民族には其の民族特有の神話伝説の存するありと雖も、朕を以て現神とし、爾等臣民を以て神の裔とし、依って以て他民族に臨み、其の優越を誇り　世界を支配すへき運命を有するが如く思惟するは誤れるの甚たしきものたるを覚らさるへからす

これは民族の神話伝説を尊重し、これについて別段議論せず、只この神話伝説をかざして他民族に優越感をもって臨むのを誤りとしたのである。かく改めなければ、国内の深刻なる議論を引

き起こす虞れを感じたからである。

十二月三十日（日）晴

朝、藤田侍従長に電話連絡したら、昨夜予の前田文相訪問と引き違いに、内閣の案文が侍従長及び大臣の手許に届けられたとの事である。それでは恐らく予の意見の入れられざる文章が閣議にかかる事と思い、登庁（九時三十分）するや否や侍従長に面会、内閣の原案を検討した。問題の所は、昨日午後、予が前田文相に入れ知慧した現御神と云う事が入って居る行《くだ》りである。即ち、

……生せるものにあらす　天皇を現御神（特にこれにアキツカミと仮名が付いて居る所を見ると、読み方も知らぬ閣僚が居るらしい）なりとし　且　日本国民を以て他の民族に優越せる民族なりとし　延いて世界を支配すへき運命を有すとの架空なる観念に依りて説明せらるへきものにあらす

となって居る。電話で聞けば、閣議は開始されんとして居るとの事。よって前田文相を電話に呼

び出し、昨夜予が与えた文案は採用されぬかと聞いたら、次田書記官長には渡して置いたが、原案で閣議に上される故、今から自分は手を引くから、大臣から次田翰長に交渉して貰いたいとの事。よって侍従長と協議し、至急大臣、次官の登庁を促し、来るや否やこの問題を協議した。閣議が決定されぬ内に談じ込むがよいと云う事になり、予は車で首相官邸に赴き、閣議中の次田書記官長を呼び出し、訂正方を促し、かつ石渡大臣が筆を入れた数箇所の写しを手交した。次田翰長も考えて見るとの事であった。

二時頃内閣書記官から電話あり、四時半頃閣議決定案（昨日の約束では、決定前のものを侍従長に見せると云う事であった。内閣としては、昨夜侍従長に送って来たものがその約束のものである積りであったであろうが、侍従長としては、それが余り妙なものであるから、これはほんの筋書とのみ考えて居られた）を持参するから（これは修辞家の手を経たもの）これを検討して貰いたい。前田文相（幣原首相は病臥中故その代理なり）は一時間位猶予して参内、内奏するとの事。

四時半、岩倉書記官が決定案を持参した。それによると、

……生せるものに非す　固より民族には其民族特有の神話伝説の存するありと雖も徒らに（これは後で大臣の意見で削除）天皇を以て現御神とし　国民を以て神の裔とし頼《より》て以て田の民族に臨

み　其優越を誇り　延《のべ》て世界を支配すへき運命を有するか如く思惟するは誤れるの甚たしきものたるを悟らさるへからす

となって居る。これはこれでよいとして、尚他の文句で気に入らぬ所がある。趣旨は結構であるが如何にもバタ臭い所が多い。よって予は、

惟ふに誓を新にして国運を開かんと欲せは此の御趣旨に則り旧来の陋習を排除し民意の暢達を図り　国家活動の総ての分野に於て平和主義に徹し　文化的教養に於て豊かに　国民生活の水準に於て高き新日本を建設せさるへからす

とあるを、陛下の御決心を云い表すべく

朕は茲に誓を新にして国運を開かんと欲す　須らく此の御趣旨に則り　旧来の陋習を去り　民意を暢達し　官民挙けて平和主義に徹し、教養豊かに文化を築き以て民生の向上を図り　新日本を建設せさるへからす

と改めた（後に内閣から建設すべしに改めたと云って来た。これはもっともなこと。よって御文庫に電話して改め方、御許を得た）。

又何をか加へえん

は初めは　又何をか論せん　と予が入れたのである（間然する所はなれば如何にも批評的であるからやめた）。内奏もこれでしたのだが、大金次官が、何をか加へん、の方がよからずやと云ったのをもっともと思い、内奏後前田文相にも話して、陛下に、何をか加へんに改め方、御許を得た。

五時三十分、前田文相参内。よって以上の個所訂正方同意を得た。その上で文相内奏、ある。内大臣府の詔勅に関する事務が侍従長に移ってから初めての仕事である。内大臣ならよいが、侍従長としてかくも無遠慮に閣議を相手に立ち廻ることいささか気の毒に思ったが、余りの事であるし、又自分のことなどかまって居られぬから以上の行動に出た次第である。只相手が旧知の前田氏である為、万事こだわりなしに順調に話が進んだことを嬉しく思う。

七時三十分、Car で西片町黒木邸を訪問。須知要塞君に初面会、話の内容は重要である。彼は Dyke と関係を付けて居るから Dyke の意見を聞く事が出来る。

一、京都御移転（政治に遠ざかる意味で）。
二、御移転後、又、米及び衣類を潤沢にして後（後述）、天皇制につき国民投票を行う。
これは米の方から云えば、蘇支に対して米の立場をよくする。
三、皇太子の米国留学。これはDyke の考えて居る所だそうだ。
又、米輸入については、
一、父島（三分）と沖縄（七分）に七百万屯の米がある。沖縄の方は米軍の管理下、父島の方はしからず。民間の事業家（Mac 司令部は現内閣を相手にせず）にやらせる。船は三十隻（二十四万屯、日本よりの没収船及び米の老朽船）を売るから、これでやったらどうだ。一屯七百円見当。
二、衣類は埼玉入間郡二十四町村の農家に分散されて貯蔵して居る。分配に七ヶ月かかる。三千五百万円。米軍管理下にあらず。
これもDyke からのnews。
東京に米国Puritan のclub がある。須知も其の一人。安藤明は三百万円も出して居る。天皇制護持が主目的で須知等が米人を表に立ててやってやって居る。この連中が米の転入もやろうとして居る。七百万円ばかり既に資金は集まったそうだ。

昭和二十一年

一月一日（火）晴

下記は Dyke の意見を聞き書きしたもの。文体判読（安藤文庫）。

皇室問題

一、日本天皇の存続確立。

今上天皇及び男子御兄弟御三方の皇族としての已存権を確認す。

右は民主国日本建設の見地より日本国民を幸福ならしむる政策として堅持す。しからば民衆の指導原理乃至一般国民大衆の信仰にも一致し、如何なる場合に於ても天皇の存続は絶対必要なりとの主張あり。

二、天皇は実際政治より分離して存続せしむ。従って、枢密院等天皇の直接機関は必要なきものとす。

三、皇室の藩屏として已存せし華族も不要にして、直ちに廃止すべきものとす。

四、皇室財産は必ずしも天皇一人の所有物に非ざるも、明治以来皇室に付属せしもの故、此の際一切の皇室財産中、不動産は一般国民の為に解放せんとする米軍の意見は妥当なりとす。

五、皇室及び皇族の生計予算は各年政府に於て予算に計上すべき決議は妥当なり。

一月十三日（日）晴

近衛公のこと、戦時中の御心持等承る。開戦当時より既に敗戦を御覚悟あらせられたりと承り、実に陛下をしてかかる苦境に置き参らせたる我々の不覚、何とも申訳なし。常時官室に退いて独り暗涙にむせぶ。

明白に敗戦と覚悟したる者、重臣にもありしなるべし。何故、捨身、開戦を防ぎ止めざりしや。陛下の仰せ。戦時後半天候常に我れに幸いせざりしは、非科学的の考え方ながら、伊勢神宮の御授けなかりしが故なりと思う。神宮は軍の神にはあらず平和の神なり。しかるに戦勝祈願をしたり何かしたので御怒りになったのではないか。現に伊勢地方を大演習地に定めても、何かの事変の為未だ嘗て実現したることなし。大震災、支那事変その原因なり。

今、幸いなりしと思うこと一つあり。それは宣戦の詔書以外に詔書を出さざりしこと。出せば侵略的用語を用いざるべからず。さすれば平和の端緒を失う故に、歴代首相これを願い来たりしも、朕と木戸とで極力反対、これをくい止めたり。こは唯一の幸いなりと。

二月十二日（火）曇

十時四十分〜十一時四十分、御文庫に御召。

土曜日に松本国相の憲法法案御説明内容について御話あり。

一、皇室経費については内廷費、宮廷費に分け、前者は議会の協賛を要せず、後者は協賛を要することとし、前者中には社会事業、大臣等へのボーナス、学術奨励金、皇族生活費を含むものとす。後者は大蔵省の所管とし、議会に於ては大蔵大臣説明の局に当る。

二、摂政期間中、皇室典範の改正を禁ずるか又は皇位継承の順位を変更する事を禁ずるかの研究は大臣に命じ置きたり。

三、憲法第一条乃至第四条について、第一条と第四条を合併し、

大日本帝国は万世一系の天皇、此の憲法の条章により統治す。

とし、統治権の権の字を除き手は如何と松本に話置きたり。天皇が統治すと云えば、権の字を特に用うる必要なきにあらずや、と。このことは閣議の議には出でざりし議論なりと

松本は云えり。そもそも第四条は外国憲法の翻訳なりと思うと。
四、裁判に於て、天皇の名に於て、を除きては如何と話置けり。この議論は司法部からも出た議論なりと松本は云えり。
五、松本は自己の在任中に憲法改正を終了したき意思の如し。これは幣原にも云おうと思うが、左程急がずとも改正の意思を表示し置けば足ることにて、改正案は慎重に論議をなさしむべきなりと。これは如何なものなりや。予申す。この点は重要なり。憲法中改正か、憲法の改正か、二者何れなりやの議論必ず出ずべし。むしろ憲法改正とされては如何。
午後、又一時間計り御召。

三月五日（火）半晴

夕刻、幣原首相、松本国相、拝謁。同時に内閣木内副書記官長来室。勅語案を持参す。事重大なり。よって、直ちに大臣、次官の登庁を求め、七時両人来室。更に退出の両大臣の来室を求め、事の詳細を聴く。
右は憲法改正の事ながら、かくも急なるは、先日出た読売の記事、これは東久邇宮外人記者に談られた御退位の問題に関すること。即ち、天皇には御退位の意ある事、皇族挙げてこれに賛成するといふ事。これが折角いままで努力したＭ（マックアーサー）の骨折りを無にする事になるので、Ｍ司令部はやっきとなり、一刻も早く日本をして民定の民主化憲法を宣言せしめ、天皇制反対の世界の空気を防止せんとし、一刻も速かにこれを出せと迫り来るによる。

始めは十一月迄に松本試案を出せばよいことになっていたが、かくなってはそれ迄待てぬ。米国側の造った原案を採用するか、しからざれば Emperor の person の保障もできないという強談判。松本国相も大いに困り、やっとの事で一院制を二院制に改めた訳。そしてかかる民定のものを勅語なくしてはどうしても上奏するのが原則なれど、急ぐ故、今夕拝謁の席でお許しを願って勅語を頂き、その案文はこれからＭの承認を得ると云うやり方をとった。勅語案を木内が持って来たのはこう云う次第。右説明後両相辞去。それから大臣、次官と十時迄憲法案を検討、この間大臣と予とお召しで御文庫に行き拝謁。東久邇の軽挙につき、大臣より色々申し上ぐる所あり。

三月六日（水）半晴　皇后宮御誕辰

午前は拝謁（お祝の）等で忙がし。

午後、御文庫でお祝の謡曲あり、皇后宮のお謡を拝聴す。入江、小島等お相手。なかなかに上手なり（草子洗小町）。

五時、内閣にて勅語、首相謹話、翰長談。憲法改正草案要綱を発表す。要綱八四条に疑問の点を発見し、次官、主管を招き、又内閣より岩倉書記官来り、共に研究す。法制局佐藤第一部長の説明を求めんとするも、何分同人は二日徹夜したる由なれば、これを止め、他日に譲る。

夜お召し。御文庫に至り十時二十分迄拝謁。

今夕の結果を申し上ぐると共に、此の度の改正は文章上より見れば頗る面白からぬも、従来天皇の大権と威厳をもって既定しあれど、事実は不本意ながら裁可を名去るる場合もあり、裁可なく拒否さるるは田中内閣倒壊の如き（重臣ブロック攻撃の火の手を挙げしめた——陛下はこれをお自身の失敗なりきと申さる）。むしろかかる虚器を捨てられて、かえって政治家及び国民の精神の指導に自由の天地を得らるることを好ましく考える旨を申上ぐ。陛下もお同様のお考えなり。

又、御退位につきては、それは退位した方が自分は楽になるであろう。今日の様な苦境を味わわぬですむであろうが、秩父宮は病気であり、高松宮は開戦論者かつ当時軍の中枢部に居た関係上摂政には不向き、三笠宮は若くて経験に乏しいとの仰せ。東久邇宮の今度の軽挙を特に残念に思召さる。東久邇さんはこんな事情は少しも考えぬのであろうとの仰せ。

（『側近日誌』文藝春秋社、一九九〇年、昭和二十年十月二十三日～昭和二十一年三月六日より）

駐スペイン大使とマヤ文明

林屋　永吉

林屋《はやしや》永吉《えいきち》（一九一九〜二〇一六）　外交官。生家の林屋家は代々北陸金沢のお茶師だったが、祖父の代に京都宇治に移り住んで製茶を営んだ。兄弟みな京都一中に学び、のち歴史学者となった林屋辰三郎は三兄で一九三二（昭和七）年卒、末弟永吉は一九三八（昭和十三）年に卒業して、映画で見たスペインの風景に心惹かれ、大阪外国語学校（現大阪大学外国語学部）のスペイン学科に進学。戦中外務省留学生試験に合格して兵役を免れ、スペインのサマランカ大学に留学。戦後外交官として、メキシコ、中南米に勤務中、日本文学研究者のオクタビオ・パスと親交を結び、『奥の細道』をスペイン語に共訳した。ボリビア、スペイン全権大使を歴任。その間もマヤ文明の遺産のグアテマラの石碑を見たことに端を発して、マヤの神話の訳書『ポポル・ヴフ』（中央公論社）を完成。三島由紀夫に絶賛される。以後コロンブスの第一回航海記、全航海史（岩波書店）など、多くの貴重な訳業を残した。特に学生時代から言語学者・新村出に親炙し、園子夫人との仲人も新村氏、心温まる林屋夫妻との往復書簡が残されている。

スペイン語の勉強を始めたきっかけ

元々私は美術や歴史が好きでしてね、数学が苦手だったんですよ。大学で何を勉強しようかと考えたときに、中学生の時によく読んだ新村出先生の南蛮関連の本で覚えたイスパニアやインディアスのことを思い出したんです。その上、当時は映画館へ行くとニュース映画でスペインの内乱の様子や町の模様が頻繁に紹介されていて、戦況よりも、出てくる人々や町の風情に親しみを覚えるようになりました。そしてある日、大阪の朝日会館でフラメンコのポーリン・チェックという踊り手がエスパーニャ・カニーという曲でスペイン舞踏を踊ったのをみて、この曲にすっかり魅せられ、なんとしてもスペインへ行って勉強したいという思いにかられたのです。そのためにはまず日本で学ぼうと大阪外国語学校（現大阪大学外国語学部）のスペイン語科に入りました。

戦時中、外務省留学生としてスペインへ

卒業前の一年間猛勉強をして、外務省の留学生試験に合格しましたが、〈徴兵検査に合格しな

かったら〉という条件付きの留学でした。徴兵検査に合格した人には、出国に必要な旅券が出なかったんです。そこで私は恐る恐る指定された検査場へ行きました。そしたら徴兵官が、「お前は外務省からスペインへ留学することになっているんだね。お国のためにつくす途には変わりはない。しっかり勉強してこい」と言って、「第三乙種合格」（すなわち不徴兵）と宣言してくれたんです。涙が出ましたね。

当時――一九四一年春――はすでに欧州で戦争が始まっていましたから、シベリア経由も地中海経由もできず、船と汽車を乗り継ぎ、ニューヨーク経由で一ヶ月半をかけスペインに渡ることになりました。ところがニューヨークについてみると、乗るはずの船がすでに出てしまっていて、次の船が出るのは九日後だったんです。この九日間は最高でしたね。そのうち三日間は朝から夕までメトロポリタン美術館で、持っていった岩波の西洋人名事典で画家の名前を一つ一つチェックしながら、初めて観る本物のスペイン美術を堪能しました。

新大陸の植民地化の歴史に惹かれる

スペインではサラマンカ大学文学部言語学科の聴講生として二年間授業を受けました。先生方が皆とても親切で、特にアントニオ・トバール先生は、先生のもとにたびたび集まって「ラサリーリョ」という冊子まで出していたグループに入れてくださり、日本のことを書く機会なども与えてくださいました。一九四一年と四二年の夏休みはサンタンデールでの講習、そして四三年はサンティアゴ・デ・コンポステラでガリシア・ポルトガル語の夏期講習を受講しました。また四三年九月にはセビリア大学のラ・ラビダ修道院での夏期講習を受けたのですが、これは大航海時代のあらゆる分野の最高権威が初めて一堂に会した最初の講習会で、大変勉強になりました。私はこの講習に感銘を受けて、新大陸における法制制度をさらに知りたいと思い、サラマンカ大学で親しくしてくださっていたエリアス・デ・テハーダ先生に指導をお願いして、大学の図書館で「インディアス法制集」の原本「Recopilación de las Leyes de las Indias」の読み方から教えていただきました。私はそれ以来このテーマにのめりこみ、帰国後コロンブスの航海史はじめ、大航海時代の歴史や先住民文化に関する基本的な文献を日本語にして紹介してきたのも、この時の授業のお陰だと思っています。

一九四五年の日本敗戦直前、フランコ政権は突然日本と国交を断絶しました。私たち、公使以下約一五名の日本人は、マドリードの日本公使館の公邸で九ヶ月間寝起きすることになりました。私にとっては、それが誠に幸いしましたね。その間、いつかは読もうと買いためてあった本を片っぱしから読むことができたのですから。

戦後の日本に帰国後、一九五二年四月にサンフランシスコ講和条約が発効してようやく外交再開となり、メキシコに三年半の間、外交官補として勤務しました。その間は中米の五カ国とパナマ、ドミニカ共和国をも兼任してましたから、何か問題があれば現地に飛んでいかねばならず、どの国にも二回から五回は出張したお陰で、マヤ文化に接する機会にも恵まれました。

オクタビオ・パスとの共訳『奥の細道』

私がメキシコに着任してから半年ほど経って、日本滞在から帰国し、国連機関局の次長となったオクタビオ・パスさんに紹介されました。詩人で日本文学にも精通した彼とはすぐに意気投合し、二人で何か日本の文学をスペイン語に訳そうということになったんです。あまり長くなくてまだ英訳されていない作品を検討した末、『奥の細道』はどうだろうかとパスに提案し、さっそく留守宅から原本を送ってもらい作業に取り掛かることにしました。でも、本業の方が忙しくてなかなか翻訳が始められません。そうこうしているうちに、私が珍しく友人宅の庭でバドミントンをしていましたら、アキレス腱を切ってしまい、入院することになったのです。それを知るとパスが病院に駆けつけてきて、「おまえさん、いいことをやったよ！」とニコニコとして言うじゃないですか。「しばらく動けないんだから、翻訳に集中しろよ。毎週、訳を受け取りに来るからね」って。そうして一ヶ月くらいかけて七分通りの翻訳を終えました。そして一九五五年の夏までには注の一部を残して一応完了し、とりあえずメキシコ国立大学での出版が決まったところで帰国したのです。初版は無事一九五七年七月に出版され、その後二回改訂版が出ました（一九七〇年 Barral／一九八一年 Seix Barral）。散文は九分通りこちらの訳の通りでしたが、俳句の訳はかなりたくさんパスさんの直しが入り、「なるほど」と感心しましたが、一句だけどうしても彼の訂正に納得できずもめました。「閑さや岩にしみ入る蝉の声」という句です。最終的に彼の訳を承諾しましたが、注を付けてほしいと頼みましたら、改訂版で一ページ半の注を入れてくれました。

スペイン語から日本語への翻訳書

スペイン語訳をしたのは『Sendas de Oku（奥の細道）』だけですが、スペイン語からの日本語訳は何冊か出しています。

例えば『マヤ神話　ポポル・ヴフ』（中央公論社）。メキシコにいたころ、グアテマラの石碑に驚嘆したんです。そこからマヤ文明のことを調べようと思って、マヤの神話に関する本を買って帰ったんですが、読んでみてもなかなかわからない。それは絵文字で伝わっていたマヤ文明の伝説を、キチェー人がローマ字表記のキチェー語で書き残していたものを、ヒメネスという神父が見つけてスペイン語に訳したのが発見され、この訳本をアドリアン・レシーノスというグアテマラの学者が改めてスペイン語に訳し直したものでした。マヤの古い歴史物語で、いうなれば日本の『古事記』に当たる本です。ちょうどメキシコに来られた文化人類学者の石田英一郎先生にこの本のことをお話ししたら、ぜひ翻訳してくださいと励まされました。運よく、当時グアテマラの駐スペイン大使だったアドリアン・レシーノスさんに連絡がとれ、何回も手紙の往復をしてわからない部分を丁寧に教えていただきましたが、結局翻訳には四年くらいかかりました。しかし出版社がなかなか見つからず、最後に中央公論社に原稿を預けておりましたところ、ちょうどユカタン半島旅行から帰られた三島由紀夫さんに社長が原稿を見せたら、同氏が序文どころか書評も書いてくださるというお話になったようで、一九六一年、ついに出版にこぎつけました。北川民次さんの綺麗な挿絵入りの素晴らしい装丁で、九七〇部の番号入り豪華版だったため、すぐに完売してしまいました。限定版でしたので増刷ができず、一九七二年に装いを異にした改訂版が出ました。このときは、メキシコ近代美術館のバレラ館長の特別のお計らいで、未発表の『ポポル・ヴフ』をテーマにしたディエゴ・リベラのリトグラフを、装丁と一七枚の挿絵に使わせてもらって、一五〇〇部限定の豪華本になりました。これもすぐに売れ切れになったので、一九七七年に文庫化され、今日に至っています。この本は苦労して訳した甲斐がありましたね。

その他に、『コロンブス航海誌』（岩波書店）や『コロンブス全航海の報告』（岩波書店）なども出ました。今は『ユカタン事物記』（岩波書店）の改訂版の訳にとりかかっています。

なお、美術関係の著作としては、戦後すぐの一九五三年に出版された『世界美術全集』（平凡社）で、スペイン美術の解説を三巻にわたって須田国太郎さんと共同執筆させていただいたのが最初でした。

最近のスペイン語からの翻訳書

この一〇年間には驚くほど多くの優秀な研究者や翻訳者が育ってきて、スペインや中南米の文学作品が次々と翻訳出版されてきました。誠に喜ばしい限りです。しかし残念ながら私は最近、自分がかかわっている仕事に関係がないとすぐには新しい作品を読まなくなってしまい、実は困ったことだと思っているのです。それで最近読んだ本といえば、私も少し関わっているのですが、グアダラハラ大学のメルバ・ファルク　レジェス教授とエクトル・パラシオ氏の共著の研究書で、『グアダラハラを征服した日本人——一七世紀のメキシコに生きたファン・デ・パエスの数奇なる生涯』（現代企画室）で、なかなかよくできていますね。来年九月から一年間、支倉常長の慶長遣欧使節団がアカプルコを通ってスペインに渡った四〇〇周年を記念して「日本におけるスペイン年」としてさまざまなイベントが開催されるようですが、その慶長遣欧使節団の前にも、京都の商人田中勝介の一行、あるいはまた、隠れキリシタンがマニラに逃げ、そこからアカプルコに渡ったケースなど、まだ詳細が明らかになっていない史実がたくさんあります。本書の発表によって、日本側の研究も進み、新しい事実が見つかるよう期待しています。

スペイン語からの翻訳書でもうひとつ、日本に数年滞在したことのある、マドリード自治大学教授フロレンティーノ・ロダオ氏の長年の研究成果で『フランコと大日本帝国』（晶文社）という大作の日本語訳が出ました。ここでは多くの日本人が知らなかった事実が明らかにされており、関心をよぶことと思います。

日本とスペイン語圏の文化交流

東京にセルバンテス文化センターができてから、スペイン語圏文化の紹介がさかんに行われるようになりました。文化にこれほど力を注ぐスペイン政府には本当に感心しています。

私たちは逆に、スペインでの日本語教育に力を入れていこうと、一九九九年、スペインのサラマンカ大学の中に「日西文化センター」を設立してもらいました。スペインでも日本への関心が高まっていて、その後数年間で日本語の学習者数は約三倍に伸びています。日本語教育の他にも、政治・経済・文化の集中講義も行っています。二〇〇九年のデータでは、スペイン全国の五六の機関で合計四〇四五人が日本語を勉強していて、その数はついにイタリア人学習者とほとんど変わらなくなりました。これからも日本政府がもっとがんばって、外国人にどんどん日本のことを知ってもらわなくてはいけないと思っています。

（談）

ソ連からロシアのはざまに

枝村　純郎

枝村純郎《えだむらすみお》（一九三六〜）　外交官。兄二人も京都一中出身で、枝村自身は北白川小学校から一九四四（昭和十九）年に入学。戦争末期に湯川秀樹らの提唱で京都一中にも設置された特別科学学級の二期生に編入。一九四八（昭和二十三）年京都一中四年修了で旧制三高最後の入学者となり、翌年京都大学法学部に進学。三年在学中外交官採用試験に合格。外務省に入って、在米日本大使館書記官、北米課長、アジア局次長、中南米局長、スペイン、イラン大使を経て、激動期のソ連・ロシア大使を歴任した。また戦後の重要な外交局面で献策を行い、佐藤栄作首相の沖縄返還に当たり語った「沖縄が返還されない限り日本の戦後は終わらない」とのステートメントや、福田赳夫首相がＡＳＥＡＮ各地歴訪に当たり、日本は軍国主義にならないなどのドクトリンによる理念外交を実現させた。中南米局長時代には、アルゼンチンとイギリスとの紛争に際し、中南米諸国との長期的な友好関係の維持に努め、また、ソ連崩壊からロシアへの激動期には、大使として文字通り弾雨の下、北方問題打開を視野に、エリツィン訪日などの曲折に夫妻で奮闘した。外交の本義は外交交渉にありとの思いに貫かれた当時の日常をここに引用した。

一　ゴルバチョフとジョークの応酬

ケナン論文の教訓

私はモスクワでの勤務を通じて幾多の幸運に恵まれたが、最初の幸運はソ連在勤が発令される当日の一九九〇年四月二十五日、本省大使室の机の上に待っていた。朝出勤したところ、机の上にアメリカの外交雑誌『フォーリン・アフェアーズ』の九〇年春季号が航空郵便で到着していた。その巻末には、一九五一年にジョージ・ケナンが書いた、「アメリカとロシアの将来」という小論文が載っていたのだ。

一九八九年十二月に、米ソ首脳は地中海のマルタ島で冷戦終結を宣言していた。しかし、この四十年前のケナンの小論文を読んで、私が感銘を受けたのは、アメリカが望むであろうような自由で民主的なロシアが、すぐに誕生すると期待してはいけないということだった。ロシアは、数十年におよぶ共産党の一党支配の前には、数百年も続いたツァーの専制のもとにあったのだ。それが、社会主義崩壊のあとに現れるだろうロシアの地金だ。だから、ロシアにはロシアの伝統と民族性に適した政治体制が許されるべきなのだ。

この小論文を読んで、私は二つのことに感心した。一つは、社会主義体制の崩壊に対するケナンの確信の強さにであった。一九五一年の春と言えば、朝鮮戦争の真っ最中で、共産主義がその軍事的脅威をあらわにしていた時期だ。そのような時に、なおもケナンは、一九四七年に発表した有名な「X論文（"The Sources of Soviet Conduct"）」——ケナンは「X」という匿名でこの論文を発表していた——で主張したときと同じ冷静さをもって、共産主義体制の内部崩壊を当然の前提として議論を進めていた。やがて自壊する体制であれば、「封じ込め」ておけばよいので、軍事的な犠牲を払って壊しに行くまでもないのである。

それ以上に何よりもケナン論文から感銘を受けたのは、この論文の底を流れる暖かさだった。そこにはロシアの伝統と、ロシアの人々に対する深い愛情があった。厳しい米ソ対立の時期にあってなお、ケナンはロシア民族の偉大さに対する敬意を失っていなかったのである。

ソ連大使発令の当日、この論文に遭逢したことで、来るべきモスクワでの任務についての気持ちを自分なりに整理することができた。既成概念や感情にとらわれることなく、暖かい気持ちでロシアの変革を見てみよう、というほどの心構えだ。

信任状捧呈とゴルバチョフとの会談

私と家内がモスクワに着任したのは一九九〇年の六月八日であったが、初夏というのに気温は十度以下のうすら寒い日が続いた。

ゴルバチョフ大統領との最初の出会いは、同年七月二十五日桜内衆議院議長一行に同行したときであった。桜内さんは、いつもの温顔で北方領土問題の返還を諄々と訴えられた。やり取りのあと、ゴルバチョフは「日本に行っても一つの問題（領土問題）しか話せないのであれば、自分の訪日も考え直さないといけないかも知れない。訪問してかえって両国関係を悪くするのでは意味がない」と言い放って、会談を終わったのだ。

二七日のシェワルナゼ外務大臣との会談では、G７関連の会合で中山太郎外相が「ペレストロイカに援助することはドブに金を捨てるようなものだ」と言われた、との報道についてシェワルナゼは怒りをあらわにした。私はその報道は不正確だと反論したのだが、シェワルナゼは、ますます感情的になり声を震わせて言い募るのであった。

せっかくの「暖かい気持ち」に水を浴びせられるような事件の連続だったが、シェワルナゼとの会談のあと、その日のうちに事態は好転の兆しを見せ始めた。ゴルバチョフが、「訪日は桜の花の咲く頃になるだろうと述べた」という報告が入ってきたのだ。追いかけるように、ロシア外務省の儀典室から、私の信任状捧呈がその日の夕刻になるという通報があった。

午後六時半、私と随行の館員はクレムリンの小広間の扉の前で待っていた。やおら扉が開いて、私どもは小広間の中央へ進み、私はゴルバチョフ大統領と正対して立った。「おやっ」と私は思った。ゴルバチョフの傍らには、なんとシェワルナゼ外相が侍立しているではないか。信任状捧呈の時の侍立は、十人足らずの外務次官が輪番で当たることが慣例だった。シェヴァルナゼのような大物で多忙な外相が、儀礼的な行事、しかも自分が主役ではない場面に顔を出すとはまったく予想外のことだったのだ。

捧呈のあと、ゴルバチョフは「それでは、アドゥナ・ミヌータ（一分間）の会談をしよう」と言って、私を別室にいざなった。別室ではゴルバチョフとシェワルナゼとロシア側通訳のガルージン外務省員が、小さなテーブルの一方に座り、反対側に私と通訳の山村嘉宏書記官が座った。

ゴルバチョフは上機嫌のように見えた。

モスクワに発つ前にも、京都一中の仲間が集まって行を壮んにしてくれた。その時、親しい友人の嫁はんが「枝村はん、あんたなあ、モスクワに行かはってゴルバチョフはんに会いはったらなあ……」と言って、あることを依頼していた。私はそれを思い出して、こう申し出た。「貴大統領と貴外相が、勇気をもって進めておられる改革は、日本国民からも高い評価を受けている。

貴大統領は、とくに日本女性の間でゴルビー、ゴルビーと人気が高い。実は自分も何人かの女性から貴大統領と握手した手で自分と握手してほしいとの依頼を受けている次第である。」

するとゴルバチョフは、すっくと立ち上がり、私に手を差し伸べて「女性の要望は尊重しないといけません」と言いながら握手をした。私は、「それほど高い評価を受け、ヨーロッパとの関係や国内改革については、あれだけの決断のできる人が、日本との関係打開のために同様の決断力を発揮できないはずはないというのが、日本国民の率直な気持ちである」ことを述べ、「これは期待であって圧力ではない」と結んだ。

混迷する訪日日程調整

ゴルバチョフ大統領は、翌一九九一年四月十六日から日本を訪問することになるが、日ソ間では、その日程をめぐって紛糾した。そもそも、公式訪問の日程や行事は、賓客の希望を踏まえつつ受入れ側が責任をもって準備するのが慣例だ。ところがこのときは、日程の大枠自体が訪日の直前まで決まらなかったのだ。ゴルバチョフ大統領は、日本国民に対する融和のジェスチャーとして、訪日の途次ハバロフスクに立ち寄り日本人抑留者の墓地への献花を予定していた。

それは歓迎すべきことではあったが、ソ連側は日程調整の最終段階で、日本にあるロシア人墓地への参詣を加えるよう言い出したのだ。ソ連側としては、国内世論対策上それがどうしても必要だというのだった。しかも、ソ連側は長崎のロシア人墓地を希望してきたのだ。これは大問題だった。訪問が実現すれば、それは四月二十一日に予定されている長崎市長選挙のわずか二日前というタイミングになる。大変なのは警備であった。本島市長は「天皇戦争責任論」を唱えて、右翼分子の襲撃に遭い負傷した人だ。そのため、この選挙期間中は不祥事の再発を避けるため、格別の警備態勢が敷かれていた。そこに右翼過激分子にとって絶好の標的となるソ連の大統領が乗り込んでくることは、警備上きわめて複雑な事態になる。

しかも、ゴルバチョフは原爆記念碑のある長崎の平和公園をも訪ねたいと言い出したのだ。日本側が難色を示すと、それなら広島の平和公園に行きたいと言い出し、事態はますます混迷した。四月十日本省から至急ゴルバチョフ大統領自身に会うようにとの訓令があった。さっそく、翌十一日の午後三時にアポイントメントを取り付けたが、申し入れ内容についての訓電が接到したのは、約束の時間より少し前の昼過ぎだった。

クレムリンに赴いた私と通訳の武藤顕書記官は一時間以上待たされたあと大統領執務室に通された。ゴルバチョフ大統領から、「人民代議員代表との話し合いが長引いたので」との釈明があり、話が始まった。ゴルバチョフからは、「ノーベル平和賞受賞者として広島あるいは長崎の平和公園をぜひ訪れたい」との話があった。私からは、そもそもロシア側の要望はロシア人墓地参詣に限られていたはずであることを指摘して、いったん押し返した。そのうえで、平和公園訪問を含め賓客の希望をなるべく尊重するようホスト側としては努めるが、賓客の側においても、警備上の必要など受け入れ側の事情は理解してもらいたいと主張した。とりわけ、「貴大統領はときに突飛な行動に出られることがあるので心配なのである」と告げた。いわゆる「パフォーマンス」をすることがないよう釘をさしたのだ。

ゴルバチョフは笑って、「ご懸念には及ばない。大使にそばにいてもらえれば、大使の指示に従う」と答えた。その後もやや緊迫したやりとりがあったが、訪問先は長崎とすることで確定した。また、長崎での政治的に機微な事情や警備上の要請などについても理解が得られ、行動の自重についての言質もとれたので、本省の訓令はそこそこ果たし得たように思われた。

言外のメッセージ

小一時間の会談を終わって辞去する際、私から「明晩の日航機で一足お先に発って、東京でお待ちしています」と挨拶した。すると、ゴルバチョフは「総理と外務大臣によろしく」と応じた。咄嗟に私からは「陛下にもよろしく申しましょう」と答えた。国賓をお迎えになるホストは、天皇陛下だからだ。そう言ったあと、私はさりげない風で相手の顔をじっと見詰めていた。しかし、ゴルバチョフは慌てた色は見せなかった。やおら、傍らに控えていたチェルニャーエフ補佐官のほうを振り向くと「アナトリー・セルゲーヴィッチ、宮中晩餐でのスピーチはできているかね」と尋ねた。チェルニャーエフが「はい、できています。明日には日本大使館にテキストを渡せます」と答えると、ゴルバチョフ大統領は私に向かって、「宮中晩餐でのスピーチは明日渡すからね」と述べ、そして、私の眼をしばらくじっと見つめ返したのだ。

ゴルバチョフは、私の指摘を受けて今さら陛下にもよろしくと付け加えることは、かえって非礼にわたると考えたのだろう。そこで、宮中晩餐に言及することによって、宮中のこと、陛下のことはちゃんと心にかけているよということを言外に伝えようとしたものと察せられた。私もその言外のメッセージを理解したので、ゴルバチョフには軽くうなずいて見せた。

そして、四月十五日の朝、東京に先に移動した私は家内とともに赤坂御所に伺い、両陛下に御進講申し上げる冒頭、ゴルバチョフ大統領よりよろしくとの御挨拶をしかるべくお伝えしたのだった。

クーデターの勃発

ところが、四ヶ月後、ゴルバチョフ大統領の夏季休暇が終わる当の八月十九日に、とんでもないニュースが飛び込んできた。ソ連でクーデターが勃発したというのだ。いかなる理由があるにせよ、任国に大きな変動が起こっている時に大使が任地を離れていたということは、失態たるを免れない。私は、四十年間のキャリアのなかでも最大の危機に突然放り込まれのだ。

急いで外務省に登庁すると、関係幹部は全員次官室に集まっていた。ソ連の事態についての最初の公式の反応となる、外務大臣や官房長官のコメントについて検討していたのだ。「重大な懸念の表明」という線で、すぐまとまったと記憶する。

次官室に入る前、ソ連課の庶務主任に、モスクワに一番早く帰れる便を調べておくよう依頼しておいた。ジェット機の航続距離が延びたため、欧州行きはロンドンやパリへの直行便にどんどん切り替わっていた。ソ連のアエロフロートを除くと、東京からモスクワに寄るフライトはせいぜい日に一便だった。結局、一番早くモスクワに着く便は、翌八月二十日朝に成田発、同日午後二時にシェレメチェヴォ空港着のエール・フランスだった。八月十九日中の夜に発つのであれば、午後九時発、アンカレッジ経由でパリ行きのエール・フランスがあったが、そうすると、パリ乗り換えでモスクワ着は翌二十日の午後二時三〇分になる予定だった。つまり、翌朝発の成田からモスクワへの直行便よりかえって三〇分遅く着くことになる。

私は、当夜出発の北極圏回りを選択した。迷いはなかった。不覚をとった以上、なるべく早く任地に帰るという姿勢を示すことが大切だった。

遠回りのおかげで得た幸運

エール・フランスは定刻午後九時に出発し、アンカレッジ経由十七時間の長い飛行の後シャルル・ド・ゴール空港に到着した。現地時間の八月二十日午前六時半だった。八時になってファースト・クラス専用のラウンジが開いたので、私はさっそく、卓上にどさりと置いてあった『インターナショナル・ヘラルド・トリビューン』紙と『フィナンシャル・タイムズ』紙を読み始めた。そこへ、モスクワ駐在のデュフルスク仏大使が仏頂面で現れた。せっかくの休暇がふいになったことへの不平をひとしきり聞かされたあと、二人はそれぞれ新聞を読むことに没頭した。

八月二十日付の『インターナショナル・ヘラルド・トリビューン』一面トップの見出しは、「ゴルバチョフ解任。強硬派は自由を制限へ。エリツィンはクーデター無視を呼びかける」というものだった。一面の写真は、戦車の上に立って演説するエリツィンを大写しにしていた。『フィナンシャル・タイムズ』の大見出しは「エリツィン、強硬派に挑戦」だった。サブタイトルは

「戦車はなぜかわからないままに市内へ」というもので、写真は都心のマネージ広場で十重二十重に群衆に取り囲まれて身動きできなくなっている戦車の姿を写し出していた。

クーデター側の腰は定まっておらず、迫力に欠けるようだというのが、両紙を精読した私の印象だった。ほぼ完全に両紙の関連記事を読み終えた頃に、飛行機は無事シェレメチェヴォ空港に着陸した。モスクワ時間で八月二十日午後二時十五分だった。われわれの中型機が空港内を移動してターミナル・ビルに近づくと、機窓にそびえ立つようにエール・フランスのジャンボ機が見えてきた。その日の朝、成田を出てきた直行便が、予定どおり、われわれより三十分早く到着していたのだ。

馬鹿馬鹿しいと言えば馬鹿馬鹿しく、無駄と言えば無駄な遠回りだった。しかし、そのおかげで、国際的に権威ある二つの新聞による客観的で詳細な報道記事を、ゆっくり時間をかけて分析的に読むことができた。それが、国家非常事態委員会の発表などのナマの資料を、そのまま掲載するという紙面構成であったことも幸いだった。モスクワの騒然たる空気に身を置く前に、こういう時間を持てたことは、遠回りのおかげで得られた思わぬ幸運だった。私のツキはまだ続いていたのだ。

腰の据わらないクーデター

在ソ連日本大使館としての最初の情勢判断は、八月十九日中に茂田宏臨時代理大使名で打電されていた。それはまず、今回の事態を保守派によるクーデターであると断じ、新連邦条約成立を前にしての保守派の危機感など、今日の事態に至った背景を分析していた。今後の見通しについては、国家非常事態委員会側に実力行使をも辞さずとの決意があるのか、エリツィン・ロシア大統領を中心とする抵抗がどこまで有効か、などによるとして断定は避けていた。しかし、クーデター成功の暁にはソ連の改革の後退は避けられないこと、今次政変の合法性には疑問のあることを指摘して、「国家非常事態委員会」側との接触については慎重たるべきことを意見具申していた。

この電報は、今思い出しても正鵠を射た立派なもので後世の評価に耐え得る内容であった。私は、これらの電報を読んで、大使館が事態に適切に対応していることを確認して安心した。そうこうするうちに、ロシア共和国外務省からの依頼について報告を受けた。「国家非常事態委員会」側から、午後六時を期して共和国政府庁舎を攻撃するという通告があったが、なるべく多くの「目撃証人」がいることが望ましいので、この旨を日本人記者団に伝達してほしいというのだ。

時計を見ると、午後五時少し前だった。私は、事態が急展開する前に現場を見ておこうと思いついた。そこで、川端一郎書記官と中村耕一郎書記官に同行を求め、館長車に日の丸を掲げてロシア共和国政府庁舎（ホワイトハウス）に向かった。

正面からの道路は、トラックなどで封鎖されていたので、アメリカ大使館側の裏の入口にまわった。交通警察官が一人いて制止しようとしたが、無視して庁舎の東側の遊歩場に入り、車を降りて、辺りを見回した。小雨が降ったりやんだりしていた。庁舎の周りには、敷石や鉄柵などをうず高く積み上げて黒々としたバリケードが築かれていた。ロシア政府側についた戦車が一輛、ロシアの三色旗を掲げていて、兵士が一人とその他二、三人が、その上に立ったり、座ったりしていた。戦車を中心に、一〇〇人ほどのさまざまな服装の人々がいたが、とくに気勢を上げるふうでもなく、警戒しているふうでもない。武器を持っているものはいなかった。

そこへ、後ろから「ガスパディン・パソール（大使）！」と声をかけられた。振り向くと、ロシア議会の機関紙『ロシア通信』のクーチェル編集長だった。テープ・レコーダーが取り出され、川端君の通訳で即席のインタビューが始まった。「今回の事態に対する日本政府の態度如何」という質問だった。私は、本省からの情報に基づいて、「海部総理は日本の国会で、『国家非常事態委員会』による権力掌握は違憲の疑いが強いという見解を明らかにしており、日本政府はソ連への援助は凍結する方向で検討している」と答えた。そして、「この日本政府の姿勢をエリツィン大統領以下のロシア政府、議会の首脳に伝えてもらいたい」と依頼した。

クーチェル編集長からは、ゴルバチョフはクリミアのフォロスの別荘に軟禁されている模様であり、フォロスの沖合をソ連海軍の艦艇九隻がパトロールしている、という確度の高い情報があるとの話があった。現場に出かけたおかげで、たまたまクーチェルに出会い、貴重な情報を得られたことも、思いがけない幸運だった。

午後九時近くなって、私は堪えがたい睡魔に襲われた。長時間の飛行と時差のせいでどうしようもない。そこへ、領事部から、在留邦人に対し家族の退去勧告を出すべきではないかを、本省に請訓する電信案が上がってきた。「国家非常事態委員会」が午後十一時から朝五時までの夜間外出禁止令を出したことが直接の契機だった。反対派はこれを無視する姿勢であり、かくては両派間で武力衝突の危険が高まるという見通しだったのだ。アメリカ大使館は、すでに在留米国人に対し、婦女子の退去勧告を出しているということもあった。

私は、退去勧告を出すのであれば、本省に下駄を預けることなく、日本大使館としての責任ある判断を明白にして請訓すべきであるという考えだった。ところが、ロシア政府庁舎の攻撃を何度も予告しながら、いまだに実施できないという「国家非常事態委員会」側の姿勢から見ても、この外出禁止令がどこまで厳格に施行されるか疑問があると思われた。結論として、もう一晩様子を見てもらうことにした。そして、午後十時公邸の寝室のベッドに倒れ込んで、そのまま眠ってしまったのだ。

あくる朝になっても、私は依然慎重だった。クーデターが挫折に終わる可能性は、時とともに高まっているように感じられたのだ。

しかるに、ここで在留邦人の家族の退去勧告に踏み切ることは、日本大使館として公に事態の重大さを認めたことになる。それによって、大使館の情勢判断に汚点を残すことになりかねない。いやしくも大使の職にあるものは、歴史に対しても責任を負うべきなのだ。私は、あらためて茂田公使以下に「退去勧告はさらに様子を見たい」と申し出た。茂田公使も、即座に「結構でしょう」と同意した。

クーデター事件のピークは、私が熟睡していた二十日夜半に訪れて、二十一日明け方までには過ぎていたのだった。

耐えられない睡魔のおかげもあって、退去勧告を一寸延ばしにし、結局出さずに済んだことは、またしても図らざる幸運であった。

ソ連邦の解体

ゴルバチョフとは対照的に、エリツィン大統領は会うたびに自信を深め、民衆政治家らしい率直さを前面に打ち出していた。私は事前に、「ゴルバチョフがサーベルとすれば、エリツィンは大鉈で真っ向から打ち下ろしてきますよ」と中尾通産大臣に警告しておいた。果たして、エリツィンは会談の冒頭から挨拶抜きで本題に入り、「日本の二十五億ドルの資金協力については、全額ロシアが受け取ることでゴルバチョフと話がついている」などとまくし立てた。会見後、中尾大臣は「なるほど大使の言われたとおり大鉈でしたね」と述懐されたのだ。

ソ連解体への事態が最後の曲がり角を曲がりはじめたのは、十二月一日に行われたウクライナの国民投票によってだった。ウクライナ有権者の九〇パーセント以上が、独立を支持したのだ。日本大使館は、この時点で、「国家としてのソ連邦は終わりを迎えつつある」という判断を東京に打電した。

そして十二月八日、ロシア、ウクライナ、ベラルーシ三カ国の首脳が、ベラルーシのベロヴェシの森で会談し、「独立国家共同体」の創設を決定した。そして、「ソヴィエト連邦は国際法の主体として、また地政学的実在として、その存在を終えた」と宣言したのだ。

十二月二十一日、ソ連邦を構成していた大多数の共和国の首脳が、カザフスタン共和国の首都アルマトイに集まり、「独立国家共同体」設立の宣言が調印された。一二月二十五日午後七時から、ゴルバチョフ大統領はテレビで辞任を発表した。「国民の皆様、同胞諸君。独立国家共同体の創設によって生じた事態にかんがみ、私はソ連大統領としての職責を終えることとします」で始まる辞任の言葉は長いものではなかった。

ゴルバチョフは、まず連邦国家の統一維持に最後まで努力したことを述べ、国家の分裂には賛成できないという立場を、あらためて明らかにした。そして、一九八五年以来の改革の道程が容易でなかったことを回顧しながらも、民主的改革の歴史的正当性を確信していることを強調した。ゴルバチョフ時代の最大の成果は、社会が政治的、精神的奴隷状態から解放されたことであった。しかし、改革への歩みは反動勢力の妨害や人々の新しいものへの恐怖心などによって遅々たるものとなった。そのため、新体制が動き出す前に旧体制が崩れ去ったのだ。

ゴルバチョフは、最後に、民主的改革の実現に参加したすべての国民に感謝した。また、外国から寄せられた理解と支援にも謝意を述べた。そして「われわれは偉大な文明の後継者です。今日それが新たに現代的で品格のある生き方に復活するかどうかは、われわれ全員そしてわれわれの一人ひとりにかかっているのです」という国民への呼びかけで、辞任の言葉を締めくくった。

今日この時点で読み返してみると、このメッセージは、短いながらも言うべきことを言い尽くしており、感動的でもある。しかし、それを聴いていた時の私は、ゴルバチョフがあまりにも淡々と、格別の感情や感動を表に表すことなく語っていることの方に注意を惹かれていた。彼としては、自分の業績が国民の多くによって理解されず、ついには裏切られたという寂しさが先に立っていたのかもしれない。

しかし、私はゴルバチョフの機知に富む魅力的な人柄には強い親近感を覚えていたし、ゴルバチョフの回想録によると、それはある程度相互的でもあったようだ。そのように親しく交わってきた人、しかも偉大な改革者として、また多年にわたる冷戦に終止符を打った世界平和への貢献者、ノーベル平和賞の受賞者として長く歴史に名を残すべき人が、このように不本意な形で退場を余儀なくされることは、残念というほかなかった。

辞任演説を聴いたあと、私は田中総括参事官の運転する車に便乗して赤の広場に向かった。意外にも赤の広場には人影はまばらだった。クレムリンのドームのうえには、ソ連邦の赤旗に代ってロシア共和国の三色旗が夜風にへんぽんと翻っていた。

二　エリツィンとわたり合う

エリツィンの訪日中止

一九九一年十二月二十五日のゴルバチョフ辞任の翌々二十七日、私は、本省の訓令に基づいてコズイレフ・ロシア連邦外相を訪ね、エリツィン大統領宛の宮澤喜一総理親書を手交した。親書は、ロシア連邦をソ連邦と継続性を有する同一の国家と認め、一九五六年の日ソ共同宣言をはじめ日ソ間に存在するすべての条約その他の国際約束は引き続き有効であるという日本政府の理解を確認するものであった。

翌一九九二年の二月二十七日には、エリツィン大統領から宮沢総理に宛てた親書が届けられた。その内容は、友好的な雰囲気に満ちたもので、次のようなくだりも含まれていた。「主権国家ロシアは、今や日本を共通の恒久的人間的価値によって結び付いたパートナーかつ潜在的同盟国と見なしています」「法と正義に一貫して従いつつ、われわれは、領土画定という側面を含む平和条約締結問題の解決を、引き続き共同で探求していく決意であります。」

このようにロシア政府は、対日関係の打開とりわけ領土問題の解決について、きわめて積極的な姿勢を打ち出していた。しかし、それに対し、反対派からの揺り戻しも次第に表面化してきた。さらにそれが、エリツィン大統領と議会との険しい対立抗争という内政上の問題とも絡んで、深刻さの度合いを深めていったのだ。

その間、ソ連時代のＫＧＢの後身であるロシア保安省は、北方領土交渉を妨害するための熾烈な工作をはじめていた。日本の政治情勢について虚偽の情報を流布するだけでなく、訪日中の大統領の安全を保障できないと日本の警察が言っていると嘘の報告をしたりしたのだ。その結果は、ついに最悪の事態を招くことになってしまった。エリツィン大統領が九月十三日から予定されていた国賓としての訪日を突然一方的にキャンセルしたのだ。訪日予定の僅か四日前の九月九日夜のことだった。

エリツィンの訪日中止のあとの数カ月は、私のキャリアのなかでも、もっとも不愉快で暗澹たる時期であった。情報機関の影響下にあったエリツィンは相変わらず傲慢で、延期の責任を日本側に負わすような言動を続けていたのだ。

クレムリン大宮殿での応酬

一九九三年を迎えるにあたって、私は気を取り直した。その年の夏には東京でＧ７サミットが開かれるので、モスクワでのＧ７諸国大使の会合でも私が議長を務めることになる。そのことは、ロシア政府に対しても、私の発言が大いに重みを加えることを意味した。当時のロシアは、先進諸国からの支援を期待して、Ｇ７メンバー国との友好をことさら重視していたからだ。

いろいろの経緯があったあと、三月二十五日には松永信雄政府代表（元外務次官、駐米大使）が、エリツィンを東京で開催のＧ７サミットに招待するという宮澤総理の親書を携えてモスクワに来られた。エリツィンは招待に感謝し、事前のアレンジにしたがって、「自分の公式訪日については早い時期に実施したい」と答えたのだ。それを受けて、宮澤総理は四月一日の記者会見で、Ｇ７プラス１協議へのロシア大統領の招待は、日露二国間関係とは切り離して進めるとの趣旨を言明された。ところが、事はそれで終らなかった。

四月九日午後四時から、エリツィン大統領はモスクワ駐在の各国大使全員をクレムリン大宮殿でのバンケットに招いた。前日八日の急な招待であったが、政府や議会の外交・国際関係担当の要人も同席するということだった。エリツィンからの招待は、大統領の信任を問うなどのために四月二十五日に開催される国民投票に関連して、諸外国の理解と支持を求めるためであろうと推定された。

各国大使を前にしたエリツィン大統領の二〇分間ほどの演説は、予想どおり国民投票への理解と支持を求めるものだった。質疑応答に入ると、フランスのピエール・モレル大使の質問に答えてエリツィンは、ロシアの対欧政策について説明した。このあと大統領はいったん席に戻ったが、隣席のコズイレフ外相に促されて補足説明に立った。そしてエリツィンは、ECとロシアの間のパートナーシップ協定が近く締結される見込みであること、またロシアが欧州とインド、中国、韓国など東アジアとの間の橋渡しの役割を果たしうるだろうことを述べた。

そのあと、エリツィンは、こう言葉を続けたのだ。「もちろん、日本との間には困難がある。しかし、われわれは、普通に作業を続けている。私は、七月の東京サミットの前にも日本を公式訪問することを希望している。それなのに、経済協力と領土問題をリンクさせる立場を維持するという武藤新外相の発言は、私は困惑させ落胆させた。これは、政治と経済を明白に分離すると述べた最近の宮沢総理の発言とも矛盾する。」

私は、腰を浮かしながら、コズイレフ外相のほうを見た。コズイレフ外相は人差し指を立てて、私においでおいでのシグナルを送ってきた。私は、聴衆の方に向いて座っているエリツィン大統領の真後ろの演壇に上り、英語で次のとおり発言した。ロシア語への同時通訳付きだった。

「ただ今、コズイレフ外相より発言を促すシグナルをいただいたことに感謝する。まず、日本政府も貴大統領が勇気をもって進めておられる改革の努力を支持していることを申し上げる。そのうえで、貴大統領が言及されたわが国の新外務大臣の発言について一言説明したい。

私は、Ｇ７プラス１の対話に貴大統領を招待する問題と、日露二国間の問題をリンクさせないという了解が日露間に存在することを確認する。武藤大臣の発言も、まさにその線に沿ったもので、四月十四、十五の両日開かれるＧ７外相・蔵相合同会議では、対露支援につき議長として積極的かつ責任ある態度で臨むことを明らかにされたものである。ただ、その機会に併せて開かれる日露外相協議では、当然領土問題が取り上げられるであろうし、日本としては従来からの政策を維持すると述べられたまでである。

この関連では、貴大統領は、法と正義に基づき領土問題を解決する意向を表明されているが、そのための具体的方策については何らの提案もなされないままになっていることを指摘しておきたい。」

エリツィン大統領は、初めのうちは時々後ろを振り返り、ニヤニヤしていたが、この辺りでは、前を向いたままだった。その赤みを帯びた首筋に向かって私は語り続けた。

「さらに言えば、コズイレフ外相と常々話し合っていることであるが、国と国との関係では、新聞報道に基づいて反応し合うことは望ましくない。日本側要人の発言で何か問題があると思われる場合には、遠慮なく特命全権大使である私を招致していただきたい。私はいつでも、どこにでも参上する用意がある。」

発言しながら、辺りを見回した。メイン・テーブルに座っている外交団長のサネ・セネガル大使が、「もう止せ、もう止せ」というサインを必死に送ってきていた。そう御心配いただかなくても、もう終わるところだった。

「貴大統領が早い時期における公式訪日の意図を表明されたことを歓迎する。訪問されれば、日本政府と国民はあたたかくお迎えするであろうことを保証する。最後に、このような説明の機会を与えていただいたことについて、貴大統領およびコズイレフ外相に感謝する。」

かいつまんで言えば、そんなことを述べたのだ。咄嗟のことだったが、意のあるところは、およそ伝えることができたのかなと思いながら自分の席に戻った。リュリコフ大統領補佐官の後ろを通ったとき、「ウェル・ダン（よくやった）」と声をかけてくれた。席についてコズイレフ外相のほうを見たら、親指を立てて、ＯＫとのサインを送ってよこした。

バンケットが終わったあと、キンズマン・カナダ大使とヘイケン・ドイツ臨時代理大使がやって来て、勇気ある発言だと褒めてくれた。フィラートフ大統領府長官は、私の目を見つめながら両手で私の手をしっかりと握ってくれた。何も言葉にはしなかったが、暖かい気持ちは伝わってきた。

私は大統領と別れる時、「発言の機会を与えてくれた公正さに感謝します」と英語で言って手を差し伸べたが、大統領は格別の感情を表に現すことなく握手に応じただけだった。

親指を立て合う

ところが、翌四月十日も、私はエリツィン大統領と同席するめぐり合わせになっていた。モスクワからサンクトペテルブルクを経てコペンハーゲンに至る国際回線の開通祝賀式が、エリツィン大統領の出席を得て国際電話局で開かれる予定だったのだ。住友商事と日本電気（ＮＥＣ）が機器の納入に当たったので、日本大使も招かれていたのだ。

式典の前の局内視察で、エリツィン大統領は、電話交換室に掲示されたロシア国内の通信回路網を示す地図で、極東地方には中継局を示す赤丸の数が目立って少ないのを見とがめた。案内のブルガーク通信大臣に、「どうして日本周辺には、中継局がこんなに少ないのだ？」と尋ねたのだ。私はすかさず脇から、「ロシア極東地方には日露合併の衛星通信企業もあり、通信事情はずいぶんと改善している。現下の問題は、シベリア横断回線を建設してこの極東の通信システムと本日開通の欧露のシステムを結び付けることである」と説明した。日本政府が、せっかくオファーしている輸銀借款の活用を念頭に置いての発言だった。

そのあとエリツィン大統領は、講堂の壇上で、ラスムセン・デンマーク首相と記念通話をした。その際エリツィン大統領は、「今後は、本日開通のシステムと、極東、日本のシステムを、シベリア経由で結ばねばならない」と、デンマーク首相に語りかけた。しかし、視線は、講堂の最前列に席を占めた私のほうに向けられていた。私は親指を立てて、「よく言った」とのサインを壇上の大統領に送った。エリツィン大統領は、モニターのテレビに映らないよう、膝の上の低い位置で親指を立てて、私の信号に答えたのだった。

こうしてエリツィン大統領との心理的な駆け引きは終わったのだが、この二日間の出来事はまたしても幸運の連鎖であった。コズイレフ外相が、私が腰を浮かせたのを認めて、すかさずシグナルを送ってくれたことは有り難いことだった。咄嗟のことであったが、そこそこの趣旨を述べ得たし、とりわけ、クレムリンでの応酬のあと翌日にまたエリツィンと会う日取りになっていたことも大変な幸運であった。この二日続きの応酬の結果、エリツィンも私に一目置くようになったことが感ぜられた。なお、この幸運の余沢にあずかったのは、関連日本企業の住友商事と日本電気（NEC）であった。シベリア横断マイクロウェーヴ回線は、いわばエリツィン大統領じきじきのお墨付きを得た形となり、このプロジェクトへの輸銀融資の手続きは異例の速さで進んだのである。

ナイナ夫人を迎えてお点前

九月十八日は土曜日だったが、忙しい日になった。まず、朝八時に日本航空主催の日本人会のゴルフ・トーナメントに行き、始球式の球を打ったあと大使館に戻り、CIS（独立国家共同体）諸国駐在の日本大使、総領事の会議に参加していた。ところへ、ナイナ・エリツィン夫人が予定より早く、正午前にも公邸に着く模様であるとの連絡が入ったので、会議を中座して公邸で待つことにした。

エリツィン夫人が来るのは、お茶のお点前の参観のためだった。七月の東京サミットの際、宮澤総理夫人が、参加首脳の夫人方をホテル・ニューオータニの庭園内にある「なだ万」の山茶花荘での昼食にお招きになった。昼食のあと、山茶花荘内の茶室でお茶のおもてなしがあったのだ。ナイナ夫人が大いに興味を示したのを見て、私の家内が、モスクワにも裏千家の茶道同好会があり、ロシア人の間にも熱心な会員のいることを話したのだ。

エリツィン大統領夫人の秘書室から、九月十八日の正午から午後二時までは大統領夫人の日程が空いているとの連絡があったのは、わずかに二日ほど前のことだった。正午から二時というのでは、昼食を用意しないわけにはいかない。

ナイナ夫人は、エレーナ、タティアーナの二人の令嬢と儀典官を連れて来た。和やかな昼食会だった。話すうちに、家族の人々が、心からエリツィン大統領を愛し、支えていることが自然に滲み出てきた。エリツィン大統領の精力的な活動の裏には、このような家族の温かい心遣いがあるのだなというのが、私と家内の共通の感想だった。エリツィン大統領は家庭的に大変恵まれていたのだ。

私は、自分が大の酒好きであることを告げて、「大統領は、お酒はどうですか」と、ナイナ夫人に訊いた。夫人は、「ボリス・ニコラエヴィッチは、ウォッカは飲みません、コニャックとワインであれば少々いただきます」と答えた。私は「ウォッカは飲みません」ということには疑念を禁じ得なかったが、ワインならばと、取っておきのスペインの銘酒ベガ・シシリアの七三年ものを二本、大統領へのおみやげに持たせた。料理では、カボチャのクリーム・スープがとくに夫人のお気に召し、公邸料理人にレシピを所望された。

食堂の次の間の小サロンには、畳が敷かれて、お点前の用意ができていた。茶道同好会のモスクワ大学のロシア人女子学生二人が、美しい和服姿で亭主と次客を務めた。西川宗篤師範が解説をし、大使館員の夫人方は半東など裏方に回った。すがすがしい雰囲気で、いいお茶席になった。ナイナ夫人は、家内と並んでソファに座ったまま正客としてお茶をいただかれ、いくつか質問をしたりして、くつろいで過ごされた。

家内は、こうしてナイナ夫人が日本への好意と関心を強めたことが、後日大いに役立ったはずだと考えている。十月のモスクワ騒乱のあと日ならずして、エリツィン大統領が予定どおりの訪日を決意した裏には、ナイナ夫人の進言があったに違いないというのが、彼女の確信なのだ。「私も日ロ友好関係にちょっとした貢献をしたと思うのよ」というわけだ。私も今日に至るまで、せっかくの家内の確信を黙って尊重し、それも私のモスクワ在勤中の幸運の一つに数えることにしている。

大成功だったエリツィン訪日

家内の言うようにナイナ夫人の進言があったかはともかく、エリツィン大統領はモスクワ市内の騒乱のわずか一週間後に、予定どおり国賓としての訪日を果たした。十月十一日午後九時三十四分、エリツィン大統領夫妻を乗せた特別機が羽田に到着し、訪日の日程は計画どおり順調に進んだ。

十月十三日の午前中、細川総理とエリツィン大統領の二回目の首脳会談が開かれたが、その席でちょっとしたハプニングがあった。二国間問題の討議の冒頭、エリツィンが突然、日本の対ロ借款の半額の棒引きを提案したのだ。これはまったく想定外のことであったが、エリツィンは得意げにニヤニヤしながら「そうすればロシア国民の対日感情は一挙に好転するだろう」と付け加えたのだ。私は細川総理の左隣にいたが、「そのようなことをすれば、国際金融市場におけるロシアの信認は失われ、大変な混乱を招くことになるだろう」とのメモを走り書きして、総理の前に滑らせたのだ。すると総理は、さらっと「貴方やって下さい」と言われたのだ。いかにも熊本藩五十四万石のお殿様らしい、細事にこだわらない対応だ。

そこで、私はメモの趣旨を敷衍して発言のあと「著名なエコノミストであるガイダール副首相は、そのあたりの機微はよく理解されていることと思う」と述べたのだが、エリツィンの隣にいたガイダールは、困ったような微笑を浮かべるだけで黙っていた。私は、この首脳会談でこのようなことが討議されたことが漏れると、それだけでも悪影響が怖れられるので、このことは外部に漏らさないようにしようと念を押して、この問題を締めくくった。

日露首脳会談は「大成功」だった。とりわけ、わが国の最大の関心事である北方領土問題について大きな前進があったのだ。このとき採択された東京宣言によって、領土問題の公正な解決のための原則を定めた枠組みについて、日露両国間に明確な共通の認識が成立したのだ。

第一の原則は、「歴史的法的事実」に立脚することだ。

第二の原則は、「両国間で合意された諸文書に基づいて」ということだ。

第三の原則は、「法と正義の原則」の尊重だ。

この宣言に、前年に日ロ両外務省が協力して作成し、九月に刊行された「日露領土問題の歴史に関する共同作成資料集」への言及があることも重要だ。およそ係争中の領土問題の両当事国外務省が協力して共同の歴史資料集を刊行するなどは、世界外交史上にも例を見ない快挙だった。その資料集には、例えば、「一九世紀半ばまでに択捉島とウルップ島との間に日露の国境線が形成された」という「歴史的事実」が明記されているのだ。

およそ交渉においては、交渉当事国間に共通の枠組みができることが重要だ。両者が交渉にあたって守るべきルールの枠組みができれば、その後の交渉は順調に進むのだ。それがないままに、四島だ、いや二島だ、三島だ、三島プラスαだ、と、バナナのたたき売りのようなことをやっても、交渉は迷走するばかりなのである。

私は、四年近くのモスクワ在勤の終わりの時期になって、日ロ関係における最大の懸案である北方領土問題について、交渉の枠組みと言えるものの成立に至ったことに感慨を禁じ得なかった。しかし、その後、近年とくにプーチン政権になってからは、この一九九三年東京宣言の重要性をことさら認めまいとする動きが顕著になっている。両国首脳会談の都度発表される共同声明でも、東京宣言への言及が故意に落とされる例が出てきていることは残念というほかない。

（『帝国解体前後　駐モスクワ日本大使の回想一九九〇―一九九四』都市出版、一九九七年より）

第Ⅲ部　衆先利他・京の商法　経済・社会編

京都に大丸

下村　正太郎

下村正太郎《しもむらしょうたろう》（一八八三〜一九四一）　十一代大丸社長。江戸中期下村彦右衛門創業の京都伏見の呉服商・大文字屋（現大丸）の十一世として生まれ、京都一中を一九〇三（明治三十六）年に卒業。大隈重信を慕って早稲田に進学したが、父の急死のため退学して跡を継いだ。そして、二百年来の床売りを廃止して、近代的な売り場に転換することを決断。京の五山の送り火由来の大文字屋の屋号も大切にしながら、京都四條高倉の現在京都大丸店のある場所で鉄筋コンクリート建ての大丸百貨店を一九一二（明治四十五）年開業、さらに大阪心斎橋に本店を築いて、流行の発信地ともなる事業を展開。もともと祖先の大文字屋は、「先義後利」（公共のために尽くすことを優先）を家訓としていた。そのためか、天保の大塩平八郎の乱の時も焼き討ちを免れたと言われる。下村正太郎は生きた芸術文化や芸術家を愛し、一九三二年には建築家W・ヴォーリスによって英国の一六世紀の建築様式による居宅を烏丸丸太町に建築（中道軒、大丸ヴィラ）、翌年ドイツのナチスに追われた建築家ブルウノ・タウトが来日して京都を訪れた際、親切にその居宅を提供し、桂離宮や嵐山、苔寺、奈良等を案内、タウトに日本亡命の決意を固めさせた。下村は一九四一年死去したが、長男十二代下村正太郎も一九四五（昭和二十）年京都一中を卒業。大阪大学を出て、のち大丸に入り一九八七年から社長を務めた。

一　再建に乗り出す

大丸の経営史を回顧一瞥しますと、下村彦右衛門事正啓居士（前十四代大丸社長）が、京都伏見に創業以来明治中葉へかけて実に百数十年間、関東関西に覇を唱えて、卓然たる業界の王者的地位に君臨し得ていたのですが、明治維新以降、西洋文物の輸入、世態の推移に伴う経済情勢の変遷と、当時に於ける大丸当事者の封建的営業政策との間に、救うべからざる時代的ギャップを醸して、業績は痛ましくも衰勢一路を辿るのみでありましたが、日露戦役後の一九〇七（明治四十）年頃には、窮境その極に陥らんとして、或いは此のままに放置すれば大丸二百年の社稷空しといい う形勢にまで来ました。その時、私は早稲田大学在学中でありまして、学校へは日本橋旅籠町（現在大傳馬町）の店の一室に寝泊りしていたので、そこから毎日自転車に乗って通学しておりました。

尤も、私の子供の頃それは日清戦役後一八九六（明治二十九）年の好景気時代に、一、二期だけ大丸も赤字を脱して黒字を謳歌し得た事があったのですが、当時の経営首脳部が遺憾乍ら善処することを得ず、正啓居士百五十回忌を機に、派手極まるお祭り騒ぎに終始したりなどしまして、心ある若い店員は「お祭り騒ぎをする費用があったら、寧ろそれを内部留改革に振り向ける事こそ、正啓居士も恐らく地下に歓ばれるであろうものを……」と嘆じ合ったそうですが、当時の老分会議には封建頭の人間が多くて、可惜好況時代再躍進の機会を逸し、経済界が反動期に入ると共に、赤字は毎年毎期と打ち続き大丸は惨憺たる衰勢に直面せざるを得なかったのでした。ですから私は、中学時代の子供心にも、既に大丸の暗影を凝視して純真な胸をさすって育ったような有様です。

その明治四十年は私にとって忘れられない年です。三越さんはと見ますと日露戦役後から日比翁助さんや濱田四郎さんが、先覚者の勇断を以て越後屋の百貨店化へと邁進されており、名も三井呉服店と改称されて、着々と近代化経営の歩武を進めていられる。それを頭の旧い大丸の老分達は、「呉服屋が外国の真似をする」と評して、真似をする位にしか見ていませんが、時勢を認識した若い店員の中には「大丸が取り残されて、どうするのか」と地団駄踏む者もいた。私は、未だ学生の分際ですから、黙って口を出さず、唯だ唯だ胸中、大丸の勢力派が因習に囚われた保守主義である点に遺憾を覚えて、「老人達は、何故時勢に盲目なのであろう。改革の時期到来を自覚せず、此のまま大丸が立ち腐れようとしいるのを見送るつもりであろうか。宜しい、私は私の代に成ったら屹度やって見せるぞ」と、深く覚悟しておりました。その頃三井呉服店の百貨店経営に関する新聞記事を読んだり、学校では伊藤重治郎さんから外国のデパートメント・ストアの紹介を聴講して異常の興奮を覚えたことを、只今でも、はっきりと想い起します。

同年の夏のことですが、愈々店の財政は行詰り、銀行も快く相手にして呉れなくなり、帳簿勘定は不明を極め、二進も三進も動かなくなった揚句の果てが、遂に老分達は、私の所へ参り「申訳ないが、今と成っては手の施し様もない。何卒裁断によって打開を講じて貰い度い」と、投げ出して来たのでした。これは、私としては初めて受けた相談であったのでした。そこで私は意を決して早大を二年で中途退学し、苦難既倒の大丸を舊に挽回すべく第一線に立つことになりまして、先ず市島春城氏其他東京の知人や一流弁護士を糾合して、顧問制度を設け、大丸の現状を無慈悲におっぴろげて、経理の俎上に再検討を加え、個人経営を打ち切って、下村家は無限責任社員、店員を入れて之れに株式を持って貰って、資本金五十万円の株式合資会社組織に改組し、私が社長と申すことに成りました。そこで人的にも新しい頭の店員を入れますし、更に東京、京都両店の改築、大阪、名古屋両店の修理、神戸元町支店の開設、本店の東京移転等を決行し、また、専務取締役として、元新潟銀行東京支店長であった杉山義雄氏を招聘して店則内規の改正人材の登用、冗員の淘汰整理をも断行して、一路再生へと進路を劃したのでした。

二　人的蹉跌

斯くて一応の内部固めを済ませた上、上半期の成績を見届けた私は、予ねての宿志であった欧米の百貨店見学を思い立ち、四十一年の夏外遊の鹿島立ちを致した。ところが、アメリカを一渡り済ませて英国、それから独、仏を廻って再びロンドンに帰って来ると、日本から頻々たる来信何れも、非常な事が起ったから、直ぐ帰国してくれとの飛電殺到です。これは杉山専務排斥問題に端を発する新旧店員の全面的対立問題であって、電報は双方からの暴き合いの尖鋭な文言ばかりです。私は、当初一年半乃至二年を見学に費やす計画だったのですが、こういう電報を矢継ぎ早に受け取っては、矢も楯も耐らず倉惶として、ロンドンを立つことになり、郵船だと五十日もかかるので、アトランティクをとりアメリカ経由で同年十二月帰朝しましたが、上陸第一歩私の見たものは、収拾すべからざる苛烈なる暗闘劇であったことは、お察しの如くです。何しろ杉山専務は私が招いた人であり、氏を繞る新入店員側と、之れに対抗する大丸譜代の一派との勢力争いですから、実にこれには私も困惑しましたが、片岡直温氏をオブザーバーとして、言わば喧嘩両成敗の形をとり、翌年杉山氏を始め、主立った双方の人に退いて貰って、局を結びましたが、これが私の大丸施政早々の人的蹉跌でありました。

三　経済蹉跌

では経済的にはどうかと言いますと、経済的には未だそれ迄は苦しくなかった。商売も相当賑わい顧客の気受も悪くはなかったと思われたが、人的動揺の余波が、漸く営業実績に悪影響を生じ、遂に四十三年十月東京、名古屋の両店閉鎖、本店の京都移転を断行して、全力を関西に集中する作戦に出づる外なき次第となり、新たに四条高倉に本店に相応しい印度サラセン式の三層楼を建築して、近代百貨店の形式内容を盛ろうと努めたのでした。併し不況は依然として深刻化するばかりで、遂にそのドン底が明治四十五年（大正元年）明治大帝御崩御の年の初夏五月、銀行は手をしめる、手形は出ている、物は売れずと来ては何共手の付け様もなく、大丸は正に朽ちたる大木の如き非運に逢着して私はお辞儀してしまったのでした。此の経済的蹉跌に直面した私は、断腸の苦境を怱えて何等か打開の方途はなきものかと助力を求めた相手が大隈重信伯でした。伯は下村家に同情して呉れまして、時の良二千石と言われた京都府知事大森鐘一男に意を含めて更に大森男から、京都財界の大御所の称ある濱岡光哲氏を動かして貰い、濱岡氏はその懐刀とも云われる上野栄三郎氏を推挙して、私の最高顧問たらしめて呉れました。

四　体当りの覚悟

そこで私は勢いを得て、死中に活を得べく蹶起する事を決意しまして、上野氏と相談の上、何は兎もあれ大阪店と神戸店とを生かす、そのために大阪問屋の参加を求めて更生委員会を作り、その案を採って大阪店と神戸店を従来の如く株式合資会社とし、京都のみは委員の反対があって分離することになりましたが、五萬円の合資会社として下村一族の経営が認められ、私は両者に跨って社長を勤めることになりました。これが大正三年の出来事です。幸いにして両社とも業績は好転し更生の気運濃からんとする情勢にありと思うも束の間、大正九年二月二十六日大阪新館より火を発して全焼、次いで翌十年八月十六日京都店も全焼と連続的火災の厄に遭ったのです。しかし、幸い保険を附してありましたので再興計画の目鼻がつき、大正九年五月一日には大阪本店の株式合資組織が資本金壱千弐百萬円の株式会社組織に変更され、隣接地を買い取って三期に分っての大建築計画樹立、更に京都店もバラック建築から本建築へと昭和三年十月には工事を了り、組織も株式会社として変更したのでした。しかし私としては、大丸が大阪京都の分立状態で行くのは世間の眺めも面白くないので、私の病気の全快近きを機として、両社の一元化を発議し、或る時期迄は幹部間に仲々一致を見なかった合併問題の解決も、遂に病気全癒と時を同うして完遂を実現したのは、何よりも私の嬉しい出来事でした。

五　あの時を想う

それを思うにつけて、今日尚私の涙なくして想起し得ない一事は、かの明治四十三年、東京、名古屋二店を閉鎖する時の事共であります。私は東京店で、伏見の下村昇之助は名古屋店で、各自突然の閉鎖発表の任に当ったのですが発表のその刻まで誰一人としてこの悲しい事実を知らされておらず、手際よくやったと申せば語弊がありますが、実際ようやれたつもりでした。それだけに又、全店員を膝下に集めて発表を聲言しました刹那は、まことに語る者も聞く者も皆涙でありまして、私はあの時程この胸を掻き毟られる想いを嘗めたことはありませんでした。さて発表の翌々日まで二日間は休みまして、三日目から東京市民に対する告別売り出しを二日間行いました処、同情が集まりまして、超記録的な売上を見ました。私は、この光景を想う度びに、昔の店員で自己一身の浮沈を犠牲にして最後の瞬間まで、よく奮闘して呉れたからであると有り難く感じておりますが、この時のことを申し上げる段になると、つい泪を催さざるを得ないのです。

六　大隈伯と私

もう一つここで想い起すことは、大隈伯の事です。伯からは明治四十一年頃から、下村家の復興にいろいろお骨折りを煩わしていましたが、一旦大丸が東京を引き揚げた後年、大阪本店が余程立ち直って来ましたので、店の首脳部の間に、雪辱戦を期する東京再起論が澎湃として勃興し始めましたのを看取した私は、早速上京して早稲田の伯邸を訪れ御意見を承りました。もちろん、大隈伯に対する世間の定評は、あの通り大風呂敷を拡げる積極論者に見られている人物ですから、私も屹度伯は「大いにやれ」と即座に大賛成を与えられる事と予期した次第でしたが、案に相違して伯は「いや、それは待て。基礎が充分に出来ないのに早過ぎるぞ」言われ、他ならぬ大隈伯の鶴の一声に、店の東京進出論は抑えられてしまいました。これで判る通り大隈さんというお方は必ずしも無批判の大風呂敷でなく、大いに思慮の深切な一面があったと感服したものでありました。これは余談でありますが、私にとっては忘れ得ない挿話です。大隈伯は後侯爵と成られました。

七　里見専務のこと

お訊ねですから最後に私は、里見純吉専務大丸就任の経緯を述べておきますが、先ず第一に私が言いたい事は、店が此の人によって大いなる倖いを得たということであります。そして里見氏入店の問題に関連して常に私の想うことは、私の経済蹉跌時代に顧問であった前述の上野栄三郎という故人の人物鑑識眼が如何に非凡であったかという事です。この上野氏が常に私に説くに、「大丸はこの際外部から適材を迎え入れなくてはいけない」という言葉を以てし、私も亦た、夙に大丸の首脳部陣容強化の要を痛感しておりましたので、充分全店に圧力の利く大物を物色する心構えを致し機会を待ったのでした。当時の専務取締役は元松屋に居た番頭さん上りの美田多三郎氏、それに三越に居たことのある三田出身の大石喜一氏此の両人で大丸行政を担当していたのですが、上野氏存命中はそれでよいとして、若し同氏百年の後を考えると、上に圧への利く人物が必要であった。里見氏は此の圧えを利かす人物として好適無比の人でありました。里見氏は大丸入店の前、大正七年の頃ですが三越の秘書課長をしており、事情あって退職後、ジュネーブに開かれる国際労働会議へ商業使用人代表として渡欧する直前、或る人の紹介で私も上野氏も共に面語の機を得た。その時は単純な会見で、唯だ三越に居られた人だと云う点に興味を感じて会って見ただけですが、お話しの節々に実にいい考えの持主であることを看取した私は、「これは惜しみても余りある人物」との好印象を、上野氏に語って見たところ、上野氏も亦た符節を合わせたように私と同印象を受けた。

「あれは、よいなァ……」と申すような具合です。そこでジュネーブから帰朝した里見氏と再度会見の機会を持ち、席上百貨店に於ける営業時間や週休制問題、店員待遇問題等について語り合って見ると、私も彼氏も全く同意見、「一つその理想を大丸で実現して見る気はないか」と云うような話し合いから里見氏の気持ちも大いに動いて呉れたらしいのですが、氏も潔癖な人柄ですから同業の店へ入るのは、どうも躊躇を感じておられたようでありました。その点私も同じ心持でしたが、省みると里見氏の三越退店は何も大丸入店に対する計画的作為でないことは天地に俯仰して恥ずる事なき実情であったので、ここに決断が執られ、大丸がこの名専務によって倖いを得る時代を画することになったのです。これは当時の有りのままのお話しであります。

（昭和十五年六月十八日談）

お香のはなし

熊谷　直清

熊谷直清《くまがいなおきよ》（一九〇四～一九七八）　京都寺町の香筆墨文具商、鳩居堂の十代当主。九代当主熊谷直之の長男。母は神田香巌の三女神田さと。神田香巌は漢籍・書画・金石文などの鑑識に優れ、京都帝室博物館学芸員を務めた。寺町姉小路に生まれ育った直清は、一九二二（大正十一）年京都一中卒。森外三郎校長時代の教え子の一人で、三高から京都大学の経済学部を卒業。自由を満喫した世代に属し、京都一中時代の同級には貝塚茂樹（湯川秀樹の次兄）、相原俊作、一年下級に朝永振一郎、桑原武夫、奥田東等、学者となった人たちが多く、後の自らの家業へのよすがともなった。一九五二（昭和二十七）年、鳩居堂保有の藤原行成『仮名消息』が国宝に指定されたことは生涯の慶びであった。

ここに引用したのは、一九六七（昭和四十二）年「香のお話」テレビ収録ののち、発行された全八話より抜粋。

嗅覚について

文化が高くなると、それにつれて嗅覚も発達するものであるかどうか、ということは、よく論議されるのでありますが、単に嗅覚だけでいうならば、むしろ原始的な、或いは未開の環境にある方が、嗅覚は鋭いといえるようです。例えば、犬などの動物は、非常に嗅覚が敏感でありますし、又、原野に棲むけものたちは、腐敗したもの、毒素のあるものなどを自衛上鋭く嗅ぎわけますし、異性を求めたり、食物を手に入れる為にも、鋭い嗅覚を、遠くの方まで発揮します。然し、これらの嗅覚は、芳香も悪臭もこきまぜた匂いの分野全般に亘る本能的な鋭さに過ぎず、そのままでは高級な文化的な嗅覚ということは能《で》きません。

欧米人が日本に旅行して、一番驚き軽蔑するのがお便所だとよく指摘されますが、田園風景などといって、野づらを渉るそよ風にのって鼻をつく肥料の臭気など、欧米人たらずとも閉口するものであります。それでも、その臭気に慣れた人たちは、日常平気で生活しているところが、嗅覚の文化的次元の低さを現わすものといえましょう。

欧米人は、それでは嗅覚については文化度が日本人よりも高いか、と申しますと、必ずしもそうではないようです。欧米人は主として香水を用いますが、香水はライラックとか、すみれとか、バラなどの花の薫りをそのまま再現したものを愛し、強烈で、露骨で、割り切った匂いであります。ところが日本の古来からの香は、「梅ヶ香」といいましても、それは梅の花の薫りそのものではなく、梅の花の咲いている情景を偲ばせるものであり、梅の莟のほころびそめる早春の悦びを感じさせるものでありまして、情趣、雰囲気などを、そこはかとなく漠然と象徴する薫りでありますす。言わばロマンティックであり、文学的な薫りを愛するのが日本人であり、決して欧米人に劣っていないと申せましょう。匂いの世界を通して、文学的、芸術的なものを感得し、同時にこれらを綜合的に鑑賞し、愛玩することができるのは、日本人の特権だと思うのであります。

香の始まりと種類

香のことが日本の歴史に現れた最初は、日本書紀推古天皇の三年に、「沈香漂着於淡路島……」と見えています。淡路の島人たちが、これを燃やしたところ、あまりにも佳い薫りがするので、これを献上したと誌されていますが、聖徳太子が自らこれで仏像を彫刻され、その余材を法隆寺に寄進されたのが有名な「法隆寺」と銘のある伽羅であります。

又、神亀三年、朝鮮から橙の種子などとともに、聖武天皇に献上された名木がありまして、これが正倉院の御物として有名な「蘭奢待」という銘香であります。

この伽羅というのは、東洋の熱帯にある橄欖樹の古木が土中に埋もれて朽木となり、木質部が腐って無くなって、皮、芯、樹脂などだけが残ったものを、総称して沈香と呼び、そのうちの樹脂に富む上質のものを伽羅と呼ぶことになっています。産地は、印度、マレー、シャム、スマトラなどで、足利時代に南蛮渡航が盛んになるにつれ、交易の対象として珍重され、その良否を嗅いで鑑別評価する必要から、「香道」創始の機縁を生み出したものと思われます。

香には、宗教的儀式に用いるものと趣味的な娯楽に用いるものとがあります。

宗教に用いるものとしては、古くは白檀の材を彫刻して、仏像を作って礼拝するというような大がかりなものから、仏前に線香や焼香を焚く習慣も入ります。線香は江戸時代の中期から汎く行われるようになったもので、仏前に勤行する僧侶のお経一巻分の長さにあわせて線香の長さが作られて居り、お経の途中で線香の火が断えないように考えられています。当節は、団地などの小さい仏壇が流行するので、線香も短寸のものが多くなりました。芸妓の花代を線香代というのも、昔は芸妓の勤務時間を線香をたいて計ったからであります。

香の種類を別の分類法で考えますと、次の三つに分けられます。

一、単純に香材を生地のまま焚いて嗅ぐもの――伽羅、沈香、白檀など。
二、種々の香料を調合し、まぜ合せて焚いて嗅ぐもの――合わせ香、ねり香、線香など。
三、芳香を発する香料を、焚かずにそのまま嗅ぐもの――におい袋など。

香道の発生

香を嗅ぐ遊びには、一つの型や約束を定め、丁度茶道に於ける千利休居士のような立場を占める人が、志野流香道の元祖志野宗信であります。

足利義政は、今の銀閣寺に閑居して、風流の生活を娯みましたが、軍学政治の顧問として仕えていた志野三郎左衛門宗信に命じて、香道の式を設定させました。この志野家は、故あって四代目から蜂谷氏と改姓し、現代に及んでいますが、当代の家元は、蜂谷宋由といって名古屋に在り、香道の指南に当っていられます。

この武家流の香道に対して、遠く平安朝時代から、公卿の間に伝承されて来た香の遊びに、御家流というものがありまして、これが家元は三条西家で、今もなお、東京に在って、香道の指導をしていられます。

志野流が、ただ伽羅の香木のみを用いる一本主義であるのに対し、御家流は、各公卿が合わせ香の調合法を編み出して、それぞれ秘伝としてさまざまのねり香を作り出し、一本主義には見られないヴァライエティに富む処方箋によって、縹渺たる香味の和音を生み出し、これが幽雅艶麗を好む平安朝時代の殿上人のセンスに投じて大変愛玩されたことは、王朝文学に散見するところであります。現代でも通称「梅ヶ香」として一般家庭にまで親しまれていることは御存じの通りです。

このお家流の各宮家、各公卿家に永く伝承されて来た合せ香の著名なものとしましては、「梅花」「荷葉」「侍従」「菊花」「落葉」「黒方」の六種があります。

その調合法は、閑院左大臣家、賀陽宮家、三条家、四条家、八条宮家、染殿宮家、それぞれ異なり、これが微妙なハーモニーの差異を有して居り、例えば、この黒方は何家のものか、ということを当てるところに深い娯しみがあったことと思われます。

この中でも、特に天皇家で常用される六種のねり香は、三条家に九百年来伝承され、三条家当主自ら特製して居られましたが、明治維新で三条実美公が政務多端となられ、到底ねり香の調合などしていられない環境に置かれたので、明治十年、霞ヶ関の離宮に、私の祖父熊谷直行を召し出され、各宮家御列席の上で、これらの調合法を全部伝授されました。

爾来、一子相伝の秘法として、私の家業である鳩居堂で、この調合法に従って、黒方以下六種の名香を制作し、宮中にも差しだしているわけであります。

香道の遊び方

お香を嗅いで楽しむのにも、おのずから流行消長があり、奈良時代には、前述の一木中心でありましたが、平安朝時代になると、合せ香中心となります。室町時代に入りますと銘香時代となり、降って江戸時代には、組香時代となります。

組香というのは、匂いの異なるいくつかの香を組み合わせ、その匂いを嗅ぎ分けたり、又、同じ匂いのものを嗅ぎ当てたりして遊ぶ、一種の競技であります。この遊びは、根本的には、伽羅の微妙な匂いの相違を嗅ぎ分けるというだけのものですが、頗る単純で、変化がなく、遊びとしては神妙すぎるものですから遊びとしての面白さを昂める為に、この答案の出し方、スコアの採り方に工夫を凝らして変化をつけています。

十種香、宇治山香、競馬香、名所香など、約二百五十種ほどもありますが、いづれも伽羅の匂いを嗅ぎわける競技である点では同じことで、大体似たような匂いを嗅ぎわけるものでありますから、単純で簡単であるだけに、大へん奥深くてよほどの経験と頭の働きを持っていないと出来るものではありません。

例えば、五種の伽羅が香元から提出されて、客は順次これを嗅ぎます。ところが、このうち二種は同じ香であって、どれとどれが、例えば二番と五番とか、一番と三番とか、同じ香を発見したら勝負あった、とするわけですが、この答えを文学的に、次のように答えるのです。

小鳥香

ももちどり　しららきじ
きせきれい　ほととぎす
かわらひわ　くろつくみ
みそささえ　ひとめとり
あをしとと　あさりとり
よぶことり

一番と二番が同じ香の時は、「百千鳥」と答え、一番と三番とが同じ香の時は、「ほととぎす」と答えます。そして、ぜんぶ異なる香であった場合は、最後の「呼子鳥」と答えればよいわけです。

もう一つ、「源氏香」という組香をあげましょう。小鳥香と全く同じに、最初五本の線を並べて記入しておき、一番と二番とが同じ香の時は最初の線と次の線の上を繋ぎます。

これらの組み合わせが、丁度源氏物語の巻の数と同じところから、それぞれ源氏物語の巻の名前をとって、「ははき木」「ゆふかほ」「すえつむ花」「花散里」という具合に名称をつけました。

このようにして、香道に遊びながら、日本の古典文学の一端に触れ、動物、植物、地文学などの勉強を知らず識らずのうちにやっていけ、教養を高められるのが、香道のもてはやされた原因の一つとも思われます。

むすび

香道は現在あまり流行していませんが、それにはいろいろ理由はあると思います。手に入り難く高価な伽羅の一木主義であるということや、遊び方が幽雅典麗である一面、悠長な雰囲気が現在の生活テンポに合わない、ということもありましょう。これからは、何等かの形で、現代人の嗜好にマッチするよう変貌しなければならない点がたくさんあると思います。然し、読み書きそろばん以外に教育の場のなかった長い年月に亘り、日本の古典文学をうまくとり込んで、高度の教育を与えて来た香道の効果は、賞賛されるべきだと信じます。

これからも、この文学的な優雅な遊びが、現代人の生活に融け込み根を張ってゆきますよう、そして日本古来のこの香道を次代にバトンタッチしてゆきたいと祈願しています。

利他の商人　鳩居堂の系譜

熊谷　かおり

熊谷《くまがい》かおり　洛北高校三十一回卒業生。鳩居堂十代当主熊谷直清の孫。父は、熊谷直清の長男直好で、洛北高校四回の卒業でもある。かおりは熊谷直実三十一代末裔。ヤマハポピュラーコンテスト入賞より、シンガーソングライター・音楽家・ラジオパーソナリティとして活躍。音楽教室でピアノとボーカルを指導。一九九七年より市民参加型劇団「マイミュージカルカンパニー」主宰。作詞・作曲・脚本・音楽・演出・プロデュース・主演の創作ミュージカルを公演。二〇〇七年、西山浄土宗総本山光明寺熊谷直実・蓮生法師八百回忌大法要において歌物語「わが本願のあらん限り」公演。熊谷直実・蓮生法師への憧憬深く事跡を追う研究論文を発表、雑誌に連載。浄土宗総本山知恩院の暁天講座ほか、各地の寺社で講演。コンサート、エッセイ執筆などでも活躍している。

熊谷次郎直実八百回忌の舞台上演

源平合戦で勇名を馳せた武将、熊谷次郎直実（一一四一〜一二〇八）をご存じでしょうか？　熊谷直実は一ノ谷合戦で一六歳の平敦盛を討ち取ります。自分の息子と同年の若き命を奪ったことで直実は武士の無常を感じ、出家を決意しました。

歌舞伎「一谷嫩軍記」で、熊谷直実は源義経にこう告げます。

「我は心も墨染めに　黒谷の法然を師とたのみ教えをうけん　いざさらば」

それから八百年が経ち、私は不思議なご縁を得ることになります。そのきっかけは京都東山の「黒谷」こと浄土宗大本山・金戒光明寺（左京区）からの電話でした。金戒光明寺の拝観チラシに、印刷の誤植で私の電話番号を載せてしまったとのお電話があり、家に来られました。チラシを拝見すると「熊谷直実鎧かけの松」という文字が目に留まり、私が熊谷直実の末裔だと名乗ると、お寺の方々は驚かれ、黒谷には直実の住房として知られる熊谷堂（蓮池院）があるとおっしゃいました。

私の主宰する市民参加型ミュージカルを京都府立文化芸術会館で公演する直前の出来事でした。

舞台を終えた晩秋、私は熊谷堂を訪れます。お堂に足を踏み入れた瞬間、私は強烈な香りと圧力を感じ、体が震えました。

先祖の存在を身近に感じた私は、折に触れて熊谷堂を訪れ、直実の史実を調べ、「熊谷直実・蓮生法師一代記」（総本山光明寺遠忌執行本部発行）を書きました。そして熊谷蓮生が開基である長岡京市の西山浄土宗総本山光明寺の方から連絡があり、熊谷直実・蓮生八百回忌大法要での舞台上演が決まりました。

末裔として直実の心を演じる

熊谷直実八百回忌大法要の舞台、いったい何をすればいいのだろう、と思案する日々、不思議な夢を見ました。亡き父が書をたしなんでいる夢です。私が質問をし、父が筆を止めて答えています。「自分には音楽がある。伝えたいことがある」と目が覚めました。

舞台は歌物語「わが本願のあらん限り」と題し、熊谷直実の史実に沿って構成、お話とピアノ弾き語りを一人で演じます。プロローグはお坊さま八名による声明、ラストは私とお坊さま全員での合唱になりました。一ノ谷合戦で直実が平敦盛を組み敷く場面。出家して蓮生となり、敦盛や合戦で亡くなった武士たちの菩提を弔うため、私財を投げ打って粟生光明寺や法然寺、美作誕生寺など、寺院を建立する姿。念仏三昧の日々を経て、人々の見守る中での予告往生。光明寺本堂や周りの自然も意識して、一体感を大事にしました。

二〇〇七年、熊谷直実八百回忌をきっかけに音楽を交えた講演活動が始まりました。日本各地を訪れて思ったのは、自分の生まれ育った環境を大切にすること。講演の中で、「ふるさと」の替え歌を皆さんと考え、「ご当地バージョン・ふるさと」を合唱します。足を運んで出会える笑顔こそ大切だ、と思うのです。

「先祖が歴史上の人物で少し不思議な体験をした」人はそう思うかもしれなません。私自身、先祖に恥ずかしくないようにまっすぐ生きたい、と思っています。

市民参加型ミュージカルの魅力

私はKyoto演劇フェスティバルの委員をしていた時に市民参加型のミュージカルを作ったのがきっかけで、一九九七年マイミュージカルカンパニーを結成しました。地球温暖化防止京都会議の啓発ミュージカルを京都府立府民ホールで上演。企画・脚本・音楽・演出・主演、そして資金のことまですべて手作りです。

すべてを自分でプロデュースするのは大変ですけれど、出演者・スタッフが一致団結して作り上げる舞台は、私のまいた種がすくすく育ち、大輪の花をさかせる表現の園です。環境・命・未来をテーマにした創作ミュージカル。出演者は、二十名から三十名。年齢・経験の有無を問わない市民参加型で、やる気があれば誰でもＯＫです。親子出演や外国籍の方、さまざまな年代が集まり舞台を作っていきます。稽古は一人ひとりが人間関係の大切さを感じ、協力して問題解決の力をつける場でもあります。公演ごとに一般公募し、みんなで築いていく舞台作品。深刻なテーマでも、ミュージカルという手段で音楽の魔法にかかったような公演にできるのです。

明治維新の京都

明治維新の頃、岩倉具視から御所への献金を命じられ奔走した京の町衆がいました。鳩居堂七代目当主、熊谷直孝（一八一七〜一八七五）です。

彼の功績として有名なのは、日本最初の小学校を作ったことです。私はその玄孫にあたり、生まれてきたら偶然そうだっただけで、私の努力・才能ではありません。けれどこれも何かのご縁だと思い、鳩居堂熊谷家文書を研究しています。古文書を紐解いて浮かび上がるのは、町衆が京の文化・歴史を動かしている光景です。

鳩居堂の始まりは、江戸時代にさかのぼります。熊谷直実の二十代末裔である熊谷直心（一六三九〜一七二二）が、一六六三（寛文三）年、京都寺町に鳩居堂を創立しました。

熊谷家に家訓というものではありませんが、鎌倉時代初期に、熊谷直実・蓮生が子々孫々への置文、遺言を書いております。直実自筆と認められたもので、埼玉県熊谷市熊谷寺に現存し、私は熊谷寺を訪れ、じかに読むことができました。

『至子孫々能々可令存知旨
一、先祖相傳所領案堵御判形七ツ井保元々年以来壱建久年中軍忠御感状廿一有之
一、対主君不可成逆儀井武道可守事
一、上人御自筆御理寫弁迎接曼荼羅可成信心事
右参ヶ條之外依其身器量可覚悟者也、仍置状如件
建久六年二月九日　　　　　蓮生（花押）』

大意を記しますと、子々孫々までよくよく承知しておくべきこととして、一条目には、相伝の所領や保元の乱以来の感状（表彰状）が二十一あることを記し、二条目には主君に対して武家の忠節を守るべきこと、第三条にはとくに法然上人から授かった自筆の書状や迎接曼荼羅に信心のことを忘れず、子孫それぞれの才覚によってこの三ヵ条を銘記するよう勧めています。

私はこの書を拝見したとき、八百年を超えて存在する置文に感動し、自然に涙が溢れてきたことを覚えています。

四代目当主・熊谷直恭・蓮心

ところで、なぜ熊谷直孝が日本最初の小学校を作ることができたのか。それは直孝の父、熊谷直恭（一七八三〜一八五九）の布石があってのことでした。

熊谷直恭は、鳩居堂四代目当主、法名蓮心。蓮心自筆の「施行の日記」（「熊谷家文書」）には、天保飢饉の惨状が綴られています。その時、直恭は村の共同性を力に、地域リーダーとして役割分担しながら救済を進めました。官許を得て三条大橋の河原に自費で数棟のお救い小屋を造り、飢えた人々に粥を与え、病人に医療を施し、住まわせました。内務省の史料に救済者の数は一五〇〇人、期間は一五ヵ月に及んだと出ています。

一八四四（弘化元）年長崎に種痘の痘苗がオランダから渡来したと知ると、直恭はいち早く人を派遣して医師のもとで学ばせます。一八四九（嘉永二）年痘苗を持ち帰らせると、三人の京都の医師と相談して、寺町姉小路上ルの持家にわが国最初の種痘所・有信堂を開設しました。費用は無料で、嫌がる子どもたちには菓子を与えて種痘を施したそうです。

三人の医師は楢林栄建、小石仲蔵、江馬榴園の諸家。楢林、小石両家とも後のご子弟は、明治、大正、昭和にかけて京都一中に学ばれて医家を継がれ、江馬家の江馬務氏（京都一中明治三十六年卒）は著名な風俗史家（日本風俗史学会長）となられました。

京の夏の風物詩で知られる大文字の送り火が、天明の飢饉後の財政難で中止されたとき、地元浄土寺村の代表者と語り合い、費用を負担して復興させています。また、鳩居堂が取り扱う筆毛に、馬や鹿、兎、狸などの毛を用いることから、動物に感謝せねばならぬと、比叡山の山中越えや山科、草津などに道中の牛馬のため水や飼葉を与える関をつくる、などしたのも熊谷直恭でした。

一八五五（安政六）年京都にコレラが流行った時、直恭はまず患者の隔離スペースを設けねば、と先の有信堂を拡張してそれに充てたが足りず、のちの京都ホテルオークラ東側にあたる一之舟入町の私有地に「病人世話場」を造るなどする中、自分自身がコレラに感染して、同年九月六日七七歳の生涯を終えました。

七代目当主・熊谷直孝

熊谷直恭の長男熊谷直孝（一八一七～一八七五）は父に輪をかけた活動家で、幕末から明治維新にかけての京都で、勤皇の志士を匿ったり、一八六三（文久三）年八月の三条実美らの七卿落ちの手助けなど、国事に尽力します。

直孝は豪毅豁達、父直恭の思想信条を受け継ぎ、いよいよ大政奉還と決まった時、明治天皇の京都御所が打ち続く出費にお手許不如意と知るや、岩倉具視からの献金の呼びかけに応じて、そのとき店先にあった売上金の銭箱を引っ提げて御所へ馳せつけ、献納します。ところが中には六六両しか入っていなかったと知ると、工面して改めて金千両を献納しました。鳩居堂は御所のすぐそばですから、意気揚々と馳せ参じたのでしょう。このエピソードから当時の日常が窺えます。

明治開花の世となり、七代直孝は寺子屋を組織化した教育塾をつくります。当時著名な学者だった小林卓斎に委任して、子女教育を始めました。自らも教師となって読み書きを教え、妹の熊谷かうも女教師として裁縫や作法を教えました。女子教育の始まりともなったわけです。

そして、一八六八（明治元）年十二月京都府の「学校設計方法」の布告があり、直孝は大いに喜び、自ら大年寄を勤めていた上京第二七組に、それまで自分の経営していた教室を提供する決意をします。府から交付された金八百両は手をつけずに返して、東洞院通姉小路上ル東側にあった舎屋を柳馬場御池角に移設し、その地名をとって「柳池小学校」と命名し、一八六九（明治二）年四月開校しました。わが国最初の小学校であります。

直孝は鳥羽・伏見戦後の窮民救恤にも尽くし、一八七五（明治八）年五九歳で亡くなりました。長男熊谷直行が八代目当主となり、一九〇三（明治三十六）年、特旨をもって七代目熊谷直孝に贈従五位という栄冠をあたえられています。

先祖たちの夢を叶える

京都の行政・治安の混乱期に生きた熊谷直恭・直孝父子。時代を駆け抜けた鳩居堂当主たちは、薫香・書道用具の商いで得た財産を惜しみなく窮民のために投げ打ち、京都の町衆のために奔走しました。なぜそのような人生を送ることができたのか。私はその心中をさまざまに想像してみました。そうして鎌倉時代の先祖である熊谷直実・蓮生の生きざまを崇敬し、利他の心を見習ったのではないか、と思い当たりました。これからも私は彼らの軌跡を追って、その精神の拠りどころについて考えていきたいと思っています。

そして温故知新です。伝統文化が変化を遂げながら繋がり、今日に至る京都のまち。平成の世から新たな時代に向かう私達も、ジャンルを越えて人々とタッグを組み、模索していければ、と思います。

京都からの文化・宗教・芸術のインターナショナルな発信ができれば素敵なことではないでしょうか。日本文化が伝統的にもつ「相手を思いやる心」は、深い慈愛のパワーを伝えられるはずです。先祖たちが願った平和な時代を実現するのが私たちの使命ではないかと思います。手を取り合って未来を創りたい。音楽や笑顔や祈りを武器にすれば、そんな夢が夢でなくなる日が来ると信じています。

経済人ロビンソン・クルーソウ

大塚　久雄

大塚《おおつか》久雄《ひさお》（一九〇七〜一九九六）　経済学者。父は同志社英学校出身で京都市助役など務め、母は東京女高師を出て京都の女学校でも教えた家庭に育ち、京都市中の尚徳小学校から選ばれて、京都府知事木内重四郎（のち貴族院議員）特設の京都府師範学校附属小学校第二教室第一回生として転学。京都一中に進み大正一三年四年修了で三高文科を経て東大経済学部に学ぶ。在学中独立キリスト者内村鑑三に親炙し、その影響を受けた。戦時下、東京都バス乗車時の事故により片足を失う不幸に遭いつつ、東大経済学部教授となり、法学部の丸山眞男教授とともに日本の進歩的論壇を二分した。

　ここに紹介した一文は、特に市民のために開かれた一九六四年の東大公開講座での講演に加筆された、『社会科学の方法』（岩波新書、一九六六年初版）の「経済人ロビンソン・クルーソウ」から抜粋。一億総中流が云々された時代に、みずからを中等の人間としたというダニエル・デフォウが、中流の経済社会をいかに寓意的にロビンソン・クルーソウの漂流記を借りて表現したかを説いて、現代の人々により良い社会を考えさせる。

1

ダニエル・デフォゥの『ロビンソン・クルーソウの漂流記』にはモデルがあったということがいわれております。おそらくあったのでしょう。そのへんのことについては、私にはなんらお話する資格はありません。が、ただあの物語を読んで、われわれのように経済史をやっているものがすぐに気づくことは、ロビンソン・クルーソウという一人の人間が、孤島に漂流して長年そこで生活した、その生活様式そのものは、どうも実際の漂流者の報告から得たものではなさそうだということです。むしろ彼はロビンソン・クルーソウという架空の人物の漂流譚によせて、じつは自分自身の周辺の、あるいは当時のイギリスの現実の一面を書いているように、私には思われるのです。ここで、まずそのわけを少し説明したいと思います。

ロビンソン・クルーソウが孤島に漂着して、ともかく、自分の命が助かったことを神に感謝しながら、さらになんとか生き延びていこうと、きわめて現実的な態度で日常生活の設計をおこない、それをたくましく実行にうつしてゆくありさまは、みなさんよくご存じのとおりです。船のなかから、残っていた小麦だとか、鉄砲や弾薬だとか、必要な資材を運び出して、いろんな生活の設計をやっていくのですけれども、われわれにはこのばあい、特にこういう点が目立つのです。柵をつくって土地を囲い込み、また植木をめぐらして住居を囲い、そして、このなかでは自分の主人《マスター》なのだと宣言する。――これはその当時のイギリスの言葉でいえば、エンクロウジャー(enclosure, 土地の囲い込み)です。ロビンソン・クルーソウはこういう囲い込み地をいくつかつくっています。そしてある囲い込み地のなかでは、捕えてきた山羊を飼い、その乳をしぼったり、あるいは屠殺して、その肉でシチュウをつくって食べたりしている。また他の囲い込み地には小麦をまいて、食糧をどんどんふやしてゆくというわけです。それから、まんなかにある住居には仕事場を設けて、そこで土をこねていろいろな陶器をつくり、シチュウ用のナベをこしらえて大喜びをします。また、山羊の皮をはいで、この毛皮で着物や変てこな帽子や日傘をつくったりもしています。

ところで、このように土地を囲い込み、そういう利用の仕方をするということは、歴史の上からみますと、そうざらにあるものではない。いや、歴史上めったに見られないものなのです。おそらく、中世末期以降の西ヨーロッパ、しかもそんなにきれいに出てくるのは例外で、近代のイギリスだけだといってもよいでしょう。日本の近代史のなかでは、ないとはいえないでしょうが、よほどさがさねばならないでしょう。しかも、そういうイギリスでさえ、ああいう土地の囲い込みが歴史の上に現われてきたのは、ようやく中世末期からあとのことです。つまり一五世紀の終りごろから始まって、いろいろな消長はありましたが、ちょうど『ロビンソン・クルーソウ漂流記』が書かれたころから、いよいよイングランド全土をおおうような動きになっていく。――いわゆる第二次エンクロウジャー運動です。そういう意味で、囲い込み地はすぐれて当時のイギリスに特徴的な制度だということができます。これを見ても、デフォウがロビンソン・クルーソウの孤島における生活としてえがいているものは、かりに、実際にあった漂流生活をモデルとして構想したフィクションであるにしても、いまいったような意味で、真のモデルはむしろ彼の祖国イギリスの当時の現実のなかにあったということは、まず十分に推測されうるはずです。ところが、そういう土地の囲い込みということだけでなく、囲い込み地のなかに住居をつくって住み、またそこに仕事場をもって、いろいろなものを製造するというやり方、これもまた、その当時のイギリスに特徴的なものでありました。もちろん同じようなものは、ベルギーにも、北フランスにも、西北ドイツなどにもみられますが、その当時のイギリスにもっとも特徴的に現われているということは、まず疑問の余地がありません。そう言いきってよいと思います。

ちょうどデフォウが『ロビンソン・クルーソウ漂流記』を書いたころ、イギリスのヨークシャー西部で毛織物工業地帯の中心をなしていたリーズその他の町々、あるいはミドル・ウェスト、のちにブラック・カンツリーとよばれるようになる金属工業の中心地バーミンガムのような町では、新聞が出ておりまして、その紙上にたびたび貸「工場」――いわゆるマニュファクチャー――の広告が出ております。そして経済史家はこれを使って、当時の工業経営の姿をいろいろと想像するわけですが、どうしてそういう貸工場の広告が出ていたかというと、こういうことです。たとえば工場（マニュファクチャー）を営んでいた父親が死んだが、まだ子供が小さくて、自分であとを継いでやってゆけないようなばあい、あるいはちゃんとした息子がいても、あとを継いでやっていく気がないというばあいには、その工場設備を賃貸しようということになるわけです。株式会社が普及するまでは、だいたい三代目になりますと、どこの国でもいわゆる「唐様《からよう》で書く」ということになるのでして、その当時のイギリスでももちろんそうでした。せっかくできあがっている工場設備――といっても、産業革命以後に比べればまだひじょうに小さいものではありますが――そういう工場設備をむだにすることはないから、それを貸したいという新聞広告を出したわけです。そういう広告の文面に、もんきり型に出てくるのは、小さな囲い込み地がいくつかあり、そのまんなかに工場がある。そして流水の利用が便利であるとか、織物のばあいなら紡車や織機などを置く部屋があるとかいったことが書いてある。そういう広告に出るような割合に大きなもののほかにも、まだ工場（マニュファクチャー）とはいえないような小さな仕事場がもちろんたくさんあったのですが、そういうばあいでも、囲い込み地のまんなかに仕事場や住居がつくられていたということは、他の史料からも明らかになっています。そして、『ロビンソン・クルーソウ漂流記』でデフォウがえがいているものは、そういうものとまさしく相似的だというわけなのです。むろん『ロビンソン・クルーソウ漂流記』のばあいは、ただ一人ですから工場（マニュファクチャー）ではなく、ただの仕事場にすぎませんが。

2

さて、経済学者や経済史家が普通マニュファクチャーなどと呼んでいる、産業革命前夜イギリスの各地に広くみられたという工場経営の姿は、じつはこういうもので、しかもそれは、都市よりは農村地域にずっと広がっていたのでした。このマニュファクチャーという言葉は、経済学の用語としてはマルクスがはじめて使ったのですけれども、じつはデフォウのころのイギリスではふつうに使われていたものでした。デフォウの書いた本では、マニュファクチャーのほかに、同じ意味でマニュファクトリーといった言葉も使っています。同じころ、ジョン・スミスという人が、そういう工場はマニュファクトリーと呼ぶべきだ、普通マニュファクチャーといわれているが、なるべくそういう用語法はしない方がよい、などともいっています。アダム・スミスは『国富論』でマニュファクトリーという言葉を使っておりますね。

ところで、このマニュファクチャーという工業経営は、デフォウのころには、どのくらいの大きさのものだったのでしょうか。家族のほか一〇人ぐらいを雇っているものはざらにあったといっても、まあ控え目のところでしょう。そのほか、あちらこちらにかなりの大経営がそびえたっていましたし、他方下請の小生産者が無数にちらばっていたこともちろんです。しかも、こうしたマニュファクチャーは、都市よりもむしろ農村地帯にひろがっていた。ダニエル・デフォウはこういうひろく農村地帯で生産を営んでいる人々、なかでも中産の工業生産者たちを高く評価して、彼らこそが、じつはその当時イギリスの国富の根本を支え、またその活気にみちた将来を担っている人々だと考えていたのです。たとえば、G・D・H・コウルは、デフォウはこういう中産の生産者たちこそがイギリスの将来を双肩に担う人々だと考えていたし、その考えは結局正しかった、といっていますが、このデフォウの見方は、欧米の経済史学界では近来その正しさをますます認められるようになっている、といってよいと思います。

3

さて、みなさんが『ロビンソン・クルーソウ漂流記』をお読みになると、まず出てくるのは、いうまでもなく、ロビンソン・クルーソウが父親に説教され訓戒を受けているところですね。そのあたりを読みながら、つまらないな、と思われた経験のある方もおありのことと思います。けれども、あの個所がなかなか重要な意味をもつことになります。

じつは、デフォウが『ロビンソン・クルーソウ漂流記』という小説のなかでいいたかった最も大切なことは、あの最初の一ページか二ページに尽されていると申しても、私はそう過言ではないように思います。つまり、デフォウはロビンソン・クルーソウの父親の口を借りて、自分の考えを述べているのだというわけです。それはこうです。ロビンソン・クルーソウの兄はすでに海外にとび出して、そのころはどこで何をしているのかわからない。しかも、ロビンソン自身も海外にアドヴェンチャラーとして飛び出して、荒稼ぎをしたくてしようがなかった。そして、事実彼もお父さんのいうことを聞かないで海外へ飛び出してしまって、ブラジルに行って荒稼ぎをし、金をもうけて、そこで土地を買いプランテイション経営するわけですね。これはマニュファクチャーとちがって、奴隷を使ってやるものです。ともかく、ロビンソンはこういうイチがバチかの荒稼ぎをやりたくてしようがなかった。

するると、痛風で足を患っている父親が痛みをこらえながら、ロビンソン・クルーソウに訓戒します。お前はそういうことをやるな。必ず報いがきてひどいことになる。――そしてそれをロビンソン・クルーソウはあとで思い知ることになるわけですね。――だから、わたしたちがやってきたような仕事をそのままつづけてやってゆけ。それが一番お前の幸福になるのだというわけです。彼によると、世の中でいちばん幸福なのは、上流の人々ではない。むろん、最下層の人々でもない。「中流の身分」middling station of life――これはアダム・スミスも使っている言葉ですね――こそが、世の中でいちばん幸福なものなのだ。だから、お前も海外へ飛び出すのをやめて、自分と同じような、中流の身分の仕事にとどまれ。それればかりか、この中流の人々こそほんとうにイギリスの国を支えている大切な土台なのだ。こういうふうに一生懸命に訓戒し、海外行きを思いとどまらせようとしているわけです。この個所をもし飛ばして読まれた方は、もう一度気をつけて読んでみてください。ともあれ、ロビンソン・クルーソウは結局、父親のいうことを聞かないで、アドヴェンチャラーとして海外に飛び出し、ついに単身孤島に漂着し、そこで悔いあらためて、父親の訓戒にみられるような生活様式を、こんどは自分から真剣に実行することになるというわけです。『ロビンソン漂流記』はそういう物語です。

こういうふうに説明してまいりますと、デフォゥがそういう当時の中産の人々、とくに農村地帯の生産者層の生活様式をロビンソン・クルーソウの漂流生活にかこつけて描き出しているのだという私の想定が、その的はずれでないことがわかっていただけるのではないでしょうか。ともかく、デフォゥは、そういう当時のイギリスの中産生産者層の生活様式をじつによく知っている人でした。だからこそ、それをモデルにして、たとえば俊寛が鬼界ヶ島に流されて故郷の空をしのんで歎き悲しむというような形ではなくて、ああいう逞ましい生活建設の物語を描くことができたのでしょう。ただ、そこでは、特有なユートピア化がおこなわれてはおりますけれども。

4

いままでは、きわめて外面的な点から『ロビンソン・クルーソウ漂流記』の内容を考えてまいりましたが、これからはもう少し大切な点にはいっていこうと思います。さきにも申したように、ロビンソンは孤島で囲い込み地をつくり、そのなかで山羊を飼ったり小麦をつくったりするばかりか、まんなかに住居や仕事場を構えて、陶器をつくったり、衣服をこさえたり、そういう生活の外的な条件を整えながら、とにかく人間とよばれるにふさわしい生活をうちたてていきます。

ところで、このばあい、ロビンソン・クルーソウはいったいどういうタイプの行動様式をする人間、つまり、どういう人間類型として描き出されているか、という点を考えてみますと、それはあきらかに、きわめて合理的に行動する人間であります。現実的な計画を立て、それに従って合理的に行動する、そして経済的余剰を最大にするばかりか、再生産の規模をますます大きくしていこうという方向に向かって、合理的に行動する人間であります。イチかバチかのアドヴェンチャラー式の冒険で、僥倖を目あてに行動するようなタイプの人間ではない。綿密な計画をたてて将来を合理的に予測しながら行動するタイプの人間、まさに経営者であります。と申しましても、近代の経営者の営みのなかに冒険という要素がない、などというのではもちろんありません。近代の経済社会の現実のなかでは、食うか食われるかのような激しい競争がおこなわれ、それにいろんな商略をもって対処してゆく冒険をたえず試みねばならない。この点、たくさんの家来を従えて戦争をする、また他面自分の領地を経営していく昔の英雄と共通しているところがあります。そういう意味では、経営というものは昔から、またどの時代にもみられるものですから、孫臏の書いたという『孫子』だとか、徳川家康の生涯を主題とする小説が、現代の経営者にある程度まで重要な示唆を与えることにもなりうるわけです。しかし、こうした昔の英雄の行動様式と近代の経営者にふさわしい行動様式のあいだには、ある決定的にちがうものがある。その決定的にちがうものは何かということは、だんだんおわかりになることと思いますが、ともかく、それが「ロビンソン・クルーソウ」の生活様式のなかに現われているというわけであります。

さて、ロビンソン・クルーソウが孤島に漂着して、自分一人になったあと、周期的に感傷的になっていることは人間として当然なことですが、しかし、彼は本質的に感傷的な人間ではありません。家、同族、郷党閥などは彼の生活のなかでは、なんら本質的な意味をもっていない。彼はただ一人で、ただ自分一人の精神力と肉体力をもって、きわめて現実的に環境に立ち向かっていきます。彼はまず難破して沖の方にある船のなかに、なにか使えるものが残っていないかということを考える。生きのびてゆくために、そして現実にその後の生活を建設してゆくためには、これが第一の条件となるわけです。こうした現実的な予測の上にたつ経済建設、これが近代社会における経営の第一条件であることはいうまでもありません。こうして、彼は使えるものはないかと、船中をしらみつぶしに探していろんなものを手に入れます。たとえば小麦。しかし、この小麦もただ食うためだけではありません。食ってしまえばそれっきりですが、彼はこれを生産手段として使い、播いてふやして食べるわけで、再生産ということをよく知っている。さきをみている。徹底した実践的合理主義であります。小麦のほか、彼は難破した船から鉄砲や火薬をみつけてきますが、これで人食い人種がきても戦えるだけでない。山羊を射って、その肉をシチュウにして食べて大喜びをするわけですけれども、火薬を持ち帰ったあと、熱帯性の大雨が降る。しめってしまったら大変だと心配した火薬が無事で、それを神に感謝するが、すぐ次の雨を見越して、火薬をいくつにも分けて方々に貯蔵する。こういうやり方で危険分散している。保険をかけたわけです。が、それだけではない。山羊もただ射ちころして肉を食べるだけではなく、いったん火薬がなくなってしまったときのことを考えて、陥し穴をつくって山羊を捕え、囲い込み地の牧場で飼って、繁殖させるのです。つまり、彼は生活に必要なものを集めて、これをただ消費するのではなくて、いつまでもそうした消費がつづけられるばかりか、その内容がますます豊かになっていくように、計画的に資材を手に入れ、その資材とそれに見合う労働を合理的に配分して、いわゆる再生産、つまりいつまでも続き、ますます末広がりとなっていくような経済のしくみをつくりあげているわけです。

マルクスが『資本論』のなかで、経済学者はロビンソン物語を好むといって、経済学の抽象性を揶揄している個所があることは有名です。ところで、ふつうはその揶揄の面だけが問題にされがちですけれども、マルクスは、同時にロビンソン物語のすぐれた一面も指摘しております。つまり、そのなかには、資材と労働の合理的配分という経済生活の基本的事実のすべてが含まれているというわけです。この点はすでに昭和のはじめに大熊信行氏が指摘しておられ、大いに教えられたことでした。ともかく、ロビンソン・クルーソウの生活様式は、ユートピア化されているにしても、価値法則の貫徹を介して進行する近代経済社会の根底にある基本的な事実を、すでにそのなかに含んでいるということは、マルクスも認めているところだといってもよいでしょう。

5

そこで、もう少し進んで、ロビンソンの行動様式の特徴ともいうべき点をさらに一つ一つ探していくことにしましょう。ます、彼はひじょうに時間を重んじている。暦をつくって今日は何月何日であるかを知ろうとし、また、いまは一日のうちの何時かを判別する工夫をしています。人間の行動様式の合理性を測定するためにもっとも重要な標識の一つだとされているパンクチュアリティを、彼は身につけている。「時間《とき》は貨幣《かね》なり」という概念を生みだしたものが、当時のイギリスやアメリカの中産層の人々——その代表的人物がデフォウやフランクリン——であることを、どうか思い出してください。孤島でのたった一人の生活ですから、貨幣で時間を表現することは無意味であるにしても、ともかく、彼は太陽がどういう方向に影を落とすかということで時刻を示し、漂着の日の日付を基準として毎日、今日は何年何月何日かということを正確に勘定していったわけです。そして満一年目には、きちんと、これで漂流生活も満一年となったということを知ります。が、こういう時間の観念をもつようなタイプの人間は、歴史の上で当時のイギリス、もう少し広く西ヨーロッパや北アメリカの植民地以外には、そうざらに見られるものではないことはたしかです。

ところで、実業家で年をとってから『ロビンソン・クルーソウ漂流記』などを読む方は少ないと思いますが、もし、彼らがもう一度読んだとして、そしてこの漂流生活一年目のところにくれば、たぶん破顔一笑するにちがいないと思います。ロビンソンはここで、自分の漂流生活のバランス・シート、あるいは損益計算書をつくっているのです。つまり、自分が孤島に住みついてから今までにどういう損益があったか、それを借方貸方のバランス・シートにつくっているのです。そして、最後に差引勘定をして、十分に利益があったことを神に感謝しているのです。マックス・ヴェーバーは「プロテスタンティズムの倫理と資本主義の精神」という論文のなかで、このことを興味深く指摘していますが、こんなことは、その時代にはイギリスの中産層の人々以外、そうざらにできることではなかったでしょう。

じつは、ダニエル・デフォウという人は、『ロビンソン・クルーソウ漂流記』を書いてしばらくしてから、『イギリス商人大鑑』とでも訳しますか、中小経営者のための経営指南書みたいなものを書いていますが、これは今読んでもたいへんおもしろい本です。商人が独立するときに知っておくべき、いちばん大切なことがいろいろと教えられているのですが、たとえばこんなことが書いてある。どういう結婚をするかということが、とくに小経営者にはひじょうに大切で、へんな奥さんをもらったら、それこそビズネスはだめだというのです。というのは、その当時、小経営者たちは夫婦共かせぎがふつうで、奥さんがビズネスの手助けをした。たとえばマニュファクチャーを経営しているとして、主人が市場や取引先に行ったり、金の工面をするといった自分の仕事をしているあいだに、奥さんは労働者を監督したり、その他の手助けをしなければならなかった。つまり、奥さんは職人や労働者といっしょになって働くわけで、それが彼らといっしょになって紅茶を飲んでいたり、むだ話をしたりしていたら、必ずその仕事はだめになる。そんな結婚はだめだというわけです。そういう、いまからみれば、ほほえましいことも書いてありますが、また、小売商人というものはしばしば歯をくいしばって辛抱しなければならない、といったきびしいことも書いてあります。ものを買いにくるお客は、まったく勝手気ままなものだが、商人はどこまでも忍耐しなければならない。そういう忍耐をしなければ決してビズネスは成功しないというわけです。

その他いろんなことが書いてあるが、そのなかに簿記のつけ方も親切に説明されている。どれだけの仕入れ、どれだけ売って、どれだけもうけたか、その差引勘定、損益計算を正確にしなければ、ビズネスは成功しないというわけです。ところで、ロビンソン・クルーソウは、孤島での生活が全体としてあたかも一つの経営であるかのように、簿記をつけ、損益勘定をやっているわけです。そうしたきわめて合理的な、着実に建設していくという生活態度は、もちろんその当時のイギリスの中流の身分のものでした。

6

このようなわけで、ダニエル・デフォウは、ロビンソン・クルーソウという架空の人物の孤島における漂流生活に託して、その当時イギリスの国富を担い、さらにその輝かしい将来をも双肩に担っているとみずから考えた、そういう人々の生活様式をユートピア的に理想化してえがいたのだと言ってよい、と私は思うのです。あるいはまた、逆に、そういう人々に理想の生活像をユートピア的にえがいてみせ、彼らにいわば生活のビジョンを与えようとした、ということもできるのではないかと思います。

ただ、そのように言いきったばあい、おそらく、みなさんが、『ロビンソン・クルーソウ漂流記』を読まれて賦におちない点が二つ三つ出てくるのではないかとも思うのです。たとえば、ロビンソンが、難破船のところへ行って金貨をみつけ、これは国の連中が争って取り合い血を流したりなんかしているけれども、こんなものは、ほんとうはなんの役にも立たないんだ、といって蹴とばすところがあります。しかし、それでは、産業革命をまさに遂行しようとしている当時のイギリスの中流の人々の理想の生活像とは、少々違っているのではないか、とみなさんは思われるかもしれません。が、じつは、決してそうではないのです。

さきにもいったように、当時イギリスの国富を担う人々の中堅は、ほかならぬ農村地帯でひろく工業生産を営む中産の生産者たちでした。そしてまた、約半世紀ののちには、彼のなかから産業革命の担い手になるような経営者が出てくることになるわけですけれども、そういう中産の人々が貨幣というものに巨きな価値をおいてはいなかった、と言いきってしまうと、もちろん誤りでしょう。が、そしてその点についてはあとでもふれますが、しかしまたある面では、彼らは必ずしも貨幣に最高の価値をおいてはいなかった、と考えてよいようなところが確かにあるのです。つまり、彼らには、ただおかねを儲けるというのではなくて、経営それ自体を自己目的として献身する人、といった特徴がみられたのです。（ここでこれを説明することはかなりむずかしいので、興味のおありになる方は、昭和四〇年六月、公刊した三人の友人との共著『マックス・ヴェーバー研究』(岩波書店)、それに私は「マックス・ヴェーバーにおける資本主義の精神」という論文を載せていますが、そのなかでベンジャミン・フランクリンの精神的雰囲気を分析しておりますから、それをお読みいただきますと、ずっとよくおわかりになるだろうと思います。) ともかく、ロビンソン・クルーソウが孤島で悔いあらため、そして当時の中産化社会層のもっとも堅実な人々にならって、道徳的にまじめに、真剣に生活しようと決心したとき、その特徴がかなりよくでている。たとえば、アドヴェンチャラー式に荒稼ぎの金もうけをするのをはっきりと拒否している。つまり、金もうけをすべて肯定したり、いわんやそれを生活の理想としているのではないことは明らかです。そして、彼が父親とともに、大いに道徳的な意味をあたえているのは、とくに中産の身分の人々の金もうけ、というよりは、彼らが金もうけのためにやる経営、とくに産業経営それ自体なのです。

　では、いったい中産の社会層の人々の金もうけは同じく金もうけのなかでも、なぜ、よいものと考えられたのかというと、その理由はこうです。彼らは、ただ、どんなことをやっても、金もうけをしさえすればそれでよい、というわけではない。むしろ日常生活のなかで隣人たちがほんとうに必要としているもの、たとえば、パン、野菜、穀物、衣服等々の消費物資、さらにそうしたものをつくるのに必要なさまざまな生産手段、そうした世の中の人々すべてが、現実に必要としているが、自分ではつくっていないもの、そういう役に立つものをつくって売るわけですね。そして、もしもそれが、みんなのほんとうに喜んで手に入れたいと思っているものならば、どんどん売れるでしょう。どんどん売れれば、結果において金がもうかる。結局、そういう金もうけは、人々がそういう形で隣人愛を実行したということの現われだということになる。中産社会層の人々はそうみたわけです。デフォウは、そういう金もうけは大いによい。だが、他人はどうであろうと自分さえ金がもうかればよい、といった金もうけの仕方はつよく排斥したのです。

ところで、こういうことは決して私が誇張していっているのではなく、その当時のイギリスでは、現実にそういうふうに考えられていたふしが十分にあります。たとえば、少し局面をかえて、こういうことを考えてみましょう。その当時のイギリスはいわゆるマーカンティリズムの時代です。マーカンティリズムは重商主義と訳されているために、なにか商人、とりわけ貿易商人の利害が経済政策の方向を決定していたように考えられがちですが、決してそうではありません。フリードリッヒ・リストが、それをマーカンティリズムと言うのは誤りで、むしろインダストリアリズム（重工主義）とよぶべきだといったのは有名ですが、これはある点では正しいので、デフォウのころイギリスの経済政策の基調をなしていたのは、むしろ中産の工業生産者層、とくに上層の利害だったといっても過言ではありますまい。もちろん、政治の衝に立っていたのは地主

（ジェントリ）、またある程度まで商人（マーチャント）ですが、彼らがなによりも第一義的に大切にした、いや、しなければならなかったのは中産の生産者層、とくに工業生産者層の利害であったのです。当時「織物業者《ウイーヴァーズ》たちが地主《ジエントリ》を説得した」などといわれていたのは、このことですが、そういう事情は、そのころ実際に政治の衝にあって、政策を立案していたと思われる人々の文献を読んでみるとよくわかります。ところで、そういう文献を読んでいますと、いろいろな興味ぶかいことが出てきますが、たとえば、マーカンティリズムの政策原理を明示した個所で、こういうふうに書いている。商業――したがって商業による金もうけ――には国民全体の観点からみて、良いものと悪いものとがあり、良いものは保護し、悪いものは抑止しなければならぬ。では、この良し悪しを見わける基準は何かといえば、何よりまずそれが国民的工業《マニユファクチャー》の繁栄に役立ち、またそのための国内市場《ホウム・マーケット》を害したりしないこと、これこそがジェネラル・マキシムズ・オブ・トレイドだというのです。なんであれ、すべての金もうけは国のためになる、などというのではない。国内で工業が発達し、しかもそれが国民の生活に役立つ、それを促進する限りで金もうけが肯定的に評価されているのです。あえていえば、国民経済全体の経営が第一義的に考えられているので、これが『ロビンソン・クルーソウ漂流記』のなかに出てくる、あの貨幣に対する低評価の意味だと私は考えるのです。

さて、このことを個人のレベルに引き戻して考えてみますと、そこに「経済人」というもののなかに含まれている「経営者」——単なる「企業家」ではなく——という一面が、はっきり見えてくるわけです。デフォウのころのイギリスの中産の生産者たちのあいだで、どんな職業がよい職業だと考えられていたかといいますと、その標準は——マックス・ヴェーバーの要約によれば——次の三つだったようです。㈠不道徳なものでないこと、㈡社会全体のために有益であること、つまり、人々のためになにか役立つものを生産して供給すること、㈢ところで、もしそうだとすると、その結果とうぜんにもうけが生ずることになるから、もうかる職業がよい職業だということになる。つまり、ただ金もうけ（企業）がよいというのではなくて、有益な財貨を隣人に供給する（つまり経営）、そのことを表現するかぎりで金もうけが肯定されていた。だからこそ、アドヴェンチャラー式の荒稼ぎなどが強く批判されて、中産の生産者たちの営みに高い価値がおかれていたというわけです。

ところで、有益な財貨を隣人たちにできるだけ廉価に、できるだけ豊富に供給するにはどうしたらよいか。さまざまな資材と労働をむだなく、しかも合理的に組み合わせ、そこに人間労働の合理的な組織をつくりあげねばならない。これこそが「経営」なのです。そして、ほかならぬそういう意味で、「経営」が単なる金もうけよりも決定的に高い価値をあたえられることになっていたというわけです。こうした「経営」とよばれるような生活様式が、ロビンソン・クルーソウの漂流生活のなかに認められるということは、もはや申す必要もありますまい。

ダニエル・デフォウは『ロビンソン・クルーソウ漂流記』で、じつは、当時イギリスの国富を担っていた、さらにまたその輝かしい将来を担うであろう中産的生産者層の行動様式のなかに含まれている、こうした側面をユートピア的に理想化してえがいたのだと私は思うのです。そして、事実、そのエリートたちは半世紀後に産業革命の先頭にたつことになります。そうした輝かしい未来を漠然と先取りしながら、デフォウは中産的生産者層の行動様式あるいは人間類型に含まれている明るい面を集中的にえがいたのであり、その意味で『ロビンソン・クルーソウ漂流記』は、当時のベストセラーとして、来たるべきイギリス国民のためのいわば人間形成の書であったといってもよいでしょう。

そこで、最初の問題に戻りまして、「経済人」ロビンソン・クルーソウ、そういう歴史上、それ以前には、その萌芽以外かつてみられなかったような、経済的に合理的な行動をするタイプの人間――現実にはもちろんさまざまな非合理的な暗い面をともなってはいますが――、そうしたタイプの人間が当時イギリスの中流の身分の人々のあいだにかなり広がっていた。彼らのすべてがそうだったというのではありません。いろんな人間がいたであろうが、そういう行動様式を身につけたタイプの人間が、当時のイギリスの中流の身分の人々のなかにきわめて多く、いわば大量に見出されたというのです。そしてこういうタイプの人間を理念的に純粋化してとらえてみると、それが、ほかならぬ古典派経済学が前提とした「経済人」となるのではないかと私は考えるのです。が、もう一言この「経済人」について申しそえておきますと、イギリスにおいて世界史最初の産業革命をその双肩に担ったこの「経済人」は、ただ金もうけだけが上手な単なる企業家ではなく、もっと高いヴィジョンをもつ「経営者」だったということです。いいかえれば、ただ金もうけが上手なだけでは「経営者」ではないし、そういう単なる企業家だけではイギリスの国民経済の繁栄はありえなかった、というわけです。

（『社会科学における人間』岩波新書、一九七七年。また本稿は、一九六四年東大公開講座での講演速記に加筆。そして「経済セミナー」〔日本評論社〕一九六五年二月号に発表されたもの）

日本中世の村落

清水　三男

清水三男《しみずみつお》（一九〇九～一九四七）　代々京都高瀬川の回船を営んだ家に生まれ、京都府師範学校附属小学校第二教室（以下「京都師範附属第二教室と略す）で大塚久雄の二年後輩。尋常五年から京都一中に進み、さらに四年修了で三高に進学、歴史学に興味を持ち、京大史学科に入った。三浦周行教授や義兄となった中村直勝（三高教授）に勧められて、中世荘園の研究をテーマに大学院に残り、西田直二郎教授の指導を受けたが、唯物論的立場から日本中世の部巣階級の成立について研究を深める。一九三五、六年ごろ京都一中の先輩でもある新村猛、真下信一らの『世界文化』に執筆したことから、人民戦線運動に関わったとされて、一九三七年にかけて検挙拘留の憂き目を見たが、釈放後京大法学部牧健二教授の要請で日本の古法制書目を調査。これも一助として、『日本中世の村落』の研究をまとめ、一九四三年日本評論社から刊行した。しかし応召、千島の幌筵島の守備隊に送り込まれ、戦後はシベリヤのスーチャン捕虜収容所に抑留。京大史学科の教職を約束されながら、病床の友を先に帰国させて、自らは残り、一九四七年一月二七日急性肺炎で抑留のまま死去した。死後その史学上の業績を惜しむ友人達の手で『清水三男著作集』（全三巻、校倉書房）が編まれた。

私が中世村落の研究を志すに至った縁由は、昭和三年京都大学に於いて、三浦周行先生から続日本紀を読んで自分の好きな題目で論文を作るようにという課題を与えられた時、何という考えもなしに、奈良時代の兵制を選んだことにまで遡り求められるようである。その時行われていた先生の史料解題と講読が武士発生に関する史料についてであったことが、私にかかる題目を選ばしめたのである。

その翌年二回生の時の先生の課題論文が「武士発生の経済的思想的背景」であったことが、ますます私を平安末期の荘園の研究に向かわせた。この機縁によって、卒業論文もまたこれに関するものを選び、この方向の先達の業績を吸収することにこれ努めた。昭和六年卒業の後も、家が幸い京都にある関係上さらに大学院に入学し、中村（直勝）助教授の勧めにより「荘園の研究」を研究題目とし、三浦・西田（直二郎）両先生の御指導を受けることになった。三浦先生はこの秋（昭和六年）亡くなられ、ために以後四年間西田先生の御指導に従った。

このころから学生時代に私のとった平安時代の記録荘園史料の繙読という方法から離れ、東寺百合文書の荘園別研究を始めた。その最初の成果が、「中世に於ける若狭太郎荘の農民」（『歴史と地理』昭和七年四月号）で、中村助教授の校閲を賜り、その後に続く東寺領荘園の研究と同じく同先生のお世話により発表の機会を与えられたものである。当時『歴史と地理』編纂の事務に当たっておられた先輩寺田宏二氏にも感謝の意を改めて述べさせていただきたい。

このような研究の間に荘園内に於ける名田の位置、名による荘の構成に気づき、その一応の整理を試みたものが、昭和八年四月『史林』に発表した「初期の名田について」であった。このころ既に西田先生は学生の演習に荘園の思想史的研究なる題目を出しておられたが、社会経済史学のなおきわめて盛んなる時代のこととて、不敏なる筆者にはその真意がはっきりつかめなかった。この度の論稿において、ようやくその御指導に従い得たように思う。そのころもしかし荘園研究に関する潤いを欠く否定的な自己の見解には常にある淋しさを感じ、積極的建設的な中世研究の道を心ひそかに求めつつ、焦慮の中に大学院四年の生活に別れを告げ、米塩の資を得ることを動機の主たるものとして、昭和十年春和歌山県立商業に奉職し、研究室生活から離れた。

和歌山三年の生活は、行き詰まっていた私の研究に反省を与え、新しい出発への体力と鋭気を養ってくれた。その間、和歌山高商の花田大五郎先生の主宰のもとに『紀州文化研究』が発刊され、それに従来の私の荘園研究の批判の上に立つ、紀州中世荘園文書に現れた村落に関する覚書的小報告を発表する機会を与えられ、これがその後の私の研究の進路を決定した。しかし、諸種の身辺上の事情により、これを具体化するときを得なかった。

昨春図らずも藤間生大君より『武士階級の成立過程』に関する著書出版の勧誘を受け、これによって今度の著書執筆の決心を固めたのであった。私の勝手な申し出は藤間君の容れる所となり、私の信ずる自己の力に最もふさわしい題名のもとに、所信をまとめることができた。その間何かと助言・力添えを賜った研究室の親友に心からなるお礼を申し述べる。

なお、ここ両三年京大法学部牧（健二）教授の日本古法制書目調査の仕事をお手伝いし、各地図書館のお世話になって、日本法制史関係の明治時代以前の書物を見せて頂いた。主に江戸時代のものが多く、これによって江戸時代地方書に接するこの上ない機会を得た。近世文献を通じて、中世村落を研究することの念願が、これによって図らずも一部達せられたのである。牧教授はじめ、快く閲覧を許された諸図書館の方々に厚く御礼申し上げたい。以上が本書成立の略譜である。

（『日本中世の村落』あとがき、日本評論社、一九四二年より）

第Ⅳ部　学究は戦陣を怖れず　学術・交友編

種に関する概念

目賀田　守種

目賀田守種《めがたもりたね》（一九一七～一九四五）　植物学者。旧京都高等工芸（現京都工芸繊維大）校長目賀田廉一を父に生まれ、京都師範附属第二教室五年から京都一中に進み、一九三四（昭和九）年卒業後三高理科に入る。小学校時代から植物に興味を持ち、三高時代すでにサボテンの研究でロンドンの学会から賞を受け、世界的な権威と認められた。京大農学部に進み大学院二年目にサボテンを主とする多肉植物の研究成果により農学博士の学位を受け、研究室副手となり前途を嘱望されたが、一九四二（昭和十七）年応召。豊橋予備士官学校を優秀な成績で了えて陸軍参謀本部付きとなり、さらにフィリピン戦線の激化に伴い、最前線の三五軍参謀として、英語暗号文の解読解析の任務に就いた。米軍の爆撃と砲弾を浴びつつの激務の中、新聞通信社派遣の報道班員たちにも親切にし、ニッパ小屋（椰子の葉を屋根にした原住民の捨てた小屋）で生死を共にしつつ常にユーモアを失わず、食料・情報を提供した。その日常は大岡昇平の『レイテ戦記』にも特筆され、人材乏しかった三五軍の中で随一「肝の据わった人物」だったと記されている。目賀田自身は迫撃砲弾を受け、カンギポット山の露営地でさらに攻撃を受けて一九四五年三月十六日戦死した。ここに掲げたのは、京大農学部大学院時代に出身の第二教室の同窓会誌『樫の実』十九号（一九四〇年九月発行）に寄せた原文のままである。

序

本論は、新しい或は決定的な光の下に、「種」の概念を置こうとする試みでもなく、又此の問題に就ての生物学的な推論並に実験の結果を抄録しようとするものでもない。ただ数年間蒐集し得た限りの、種に関する概念を時間的な経過に従って列記せむとするだけである。それ故に、此の論文は、僕の研究のオメガーでなく、アルファである。殊に種に関する問題は、実験遺伝学、分類学、生物化学等と共に、恐らくは、知覚形而上学と、必然的な連関を有するものであろうから、本論は一断片を出ない。僕は、僕の、主として三高時代のサイド・ワークの断片的アルファを此処に記録する。

敢て僕が、かかる試みをペンにせる所以は、種の理論、進化論よりの、多くの場合、奇怪なる論理を以って演繹せられたる進化思想、乃至社会思想が、現代文化人の人世観、世界観にとって、大いなる制約となっている故と共に、昨今生物学関係以外の諸論文に濫用せられる生物学上の術語は、多くの場合誤用であり、殊に、「変異」、「本能」、「優性」の如く、極めて多義であり、その概念の不確実なる術語を、河原物風情、俗流の映画評者が潜用するのは論外として、真面目な著者に依り、精神科学上の論文にも少なからず用いられているのを発見した故である。願はくは、諸君が、生物学関係以外の諸著でかかる術語に出会われる場合、或は一部のものは、精神科学流の定義を確立しているかもしれぬけれども、一応の吟味を願いたいものとの希念も浅くはない。

概念なる語の或種の定義に依れば、概念そのものの存在が疑われても已むなき程、種に関する概念は、非方法的、非合理的労作の所産であり、不可知的、不可言的である。言わば、鑑識者 taxonomist たる間に収得せられ、分類者 systematist として発動すべき或種のカンである。

かかる故に、種に関する概念は、古来生物学上の重要なる問題であった。生命に関する概念は、同時に哲学上の課題であったけれども、種に関するそれは、極く最近に到るまで、生物学の、時として分類学の課題を出でなかった様に思われる。此の意味で種に関する概念は、知覚論を介して、哲学上の課題としても、或いは面白いものでないかと私かに念じている。

進化論以前

恐らく、ギリシャの藝術が、ルネッサンスのそれの下位にあるものでもなければ、単に先駆者的意義を出ぬものでもなく、藝術史に於て、ギリシャ時代は、完成せる藝術を有していようし、同様に自然科学に於ても、ギリシャ時代は一つの生物学を有していると言って過言ではない。即ちAristoteles（384‐322, B.C.）に依って代表せらるるギリシャ生物学である。

彼の著作の内、植物に関する部分は現存していないが、彼は最も普通なる動物を除外して、生物学上興味ある五二〇種を、有血（血の赤き）無血の二部に分ち記載した。又始めはPlatoに師事し、後彼よりAristotelesの獨立するや、其の許に走り非常なる寵遇を受けたTheophrastus（370‐286, B.C.）は、非栽培植物を研究し、喬木、灌木、亞灌木、草本に分ち五〇〇余種を記載しており、その四三八種は現在種名が判明している。

有限な形式の内に完結した世界を見るギリシャ自然科学は、質の学であり、此処に見出される生物学は、必然的に分類学であった。量的なもの、動的なものの把握は、ギリシャ人にはむつかしかったのであろう。キリスト教世界観以前にあり乍ら、彼等の種に関する概念は全く固定せるものを出でなかった様である。

かくてローマ時代に入っても、単にギリシャ生物学の追従者として、M. Porcius Cato（234‐149, B.C.）、M. Terentius Varro（116‐27, B.C.）、P. Vergilius Maro（70‐19, B.C.）が出て、Caius Plinius Secundus（23‐79, A.D.）が大著を遺しているが、これも創意に乏しく、ただ彼が一〇〇〇種以上の植物を知っていた事が驚くに足るのみである。

此の時代から生物学は多分に応用に走り、植物に関しては薬効が重んぜられ、実物と名とがあれば他の一切を必要としなかった如く、ローマ帝国の滅亡と共に学は跡を絶ち、旧約聖書に見える種の神造説は、キリスト教世界観と共に、漸く力を得たのであった。以降、一〇〇〇年の間、ただ十二世紀、アラビヤに二、三翻訳者の域を脱した者を見るのみで、十五世紀中葉まで暗黒時代を重ねていた。

十五世紀の半から、十六世紀の半へかけて、生物学のルネッサンスは先づギリシャ生物学の翻訳に依って明けた。次いで通俗的な図譜（モノグラフ）の発刊となり、かかるモノグラフはやがて、独創的な図説、記述を生み、漸く種の概念は、抽象概念に成長した。

即ちOtto Brunfels（1485－1534）は、一五三〇年、Herbarium Vivae Icones（Living Pictures of Herbs）を著し、ローマ時代以来の栽培植物偏重を脱して、野生植物に及んだ。Leonhard Fuchs（1501－1566）は、Brunfelsに倣ひ、Historia stirpium（1542）を著し、後版を重ね、五一二種を図説した。彼が、Nominia, Genera, Formaの三順位を採って分類せる事は、種に関する概念が、体系化せられんとした一動向と見てよい。Hieronymus Bock（1498－1554）はモノグラフを公にする資を欠き、大著、Stirpium, maxime earum, quae in Germania nostra nascentur commentarior（原著は一五四六年ドイツ語で出た。又後ウッド・カットの図が附加せられたと云う）の周到なる記文に、その綿密なる観察を傾けた。且つ此の著では、従来の草本、木本の区別を無視し、種の概念は益々抽象せられて来た。Valerius Cordus（1515－1544）は、Bock に倣ったとも言われるが（僕はそう思わない）、二〇歳前に、Dispensatorium（むしろ薬物学と理解せらるべきであろう）を著し、二五歳の時、Historia plantarum を公にした。彼は、ややもすれば、栽培品と図譜とに依存し勝ちであった当時にあって、恒に自生品の観察を唱導し、実践し、既住の記載の貧困を脱せる事非常なものであった。遂に、伊太利の各大学を遍歴中、ローマにマラリアで逝った。彼は二十九で逝ったけれども、Konrad Gesner（1516－1565）、Aluigi Anguillara（ca. 1500－1570）の如きよき後継者を得て、種の概念は次第に taxonomic な基礎を深めた。

当時の動物界を見れば、Guillaume Rondelet（1507－56）は、De Piscibus Marinus を、Pierre Belon（1517－1564）は、魚類を、さきの Gesner は、Historia Animalum（1550－1587）全四巻三五〇〇頁を、Ulisse Aldrvandi（1522－1605）は鳥類を、夫々図譜として公にした。

かくて時の生物学は、次第に分類的試みを脱して、漸く方法的になり、René Descartes（1596－1650）、William Harvey（1578－1657）等の仕事は、定量的方法を生物学に導入して、生物学をいよいよ深くした。やがて種の概念は体系を得るに到るのである。

Rembertus Dodoens（1517－1585）は、Stirpium Historiae Pemptades に多分に自然分類をとり、

Charle de L'Ecluse（1526－1609）の Rariorum Plantarum Historia、Mathias Labelius（1538－1616）の Stirpium Observationes に到ると現今の自然分類にも近く、Jacques Dalechamps（1513－1588）は Historia Generalis Plantarum（1586）にて更に歩を進めた。Johann Bauhin（1541－1613）、Kaspar Bauhin（1550－1624）兄弟は、専ら弟が名を為した Pinax Theatri Botanici に於て、実に六〇〇〇種を記載し、弟 Bauhin は、薬効、利用を無視し、純学的分類を行ったのみならず、既往の諸本草家が、モノティピックな属を単語で呼んでいたのに反し、出来得る限り二元的な名称を与え、後の二命名法の先駆をなした。Andrea Caesalpinus（1519－1603）は Bauhin その他の諸家とは獨立に、見事なる自然分類系を De Plantislibi 十六巻に示し、Wettstein が植物分類学史の第二期を彼に始める程の飛躍をなした。

一方動物界の分野に在っては、Harvey は、Exercitatis Anatomica de Motu Cordis et Sanquinis in Animalibus を Non exlibris sed dissectionibus とサブタイトルして Charles I に捧げた。

かくルネッサンスから十七世紀の末葉にかけて、生物学は、分類学、生理学、発生学、古生物学の文科に亘って長足の進歩を遂げ、此の豊富なる資料は、種とは何ぞやの課題を呈するに到った。

ケムブリッヂに神学を専攻し、後大陸に採集したJohn Ray（1628－1705）は、The Wisdom of God manifested in the Works of Creation（1691）を著し、動植物の何代も特徴を継続するものを種と呼び生物学上、始めて種なる概念を記載した。彼は、宗教の素養の為めか、種の内に変化があり、必ずしも不変でないと知りつつ之総て神智の表現と見て、敢て異としなかった。問題の与えられたのは一六九一年である。

リンネ前に植物学会を風靡し、後も多大の勢力を保持していたJoseph Pitton de Tournefort（1656－1708）は、ジャルダン・デ・プラントの教授に在職中、Institutiones rei Herbariae を著し、此の第二版に於て、植物を属と種（Per genus et differentiam）とに分類する事を創始し、始めて属と言う範疇を拓いた。此処に分類学上、種より上位の概念を生じ、生物の命名法上一紀元を画したと言える。

Carl Linné（1707－1778）は、一七六一年受爵以後 von を冠し呼ぶが、一七三五年 Systema Naturae の第一版を出し、六八年まで、十二版を重ねた。その十一版まで、Nulla species nova（新種なし）と言い、Species tot sunt, quot formæ ab initio createæ sunt（神の最初作られた種数は増減せぬ）と主張していた。併し六八年の十二版で種の不変の項は除去せられた。又一七五三年かの Species Plantarum を著した。之にて、彼が二名法を創めた様に、一般に言われている大いなる間違いで、彼はメモとして之を用いたのみで慣用してはならぬ事を判然と述べている。

即ち、巻頭の序詞半に、

Characteres essentiales pro NOMINE SPECIFICO constiture non levidense opus est ; requirit enim specier plurium accuratam cognitiorem, harum attentissimum partium indagationem, differentium selectionem, Terminorl denique artis propriam applicationem, ut evadant compendiosissimi tutissimique.

（種名ニ適スベキ主要ナル特徴ヲ決定スルコトハ易ナラズ。比較スベキ數種ヲ正確ニ知ルヲ要スレバナリ。各種ノ各部ヲ細心研究、異ヲ撰ビ、之ニ適スベキ術語ヲ與ヘ、且ツ記載ヲ短ク不變ナラシムル要アレバナリ。）

更に序詞の終り近く、吾々が今日用ふる二名命法（バイノミアル・ノーメンクラチュア）を説明して、

TRIVIALIA nomina in margine apposui, ut missis ambagibus, uno quamlibet Herbam nomine complecti queamus haec vero absque selectu posui, quippe puen alius dies poscit. Careant autem quam sauctissime omnes sani Botanic umquam proponere nomen triviale sine sufficienti differentia specifica, ne ruat in pristinum babariem scientia.

（記載ノ一端ニ植物ノ小名ヲ附セリ。仍ッテ各植物ヲ簡ニ一名ニテ呼ブヲ得レバナリ。サレド予ハ随意ノ名を用ヒ、其ノ精撰ハ他日ニ譲ラントス。全部テ植物学名ハ以テ、十分ナル種ノ識別法ヲ排シ、小名ノミヲ用フルベカラズ。然ラズンバ、科学ハ再ビ往年ノ無智時代ニ還ラン。）

Linné は生物を神の創造、神智の表現と見たが、彼ほどの達見を有せる士が、果して晩年まで種の不変を確信していたか否かは問題で、彼にして若しよき弟子を得ていたならば、吾々は、二、三〇年早く進化論的な知識を持ったかもしれない。

事実リンネの死後十年、分類学上に残っている仕事は何もない。

Antonie Laurent de Jussieu（1748－1836）は Genera plantarum（1789）に於て、リンネの花を重んずる Sexual system に反対して、子葉の数に基き、自然分類系に進み、科を設けるに到った。

かくて、十七世紀の末葉から、およそ一〇〇年の間、種、属、科に関する分類学上の概念は、その低位のものより順次高次のものへ生長して行ったのである。

遺伝学以前

此の頃からである、新大陸よりの多数の生物の種に接し、又実験生物学の進歩に依って種が不変であるか否か疑われ始めたのは。宗教上の観念であった種の神造説に対する批判が目覚めて来た。此の宗教改革のルッターは一人でなかった。進化論の序曲は、獨の Goethe. 英の Erasmus Darwin. 佛の Geoffroy Saint-Hilaire の三部奏として聞かれた。此の三人が進化を主張し出した最初の人々である。Linné の胸中に秘められていたかもしれぬ思惟は、今や黒々と印刷に附せられたのである。

I have taken the date of the first publication of LAMARCK from ISID. GEOFFROY SAINT-HILAIRE's (Hist. Nat. Générale, tom. ii., p. 405, 1859) excellent history of opinion on this subject. In this work a full account is given of BUFFON's conclusion on the same subject. It is curious how largely my grandfather, Dr. ERASMUS DARWIN, anticipated the views and erroneous ground of opinion of LAMARCK in his Zoonomia (vol. i., pp. 500 – 10), published in 1794. According to ISID. GEOFFROY there is no doubt that GOETHE was an extreme partisan of similar views, as shown in the Introduction to a work in 1794 and 1795, but not published till long afterwards : he was pointedly remarked (GOETHE als Naturforscher, von Dr. KARL MENDIG, s. 34) that the future question for naturalists will be how, for instance, cattle got their horns, and not for what they are used. It is rather a singular instance of the manner in which similar views arise at about the same time, that GOETHE in Germany, Dr. DARWIN in England, and GEOFFROY SAINT-HILAIRE (as we shall immediately see) in France, came to the same conclusion on the origin of species, in the years 1794 - 1795.

これは、Ch. Darwin の Origin of Species の開巻の脚註であるが、当時の事情を窺い得て興味深い。

Opinion of Lamarckが、一七九四年以前何に発表せられたものであるかは、未だ知るを得ない。ルイ王朝治下の碩学 George Louis Leclere de Buffon（1707 - 1788）は、始めと終りは種の不変を信じていたが、中期外界の影響に依る種の変化を主張している。Ch. Darwin の祖父、Erasmus Darwin（1731 - 1802）は、Zoonomia（1794 - 1796）に於て、生物は、生物内にある、外界の変化に対する反応に依って、変化すると論じた。Geoffroy Saint-Hilaire は、Ch. Darwin の伝ふる処では、

G. SAINT-HILAIRE, as is stated in his life（= Vie, Travaux et Doctrine scientifique d'Etiene G. SAINT-HILAIRE, par son fils M. ISIDORE GEOFFROY SAINT-HILAIRE, — 1847 —）wirtten by his son, suspected, as early as 1795, that what call species are various degenerations of the same type. It was not until 1828 that he published his conviction the same form have not been perpetuated since the origin of all things. GEOFFROY seems to have relied chiefly on the conditions of life, or the monde ambiant, as the cause of change. He was cautious in drawing conclusions, and did not believe that existing species are now undergoing modification ; and, as his son adds, "C'est donc un problème à réserver entièrement à l'avenir, supposé méme que l'avenir dovie avoir prise sur lui."

（未来が之を論ずべきであろうと仮定して、未来に残さるべき問題である）

と考えた。

Johann Wolfgang von Goethe（1749－1832）は Versuche die Metamorphose der Pflanzen zu erklären（1790）その他で、種の連続的変化性を主張したと言う。併し此の理論は、全く観念論的なものを出でなかった様に思う。

南欧に早かったルネッサンスの結果として、十九世紀初頭のフランスは、以後百年絶えて見られぬ見事なる生物学を有している。

Jean-Baptiste Pierre Antoine de Monet de Lamarck（1774－1829）は、半ば当時のフランス生物学に基礎を置き、半ば彼独特の推論を以って、後世の所謂ラマルキズムを提唱した。一七七八年既に Flore françoise を著し、学会に不動の地歩を印した彼は、一七九三年、三五星霜研鑽し来った植物学を棄てて、ムゼウムに入った。当時、ムゼウムには巨大な量の無脊椎動物の標品が彼を待っていた。彼は五十歳にして動物学に再出発し、そして一八〇九年、Philosophie zoologique を公にし、後年ダーウィンと並び立つ地位を領するに到った。彼は生物の一個体が、一代に獲得し得た性質の次代に伝わるを以って進化の根本原理となし、之に、外界直接の影響、用不用説、要求（besoin）の働きを以って説明した。併し此の説は、今日より見れば、種の可変性を始めて生物学上提唱せるものとして、又ラマルクその人の深き生物への省察として、大いに偉とするに足るものであるが、当時は全く反響を呼ばず、湮滅に帰した。五百余冊の此の著を私蔵せるまま、彼の痛ましい逝去に際して、愛娘ロザリーが口にし得た一言、

「彼の人達が為遂げてくれませう。そして、父親の報いをしてくれませう。モン・ペール」

は、今日、ジャルダン正門内に建っている彼の銅像に刻んではあるが、後の人達は為遂げていない。ロザリーの短い言葉は、彼女の父の生物学上の生命をも雄弁に物語っている。

Georges Léopold Chrétien Frédéric Dagobert Cuvier（1769 - 1832）は、ノルマンジー貴族の家庭教師たる間に、海浜動物を研究し、ジョフロア・サンチレールに認められて、ジャルダン・デ・プラントの比較解剖学部長となり、Le Règne animal, distribué après son organisation（1817）にて、生物の進化を否定し、種の変化性をも認めなかった。皮肉にも彼の Leçons d'Anatomie

Comparée（1815）は、その後継者達に、最も有力な進化論への助力をなさしめている。Robert Brown（1773－1858）は、オーストレーリアより四千の植物標本を持って帰英、種の変化を認め、典型的な自然分類をさへ見せている。

ジェネヴァの生れ、Augustn Pyrame de Candole（1778－1841）は、パリに遊び、ラマルク、ジョフロア・サンチレール、キューヴィエ、ザルム・ディック公等と公友十年、Prodormus Systematis Naturalis Regni Vegetabilis（1819－1821）にて一部の自然分類を完成した。彼の子Alphons Louis Pierre Pyrame de Candole（1806－1893）は、父の著を継ぎ、ダーウィンにも協力、自然分類は、系統発生の類縁を示すべきとの新観念を築き上げた。又、ジョフロア・サンチレールの子、Isidore Saint-Hilaire（1805－1861）は、生物の可変性を認め、動物全体を通じ、l'unité de plan de composition（唯一始原型）があると主張した。

十九世紀の前半五十年は、政情も不安であり、生物学にとっては不幸な時代であった。若し平和の裡に、真摯なる研究が重ねられていたならば、ダーウィンを待たずして、進化論を発展せしめられ、種は、五十年早く、その可変性を認められ得たであろう。

エラスムス・ダーウィンの孫、Charles Robert Darwin（1809－1882）は、祖父の著の外、キューヴィエ、フンボルト、William Paley（1743－1805）、Thomas Robert Malthus（1766－1834）等の

著を読み、自然淘汰に関する思惟を重ね、一八三一—三六年、ビーグル号にて世界周航中、南米パンパスや、テラ・デル・フェーゴー等で、自然淘汰が進化に原因すると解すべき事実に多く接し、ノートしておった。一八五四年から、ミクロネシヤの諸島に採集していた Alfred Russel Wallace（1823－1913）も同じくマルサスの人口論より考え、自然淘汰に依る新種の生成を認め、二十四時間で手紙に書き、ダーウィン宛送った。此の手紙は、一八五八年六月十八日、ダーウィンの許に着き、自分と独立に思察せられた同説に驚いたダーウィンは、自分の originality を捨てんとしたが、ライエル、フッカーの言を入れて、共同発表とし、On the tendency of varieties to depart indefinitely from the original type と題して、同年七月一日のリンネ学会で読まれた。伝えられる此の間の二人の美談は述べないけれども、ウオーレスが後言っている所では、ダーウィンと彼が、此の問題に関し思索した時間の比は、十二年対一週である。此の十二年に及んだ長考をサムアップして出版されたものが、Origin of Species（1859）である。此の著の第二章で、ダーウィンは、種及変種（本邦で此の語を見る、調べ得た最古の書は、文正十年、一八二七年に出た尾張舎人重臣著、草木性譜である。且つ今日と全く同義に用いている）に関し次の様に述べている。

Nor shall I here discuss the various definitions which have been given of the term species. No one definition has satisfied all naturalists ; yet every naturalist knows vaguely what he means when he speaks of a species. Generally the term includes the unknown element of a distinct act of creations. The term 'Variety' is almost equally difficult to difine ; but here community of descent is almost universally implied, though it can rarely be proved.

と述べ、

Hence, in determining whether a form should be ranked as a species or a variety, the opinion of naturalists having sound judgment and wide experience seems the only guide to follow. We must, however, in many cases,decide by a majority of naturalists, for few wellmarked and wellknown varieties can be named which have not been ranked as species by at least some competent judges.

又

Certainly no clear line of determination has yet been drawn between species and sub-species — that is, the forms which in the opinion of some naturalists come very near to, but do not quite arrive at, the rank of species : or, again, between sub-species and well-marked varieties, or between lesser varieties and individual differences. These differences blend into each other by an insensible series ; and a series impresses the mind with the idea of an actual passage. 更に

From these remarks it will be seen that I look at the term species as one arbitrarily given, for the sake of convenience, to a set of individuals closely resembling each other, and that it does not essentially differ from the term variety, which is given to less distinct and more fluctuating forms. The term variety, again, in comparison with mere individual differences, is also applied arbitrarily, for convenience' sake.

と言う情なき次第になり、

Finally, varieties cannot be distinguished from species,— except, first, by the discovery of intermediate linking forms ; and, secondly, by a certain indefinite amount of difference between them ; for two forms, if differing very little, are generally ranked as varieties, notwithstanding that they cannot be closely connected ; but the amount of difference considered necessary to give to any two forms the rank of species cannot be defined.

と結論している。彼がsub-speciesと呼んでいるものは、変種とは、稍々遠位に位せしめている分類上の一つの単位である。原著では未だ未だクドイが、ダーウィンの述べている処は、今日尚、殆んど然りであって、正しく、「漠然としか知っていない」のである。

以上述べ来った様に種の可変性は、ダーウィンに依って発見せられたものでもなければ、又ダーウィンに依って始めて提言せられたものでもない。

サンチレール、ゲーテ、エラスムス・ダーウィンを先駆者とし、ラマルクは学説として創始し、ダーウィンに依って、更に実証的に、更に創始せられた。以後ダーウィニズムと、ラマルキズムとは、遺伝学の始るまで、進化論の二大主流として、反進化論者と活発な論争を続けて行った。此の五十年は、進化論史では最も華かな時代であり、種の概念が次第に混乱して行った時期である。

Sir William Jackson Hooker（1785－1865）の子 Sir Joseph Dalton Hooker（1817－1911）と、George Bentham（1800－1884）との共著、Genera Plantarum（1862－1883）は、ダーウィニズムも取り入れた点で、特に偉とすべき分類学上の文献となった。

ド・カンドールの下に植物学を学び、ミュンヘン大学に講義した Karl Wilhelm Nägeli（1817－1891）は、Mechanistisch-physiologische Theorie der Abstammungslehre（1884）に於て、強くダーウィンの所説に反対し、種は、外界の制約に独立して進化する力、彼の所謂 Vervollkommungsprinzip に依り変化するものとなした。

一八六二―一九〇九年、イエーナ大学に講じた Ernst Heinrich Haeckel（1834－1919）は、Thomas Henry Huxley（1825－1895）と共に、有力なるダーウィニズムの代弁者で、ヘッケルが、

Generelle Morphologie（1866）にて提唱した「個体発生は系統発生を繰りかへす」は、その生物学上の寄与はともかく、進化論のポピュラリゼーションに与って力大であった。

August Weismann（1834－1914）は、初めて、ラマルキズムに反対し、生殖質の継続を説き、獲得形質は遺伝せずと言い、進化の原因を、幼生変異と自然淘汰とに帰した。

Alexis Jordan は多年実験の結果、リンネが一種とせるヒメナズナは、幾代にも亘ってその形質を遺伝する種（ジョルダン種）の二〇〇種以上の集団に他ならぬと主唱した。併し、此のジョルダン種たる又多数の純系の集団に他ならぬ事、後述の通りである。

オーストリアの Wilhelm Heinrich Waagen（1841－1900）は、一八六九年始めて進化の実証を、古生物学に得、最初現れる些細なる形質が漸次、一定の方向に発達する事実を認め、此の変化を Mutation ――ド・フリースの用ひしのと勿論別の意――と呼び、変化して行く方向を Mutationsrichtung と称した。後年有力な説となった Orthogenesis 定方向進化の基礎をなすものである。

ラマルク以来、多くの進化論者、及反進化論者の陥った共通の誤謬は、生物の呈する事象より見れば、殆んどネグレシブルな僅少の事実から、専ら論理の形式的法則に依ってのみ、真理を求めんとした点にあった。かかる机上の論証は、二十世紀の実験室や、実験圃からの帰納的証拠に依って、その破綻を曝露した。ラマルクの「若し、我々の生命が、一秒しかないなら、時計の一分針は停止していると考えられよう。そして、六十世代の蒐積せられた観察も、尚それが動いたものと、我々に信ぜしめぬであろう。」と言う様な言葉が信じられていた間に、時代への反逆がなされ、此の反逆は、或いは種の概念把握への正道と思われるに到った。併し乍ら、よし進化論が、物理学のエーテル説の如く、所謂作業仮設に過ぎぬものであっても、進化論の生物学への貢献は、寔に大く、進化の有無に不拘、生物学は、今日その方向を失はぬに到っている。種の可変性の確認は、十九世紀に於ける人類の大いなる収穫の一つであった。

遺伝学以後

一九〇〇年、メンデリズムの再発見に依って、実験遺伝学拓け、種の究明に、有力なる一法を呈した。アムステルダム大学の教授であったHugo de Vries（1848－1935）は、マツヨヒグサにて、全然新しき形質の新生し、且つ遺伝せらるるを発見して、Mutationと呼び、そのDie Mutationtheorie（1901－1903）に於て、種生成の新しき機構を明にした。

William Bateson（1861－1926）は、The Materials of a Study of Variation に於て、ジョルダン種も又多数の純系の集団に他ならぬと主張し、ダーウィン以来、有力であった種の連続変異説に対し、不連続変異を唱えた。

比類なき実験材料、猩々蠅を発見し、生物学者として唯一人、ノーベル賞を受けた Th. Hunt Morgann（1866－）は、今日尚パサディナに在って、核型分析、因子型分析に努力しているが、種の突然変異に、核学的な根拠を与えた。

一九〇七年、J.P. Lotsy は、リンネ種を、Linneon、ジョルダン種を、Jordanon と呼び、ヨルダーノンを略、ド・フリースの elementary species と同意に解した。

その後池野成一郎は、植物系統学その他で、種に一定の標準なく、学者間、暗黙の裡に、多少の一致せる処ありとは言え、言わば学者の勝手次第としている。又早田文蔵は、動的分類系なるものを提唱している。論理明瞭を欠き、仲々理解出来ぬが、生物の系統はネット状を呈すべきものを言うあたり、ラマルク前のフランスに見出し得る観念論であるまいか。生物学を有せず、二十世紀に尚ラマルク時代を夢見ているアカデミアに受けたのは特に、かく観すれば面白い。

ウイーン大学の Richard Wettstein 教授は、Handbuch der Systematischen Botanik（1923）に於て、

Man wird daher als Art die Gesamheit der Individuen bezeichen Können, welche in allen, dem Beobachter wesentlich erscheinenden Merkmalen untereinander und mit ihren Nachkommen übereinstimmen.

と述べ、更に

Jüngste Einheiten des Systemes, welche ihren Ursprung aus einer Art durch nach existierende Übergangsformen erweisen, sind die Unterarten.——— Als Mutationen bezeichnet man bei einzelnen Individuen einer Art auftretende, auf äussere Einflüsse nicht direkt zurückführbare, vererbbare Eigentümlichkeiten. Für innerhalb einer Art auftretende Typen, die wir mangels von Beobachtungen oder Versuchen weder als Modifikationen noch als Mutationen bezeichen können, dürften sich die vorläufigen Bezeichnungen Varietät order Form empfehlen. Durch Kreuzung entstandene Mittelformen zwischen Arten derselben Gattung oder versiedener Gattungen werden als Bastarde（Hybriden）bezeichnet.

当時の最も公正なる意見と称し得るが、かく明細なる区別を与え得るものでもない。種、変種、悪種、此の解決は明日の問題である。

之と対蹠的な意見として、Boulenger は、

dans ce genre si polymorphe, la distinction des espèces ne repose que sur des combinaisons de caractères qu'il est impossible d'exprimer en de courtes diagnoses.

とフランス人独特の悟りを見せている。

又現在の遺伝学より見て、木原均は、

「種の分析に依って知り得た現在の智識では、種の差異は、因子突然変異の他、染色体の変異が之に伴う事を知った。かくの如き広義の変異は、人為的にも、実験中の植物にも、起り得るもので、長年月にかかる変異が集積して、種が変化すると信じて差支えないと思う。」

と述べている。

又分類学者の老熟せる意見として、田中茂穂は、

「私は進化論には相当の疑を持っている者である。是を実証すべき事実を称するものの多くは、決して事実ではなく、既に推論が交ぜられている。分類学より考えると、今日の種類は各々一つの独立種で、これから新種が出来るものとも、過去の別種から出来たものとも、推論し得られるものはない。それにしても進化論の一部分は、どうしても信じたくなる。」と言い、此の他同博士の論説に依ると、有限時間内では、生物の進化を認めないが、無限の時間内では認めると言う意見である。

最近、Friedrich Andermann は Irrtum und Wahrheit der Biologie（1937）に於て、生物進化の事実と称せられるものを、認識論から否定し、

「種は、同じ発生階呈に於て、全ての標徴を共有するが如き個体の集合である。従って個体の種に対する関係は現実であり、その網目等に対する概念的関係とは、全く別である。同一種に属する個体は、互に発生的の関係にあり、即ち個体から生れて、同一種の個体を産む。茲にワイズマンの所謂生殖質の連続が考えられる。換言すれば、個体は、種を具現する手段に過ぎず、種は之に属する全個体を連結する超個体的の発生単位である。更に換言すれば、個体は種、即ち超個体的単位である所謂種有機体（Artorganismus）の一部である。その独立性は比較的のもので、絶対的のものではない。即ち種は、有機世界に於ける唯一の単位であって、ただ具象的に個体の集団として具現するだけである。種こそは、実証的、超時間的の実在である。」

と述べたが、全く今更の感が深い。比較的なものであればこそ、定量的方法が執られねばならず、方法は生物学の進歩に依存し、生物学の進歩は、超時間的とは言い得ない。

Jens Clausen, C. X. Furtado は夫々、方法的に、種の取扱いに就て意見を述べているが、その反響は、将来に俟たねばならない。共に極めて理想的な、それだけ実現性の乏しい方法である。

最近、農学、医学の如き応用生物学の進歩に較べて、純粋生物学の進歩は、寔に目覚ましいも

のがある。ロックフエラー研究所で、二十八年間、鶏の心臓を培養していたし、染色体上に於ける各遺伝因子の位置は勿論、遺伝因子の大きささへ推論せられるに到っている。更に人為的染色体増加は、殆んど自由となった。

一九一二年来、アレキシ・カレル博士は心臓を毎日、四五秒リンガー氏液に浸し、若い鶏の血漿と、胚子の抽出液で養い、二十八年の生涯を、規則正しく脈動し続けて来たのである。

リンケーヂ分析より測定した染色体上の因子の位置は、不可視であったが、猩々蠅の唾腺染色体でこれの可能なる事が発見せられ、直接に染色体上の遺伝因子の位置を知り得るに到り、因子の大いさは、原子の三三—七〇〇倍であろうとさへ想像せられている。

核分裂に及ぼす、或種のアルカロイドの発見から、人工的染色体増加の実験は、跡を絶たず、苺では、八倍体のものさへ既に得られている。

かかる実験生物学の驚異的な発展に較べて、種の概念は依然として明にされてはいない。否、かかる生物学の進歩が、事実と法則との相関に、ともすれば混乱を及ぼして、却って、概念の把握を困難にして来ている。

結

ギリシャ以来、今日まで、種に関する概念の変遷を見れば、その間に二つの飛躍を見る事が出来る。

ギリシャ生物学に於ける種の概念は、漸く概念と言い得るか、或いは言い得ぬ程度の観察の結果であった。これは、ローマ時代に承がれ、暗黒時代に入った。

一千年近く、キリスト教に依った種の神造説は、レイ、リンネあたりに、そろそろ疑われ始め、フランス生物学は、両説相半ばし、ウオーレス、ダーウィンに到って、遂に種の可変性を、一般の認むる処とせしめた。常数としての、千五百年以来の種の概念は、此処に一つの函数として、理解せらるべきに到ったのである。

進化論始って以降、この函数の、型と変数との決定に営々たる努力が払われ来って、種決定の機構を徐々乍ら明にし来った遺伝学は、種の不連続変化と、その変化を原因する、種内の要因を確認した。種の概念は、今や函数の函数として把握せらるべきに到った。そして此の函数の型は極めて複雑であり、又変数は、極めて多く、今日にして第三の飛躍がなされなくては、種の概念の把握は、永劫にその道を失うのではあるまいかとさへ思われる。

種の概念に関する当面の課題は、実念論的な、又は単位としての種の概念の克服に在るよりはむしろ、客体としての種の内的外的の生物学上の規準を整理し、主体としての分類学者の種々なる因子、制約を哲学的、少くとも心理学的に研究する事に存しよう。種に関する概念の把握への道は、もとより分類学者の手に依って腊葉と共に、生態学者の手に依って比色瓶と共に、遺伝学者の手に依ってプレパラートと共に切り拓かるべきものであろうけれども、常に思惟の光の下に、新しき形態で、方法的且つ論理的に、生物学のイデアを介して、実験と認識とが結合しなくてはならない。

附記

最後に参考文献の主要なるものを掲げたが、既に種の概念を或程度捉えていられる人が、更に詳細に、概念の移行と、把握への方法を研究する場合の為めに掲げたもので、これから概念を得んとせられるならば、かかる書を読まるるよりは、すみれ属なり、ぎぼうし属なり、つつじ属なりの蒐集をお勧めする。腊葉が二、三百枚も出来ればきっと何かが把めている。蓋し、Don't read History, Make it! を信ずるからである。（編者注。参考文献掲載略）

最近喧しく言われてきたholismから見た概念、及び本邦の唯物論同人が各誌に述べている処は、未だ検討していない。ホリズムよりは面白き概念の生成を期待してよいが、ことさら歪曲せられた観のある本邦唯物論よりは、さして期待出来得るものはあるまい。

本文は、今日までの僕の生涯を通じて、生物学への励みを与えて下さった鹽見先生（注、小学校時代の師）と共に、他日、吾等一同の樫の苗から唯一人、恐らくは純粋生物学を征くであろう、川喜田二郎君にも捧げられている。

もとより、僕の研究の断片的アルフアである為めに、文献は殆んど手下にあるものしか見ていないが、尚一部の文献の御貸与を得た三高植物学教室、京大植物学教室、農学教室及び梅棹忠夫君に、擱筆に際し、深甚の謝意を表したい。

ノーベル医学賞のお膳立て

田代　裕

田代《たしろ》　裕《ひろし》（一九二六〜）　代々京都の医家の家柄に生まれ、滋野小学校から京都一中に入学。五年生時には下級生すべてを指導する生徒役員長を務めた。戦中京大付属医専に入ったが、第二次大戦後まもなく、病理学の一助教授が「武力の戦争には負けたが、科学の戦争に負けてはならない、私は先頭に立って欧米と戦う、諸君後に続け」と一喝したのに感激する。そして、京大医学部生理学教室に入り、物理学的手法で細胞の機能を解明する研究に携わるうち、一九六一年からロックフェラー研究所（現大学）に留学することになる。そこには、A・クロウド、G・E・パラーデ、G・ブローベルらいずれもノーベル生理医学賞に輝くことになる人たちがひしめいていた。その人たちと切磋琢磨しながら研究した日常を記したのが、ここに紹介する一文である。研鑽を積んで帰国した田代は、やがて関西医科大学で生理学を教え、学長となるが、ロックフェラー大学が小規模の単科大学院大学であったことに刮目する。

1　はじめに

私は細胞学研究を志し、一九五〇年に京大医学部生理学教室（笹川久吾教授）の研究生となった。笹川研を選択した理由は、当時笹川が電子顕微鏡（電顕）のみならず、超遠心機、電気泳動、放射性同位元素（RI）などの物理学的手法を駆使し、細胞の機能を超微形態レベルで解明したいと意欲を燃やしておられたからである。それに一九四九年における湯川秀樹のノーベル賞日本人初受賞も大きな動機となった。

笹川研で私は基礎科学を学ぶと同時にリボゾームや粗面小胞体について研究、肝ミクロソームが粗面小胞体の断片であり、バラーデ粒子がRNA―蛋白粒子であることを見出した（一九五七）。この研究が縁となって一九六一―一九六三年にロックフェラー研究所（現大学）の細胞学研究室（細胞生物学研究室）に留学、Palade, Siekevitz、Sabatini らと共同研究を行う機会を持った。さらに同大学には一九七一年八月から一年余り留学し、当時 Palade 研の Sabatini グループに所属していた Blobel を知った。この研究室の関係者からは一九七四年に A. Claude と G.E. Palade が、また一九九九年には G. Blobel の計三名がノーベル生理学医学賞を受賞している。ロックフェラー大学では創立以来現在までに二二名のノーベル賞受賞者が出ているが、一つの研究室の関係者から三名というのは余り例がないと思う。

2　私の留学当時の Palade 研と私の研究（一九六一―一九六三）

私は一九六一年八月から一九六三年一一月までロックフェラー研究所の Palade 研に留学した。当時、細胞学研究室は南館（現 Bronk 館）の五階にあり、Porter と Palade の二教授が主宰しておられた。しかし Porter 教授は一九六一年九月に Harvard 大学に転任され、九月一四日に送別会が開催された。

細胞学研究室の中心的研究課題は勿論「膵外分泌腺細胞における分泌蛋白質の合成と細胞内輸送」で、この研究には Palade はじめ Siekevitz, Caro, Greene, Jamieson, van Tubergen ら多数の研究者が関与していた。このほかにも毛細血管の透過性（Palade, Farquhar, Bruns）、ウイルス・細胞相関研究（Dales）、横紋筋と筋小胞体の構造研究（Palade, Smith, Franzini）、膜の基本構造研究（Siekevitz）など多彩な研究が行われ、Weibel は電顕形態計測学の基礎的研究に熱中していた。同研究室の准教授は Siekevitz と新入室の D.D. Sabatini と私の四人が同居したが、間もなく

Luck と Rothschild は退室、R.E. Humbel と P. Matile が入室した。

Palade 研究室には電顕四台、超遠心機四台、液体シンチレーヨンカウンター二台、分光光度計など、細胞生物学研究用機器がよく整備され、当時の日本の研究室と比較すると、まさに雲泥の差があった。しかも電顕、超遠心機は約一ヶ月前まで予約が詰まっているという状況で、研究室は熱気にあふれていた。研究については全く自由で各自マイペースでのびのびと仕事ができた。細胞の研究者にとって全くの桃源郷のようなところだと思った。

早速研究課題を、決めねばならないが、これも上から強制されることなく、Palade, Siekevitz と討論してきめれば良かった。丁度この頃私の目に止まったのが、上記の Ciba Foundation Symposium on the Exocrine Pancreas で Palade らによって提唱された消化酵素の細胞内輸送モデルであった。私はこの Palade モデルの第一過程に興味をもった。

と言うのは当時の Palade モデルではリボソームで合成された分泌蛋白質は一旦細胞質に放出されてから改めて小胞体膜を透過して小胞体内腔に輸送されている（間接輸送説）。しかし私は、分泌蛋白質は膜結合リボソームで合成と同時に小胞体内腔に直接輸送される可能性があり、この方がずっと合理的にあることに気付き、この可能性に挑戦したいとひそかに考えた。しかし、その証明には当時未解決であった真核細胞の 80S リボソームの亜粒子構造を正確に決定し、次に亜粒子構造と蛋白合成との関係を解明することが絶対的な前提条件となると思った。そこで、この二つの研究課題を提案し、Palade, Siekevitz の賛同を得た。

早速、肝細胞ミクロソームから 80S リボソームを調整、EDTA などの Mg^{2+} キレート剤を加えてリボソームを解離、Spinco E を用いた沈降速度解析と沈降平衡法による分子量測定、ならびに蔗糖密度勾配遠心解析を行い、二年近くの徹夜実験の末、次の結果を得た。

(1) 分子量五〇〇万ダルトンの 80S リボソーム（R）は、一個の大亜粒子（L：三三〇万）と小亜粒子（S：一七〇万）から成る。R＝L＋S（11-12乗）

(2) 新生ペプチド（＊）をもつリボソームR＊はEDTAで解離しにくく（stuck ribosomes）、しかも＊はLと結合しており、L＊の構造はLの構造よりコンパクトである。

一九六三年五月二四日の Palade 研のランチセミナーで研究の途中経過報告を求められた私は(1)、(2)の実験結果をまとめる傍ら図1のルート2の具体像について熟慮し、セミナー直前の五月二一日に直接輸送モデルを思い付いた（図2参照）。

この時、「これで難問が解けた」と確信し、あとはこの仮説を証明すればノーベル賞も夢ではないとアパートの一室で狂喜乱舞したことを鮮明に憶えている。

私は当初この仮説は是非とも自分一人で証明したいと思った。しかし、帰国の時期も迫り、留

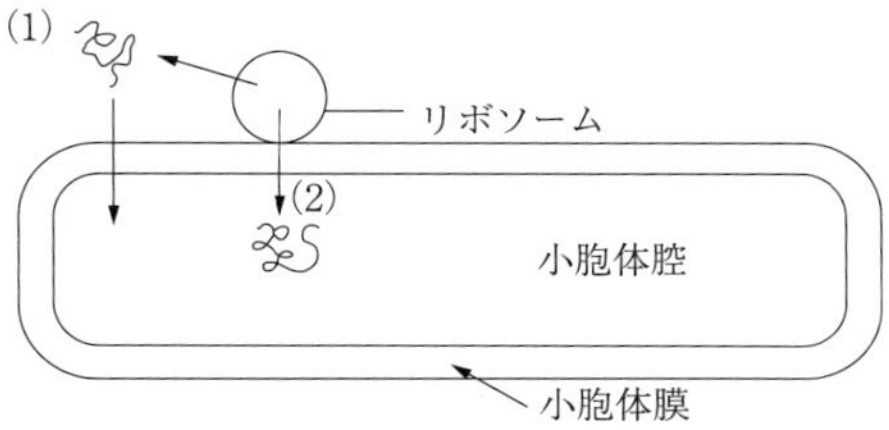

図1　粗面小胞体上のリボソームで合成された新生分泌蛋白質のリボソームから小胞体内腔への輸送機構。
（注）(1)は、間接輸送説、(2)は、直接輸送説（ベクトル輸送説）。

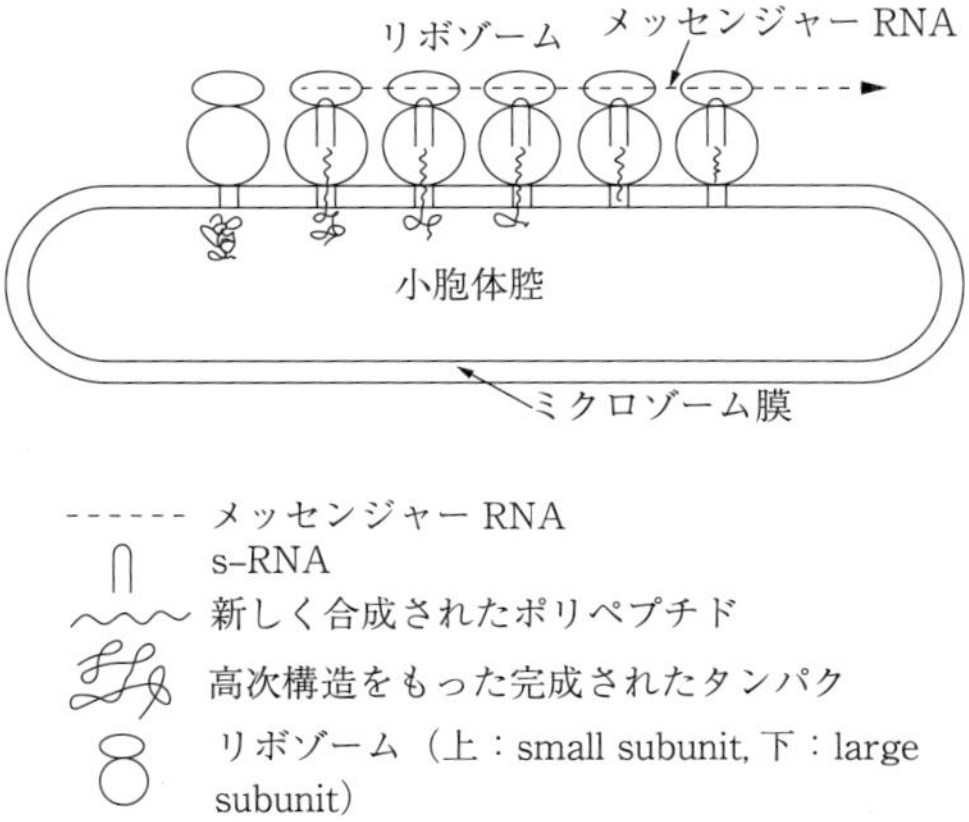

図2　粗面小胞体上のリボソームにおける分泌蛋白質の合成と小胞体内腔への直接輸送説。
（注）小胞体のリボソームは大亜粒子Lを介して小胞体膜と結合しており、合成された新生ポリペプチドは伸された糸状のままリボソームの大亜粒子中央のチャンネルを経由し、さらに小胞体膜に一過性に形成されるチャンネル（口）を貫通して小胞体内腔にベクトル輸送され、ここで高次構造を形成しこの過程に不可逆性を扶与すると推定した。

学の再々延長は不可能と判断した私は David Sabatini と共同研究を行うことにした。

一九六二年九月に院生となり、生化学の初歩を学びつつ研究課題を模索していた David は大変興奮し即座に賛同してくれた。

セミナーでは実験そのものよりも板書きした図2の仮説に対し大きな反響があり、反論は全くなく、Jamison はこのモデルを Tashiro's cats と名付けてくれた。

早速セミナーの翌日から共同研究を開始したが、この共同研究をめぐって難問が浮上した。と言うのは Siekevitz も即座に直接輸送説に鞍替えし、直ちに新しく入室した C. Redman と直接輸送の証明実験を計画したからである。そこで五月二七日に Palade と私の立会のもと、Siekevitz と Sabatini の二人が大論争をし、Palade の裁定で二つのグループが夫々独立に研究を行うこととなった。爾来 David と私は更に二年間に及ぶ共同研究で次の結果を得た。

(3)　肝ミクロソーム懸濁液に少量のEDTAを加えるとミクロソームから小亜粒子Sが選択的に遊離される。さらに大量のEDTAを加えると大亜粒子Lも遊離する。しかし3H ロイシンでパスルラベルされた新生ペプチドをもった大亜粒子Lは小胞体膜と強固に結合しており遊離し難い。またネガティブ染色法による粗面小胞体の電顕観察でリボソームは大亜粒子を介して小胞体膜と結合していることが確認され、しかもチャンネルの存在を示唆する電顕像も得られた。

この共同研究は私の帰国後も日米で継続して行なわれ、その成果は一九六六年のJ. Mol. BiolにSabatini, Tashiro, Paladeの連名で公表された。但し図2に示す直接輸送モデルは証拠不十分という理由でレフェリーから削除を求められ、この論文には掲載されていてない。しかし幸いにも一九六五年に日本の雑誌（蛋白質核酸酵素）に論説を書く機会があり、私はこの中に図2のモデルを公表しておいた。

尚この直接透過説はPaladeによって後程ベクトル輸送説と改名され、一九六六年には膵ミクロソームについてのRedman, Siekevitz, Sabatiniの研究が報告され、リボソームで合成された分泌蛋白質は小胞体内腔に直接ベクトル輸送されることが強く示唆された。

Paladeはノーベル賞受賞講演の中で、Redmanらのこの二つの報告がベクトル輸送を最初に証明した論文で、ベクトル輸送のルートをそれよりも早く示唆したのは上記のSabatini, Tashiro, Paladeの論文であると記述している。ベクトルの輸送説の提唱とその証明はPaladeの最も重要な業績の一つである。私はこの仮説を誰よりも早く一九六三年五月に気付いて提唱し、かつSabatiniと共にこの仮説の証明に貢献できたことを大変誇りに思っている。

Sabatiniは上述の通り私とロックフェラー財団奨学生であったが、一九六二年九月からロックフェラー大学院生となり、一九六六年大学院卒業後、ロックフェラー大学助教授、准教授を経て一九七三年ニューヨーク大学教授（細胞生物学教室主任）となり現在に至っている。頭が切れ、親切で、私自身のほか森本孝、隅田昌宏、松浦志郎、根岸正彦など多くの教室員もSabatini研に留学し大変お世話になった。

3　第二回留学当時の細胞生物学研究室（一九七一―一九七二）

私は一九六三年一一月に帰国、一九六四年六月に関西医大教授に就任、第一生理学教室を担当し細胞生物的研究を行い、同時に我国における細胞生物学の発展と普及に尽力した。一九九三年一月に学長に就任、〝関西医大をアメリカの一流の私立医大なみに〟という目標を掲げて努力し、二〇〇〇年に任期を終え退職した。その間一九七一年八月から一年余り、再度ロックフェラー大学細胞生物学研究室に留学する機会に恵まれた。この留学は当時准教授であったSabatiniの招聘による。

この当時のPalade研の主要研究課題は膵外分泌腺や耳下腺細胞での分泌蛋白質の細胞内輸送で、Palade, Jamie-son, Amsterdam, Berg, Castle, Kern, Kraehnbuhl, Tarakoffらが研究、スライス系、腺小葉系、単離細胞系などを用いてパルス・チェイス実験が行われ、その結果分泌蛋白質はゴルジ体領域の濃縮空胞で濃縮され、分泌顆粒となることなど細胞内輸送系の詳細が明確にされた。

Siekevitz グループでは一九六六年頃から Dallner、大村恒雄（九大名誉教授）らが小胞体膜の形成や、小胞体膜蛋白質の生合成・代謝について研究し、その後ラット肝からのゴルジ体の単離と機能解析が Ehrenreich や Bergeron らによって行われた。また Chua はクロロプラスト膜の生合成を研究していた。

次に肝細胞リボソームと粗面小胞体については、Sabatini（准教授）を中心に、Blobel（助教授）、Adelman, Borgese, Kreibich らによって活発に研究が行われ、その成果には目を見張るものがあった。特にピュロマイシン・高塩処理法によってモノソーム、あるいはポリソームから蛋白合成活性を有する大・小亜粒子が調整されるようになった。またこの処理法と、蛋白分解酵素を使うことによって粗面小胞体の新生ポリペプチドのC-末端側はリボソームの大亜粒子によって、またN端末側は小胞体膜によって蛋白分解をまぬがれることが示された（Blobel, Sabatini 1970）。この結果は分泌蛋白質のベクトル輸送説を強力に支持する。このほかに、野々村禎昭（東大名誉教授）と森本孝も Sabatini グループに属し、リボソームの電顕構造解析を行い、それぞれ一九七〇年と一九七二年に論文を公表している。

4　一九七四年における Claude, de Duve, Palade ノーベル賞受賞

一九七四年のノーベル生理学医学賞は Claude, de Duve, Palade の三人に授与された。その授賞理由は "Their discovaries concerning the structure and functional organization of the cell" ということであった。

Palade の受賞については、一九七一年、一九七二年の留学中にも細胞生物学研究室で噂となっており、どのような組み合わせになるだろうかと言った事が話題となっていた。しかし実現したのは Palade が Yale 大学に転出した後の一九七四年で、組み合わせは Claude, de Duve, Palade であった。この内 Claude と Palade の業績は前述の通りで、それぞれ受賞講演に述べられているので参照して頂きたい。

C. de Duve は A. Claude の示唆に従って超遠心分画法を使用し、一九五五年にリソソームを発見その機能を明らかにし、さらに一九六五年にペルオキシソームの機能を解明した。この二つの細胞小器官の電顕観察により、リソソーム、ペルオキシソームはそれぞれ dense bodies, microbodies と名付けられていた細胞質顆粒に対応することも明らかにされた。Du Duve の業績はそ

の受賞講演“Exploring cells with a centrifuge”に詳述されている。

5　シグナル仮説の提唱、証明とG. Blobelのノーベル賞受賞（一九九九年）

Paladeらは分泌蛋白質は膜結合ポリソームで合成されるが、細胞の自己蛋白質は遊離ポリソームで合成されることを示唆した。この仮説はPalade, Siekevitzを始め、多くの研究者によって証明された。さらに膜結合リボソームでは、分泌蛋白質のみならず小胞体、ゴルジ体、分泌小胞（顆粒）、リソソームなどの空胞系細胞小器官の内腔蛋白質と膜蛋白質、さらに細胞膜蛋白質の大部分も合成されることも明らかとなった。それに対し、遊離リボソームでは細胞質ゾルの蛋白質のみならず、細胞核の蛋白質、ミトコンドリアと葉緑体蛋白質の大部分、ペルオキシソームの内腔蛋白質などが合成されることが判明した。

このように、合成される蛋白質の種類によって、合成場所が膜結合リボソームとなったり、遊離リボソームとなったりするが、この選別の分子機構はどのようになっているのであろうか？この問題は一九七一年当時のSabatini・Blobelグループの最大関心事であった。

この二つの種類のリボソームそのものには構造的、機能的相違点は全く見出せなかった。そこでリボソームで合成される新生ペプチドのN端末そのものにこの選別情報が存在するというシグナル仮説が Blobel と Sabatini によって提唱された。一九七一年のことであった。

私が二回目の留学から帰国する直前のことであったから、多分一九七二年九月初旬のことであったと思うが、英国の Milstein はロックフェラー大学で講演し、「ミエローマ細胞から調整した IgG のL鎖よりも 2-3KDa 大きく、L鎖のN末端部分の疎水性アミノ酸を多く含む余分のシグナルペプチドがついている」と報告した。このようにして、Blobel, Sabatini のシグナル仮説が正しいという可能性が急に浮上した。講演後、Milstein, Sabatini, Blobel の間でホットな討論があったことをよく憶えている。

丁度その頃、Sabatini はニューヨーク大学（NYU）の細胞生物学教室の主任教授に転任し、新しい教室の設営に忙殺されていた。そんな事情もあってシグナル仮説の証明は専ら Blobel 一派によってロックフェラー大学細胞生物学研究室で強力に推進された。そして Blobel は一九九九年に単独でノーベル生理学医学賞を受賞した。その受賞理由は「タンパク質自身が細胞内の定められた位置に輸送され、局在化するためのシグナルをもっていることの発見」であった。Blobel 一派の研究の概要は Blobel のノーベル賞受賞講演に詳しく述べられている。

Blobel らの研究では、リボソームで合成された分泌蛋白質が合成と同時に小胞体内腔に輸送される過程に関与する多くの因子が単離され、*in vitro* の系が再構築され、その機能が生化学的のみならず、電気生理学的手法をも用いて研究されている。そして蛋白質透過チャンネルの形成は急速凍結電顕法によって観察された。このように、Blobel の研究には分子生物学的手法が大幅に取り入れられた。Blobel のノーベル賞受賞は細胞生物学が新しく分子細胞生物学の時代に入ったことを明確に示した。

（文・図とも『顕微鏡』42巻3号二〇〇七年刊より）

行動的研究集団へ　中谷宇吉郎と桑原武夫

樋口　敬二

樋《ひ》口《ぐち》敬《けい》二《じ》（一九二七～）　自然科学者。兄の樋口謹一（のち京大人文科学研教授）も一九四一（昭和十六）年度の京都一中出身、敬二は一九四五（昭和二十）年卒。五年生時生徒役員長として下級生たちにも知られた。三高理科時代中谷宇吉郎に私淑して、自ら氷についての実験を試み、三高卒業後中谷の教室に学ぼうと北海道大学理学部に進学。大学院特別奨学研究生となり、学位を受け北海道大学理学部助教授となった、この間飛行機を飛ばして、石狩平野の空の降雪雲の研究を進めるなど、氷雪の学理的解明を進めた。一九六六年から名古屋大学理学部に移って教授となり、『地球からの発想』『氷河への旅』（ともに新潮選書）、『雪と氷の世界から』（岩波新書）などの著作も出し、日本気象学会賞、秩父宮学術賞など数々の学術賞も受けている。

私と中谷宇吉郎

私が北大に入学する前のことだが、中谷宇吉郎は、一九四七年八月十五日の北海道石狩川の洪水による水害について、自主企画として研究を行った。

それまでに洪水による堤防、橋梁などの施設の破壊に伴う被害については、土木工学的な研究が進んでいたのに対して、農作物の被害に関する科学的研究がほとんどなされていなかったのに中谷は着目し、それと洪水の実態、気象的条件などとの関係を総合的に研究した。

この調査研究を、中谷が当時すでに水害の「総合的（当時は綜合的）研究」とよんでいるのは、大学の学部の枠を越えて、北大の理学部、工学部、農学部、農林専門部、低温科学研究所の研究者を結集し、これに学外から札幌気象台、北海道農業試験場、美瑛産業気象研究所の研究者を加えて、多くの専門分野の調査結果をまとめて、被害の実態を〝総合的〟にとらえたからである。

終戦からわずか二年後のことであり、その後、日本で多くの自然科学分野で進められた「総合的研究」の先駆であるといってよい。

ところで時間が飛ぶが、最近（二十世紀）、地球温暖化をはじめ、地球環境の変化が大きな課題となっている。私も、あとで述べるように日本の雪渓、ヒマラヤの氷河の変化と気候との関係を研究してきた発展として、地球環境科学にもかかわるようになった。ところが、これは既成の学問分野と異なり、「科学の総合化」を必要とする科学の新しい形である。以下、それについて私が書いた小文の一部を紹介する。

「このところ、自然科学、人文・社会科学にわたる「科学の総合化」が話題となり、21世紀に向けた科学の発展の方向だといわれる。

たとえば一九九五年四月、学術審議会が出した「地球環境科学の推進について」（建議）には、次のように述べられている。

新しい地球環境科学の必要性

地球の環境問題に関しては、これまでも学術の様々な分野で取組みがなされてきた。しかし、環境問題は、地球環境の有限性と人類文明の相剋という基本的な問題であり、人間活動と地球環境の相互関係の諸側面に広く目を向けた総合的な研究によって初めて解明され、解決の方向に向うものである。従来の取組みに加え、人文科学、社会科学から自然科学までの幅広い学術研究を地球環境問題の解決を軸にすえて総合化することによって、「地球環境科学」という新たな問題解決型の総合科学を速やかに構築することが求められている。

私は、この建議に参画したのだが、自然科学者として、人文・社会科学との総合化について、何の違和感も抱かなかったのは、次のような理由によると考えている。

第一に、恩師が中谷宇吉郎という視野の広い科学者であることによるが、また三高山岳部（旧制第三高等学校山岳部）を通じて接した人たちの影響もある。私の場合、終戦直後の食糧難、交通難の時期であったため、山へいくのは不自由であったが、精神面では諸先輩の〝実物教育〟を受けた。今西錦司、西堀栄三郎、桑原武夫、梅棹忠夫といった人たちに身近に接していると、〝科学の総合化〟など当り前に思えてくる。

そこで、科学の総合化について、前節でふれた座談会で「学問の総合は可能か」というテーマに関連して、梅棹、川喜田（二郎）にたずねたことがある。

樋口　ところで、これは伝説的にわれわれが聞いているんですが、梅棹さん、川喜田さん、吉良さん、藤田和夫さん、いろんな分野の連中がほとんど同時代にいて、一つのパーティーをつくろうとした。そういういき方ですね。個人体験を総合するというより、いろんな分野を総合しようという動き、これは探検では普通のことなんですか。それともみなさん独特のいき方なんですか。

梅棹　ぼくら、そうは思わんな。むしろ総合ということは原則としてない。本来、探検というのは綜合的なものなんですか。

樋口　総合というものは？

梅棹　きわめてむずかしい。学問および学者というものがむずかしい。

樋口　だけど、逆説的にいうと、それだけむずかしいなら、それをやってきた探検的な経験を生かしてなんとかできませんか。桑原武夫さんのように。

梅棹　それは桑原さんの総合研究班がたいへん成績あげたというのは、まさに探検的方法の書斎科学に対する応用やったと思いますよ。成功した。これはやっぱり卓越したリーダーというもののおかげや。ボスというよりリーダーです。ほんとに卓越したリーダーや。学問的にも、人格識見、迫力、とにかくものすごく卓越した人物がおって、あとは新進気鋭の若いやつがおる。そうするとある程度できるんや。総合にはなにかそういう構造が必要なんやな。

「総合には〝構造〟がいる。」すなわち、卓越したリーダーと新進気鋭の若者がつくる〝スクール〟が科学の総合化には必要だという梅棹の指摘は、まさに、〝ベンゼン核〟と今西（錦司）との組み合わせにも当てはまる。そこで、これから地球環境科学のような「問題解決型の総合科学」を新たにつくっていこうという時代にあって、ここで話題となった桑原グループの研究活動は一つの指針を与えると思われる。

ところで、くりかえすようだが、私は三高山岳部の先輩として桑原に親しく接することができたし、一方、私の兄、樋口謹一（京都一中昭和十七年卒）が京都大学人文科学研究所の桑原研究室発足時からのメンバーであり、桑原の共同研究のすべてに参加していたので、桑原グループには格別の親近感と興味を抱いていた。

さて、桑原グループによる共同研究の全体については、桑原による京都大学退官記念講演「人文科学における共同研究」にまとめられているが、その最初の試みはルソー研究であり、文学、経済学、法律、教育学などの専門家が参加した。その報告書の序言に桑原はこう書いている。

「日本の学界の宿弊ともいうべきセクショナリズムの結果、日本の学者の多くが悪しき意味の専門家となり、文化の他の分野に対する理解に乏しいことは、海外の学者に接して常にわれわれの痛感させられるところだが、この宿弊の打破は掛声のみでは効果はない。そうした弱点を自覚した学者が、異なった専門をもちつつ、しかも共同で、現実に仕事を試みる以外に救われる道はないのである。われわれが共同研究を志したのは、研究対象そのものの要請のほかに、こうした自己教育の意図があったことを告白しておかねばならない。

そのような弱点の自覚の上に立つ共同研究であるから、たんに定められた題目について、各人がそれぞれ専門別の分担をきめ、別々に研究し、そのすでに出来上がった論文を一冊の本にまとめるという、従来のいわゆる共同研究の行き方であってはならない、とわれわれは考えた。そこで、われわれは各自もちろんその専門の立場から研究するのだが、その成果を未成熟のままで、また能うかぎりしばしば、相互に示し合い、批判し合うことによって、知見と材料の共有性をはかるという方法をとった。」

このような共同研究を進めるための手法として、「討論の中から問題が構成されてゆく」ような研究会、「知見と材料との共有財産化」を目的としたカード・システム、「草稿の〝つるし上げ〟を経た論文作成」などが、はじめてもちいられ、ルソー研究の成功によって、その後の五つの共同研究でもつづけられた。

なお、のちに梅棹が、『知的生産の技術』（岩波新書）として世に送り出したカード利用の淵源の一つはこの桑原研級班の手法である。

そのほか、自由に対話、討論を展開するには、教授、助教授、講師、助手という大学の職階級にこだわらず、「一たび共同研究のテーブルにすわったら、そこでは対等でなければならない」

とする桑原がとった次のような方法は、実に興味深い。

『いよいよ雑談めくようですけれども、私たちのチームには結果において対等感をやしなうことになったことが若干ある。私たちは共同研究をはじめたころに、同時に余暇利用として、遊びとして、「日本映画を見る会」、「小説を読む会」、それから英語、フランス語の講習会というものもやりました。映画鑑賞ですと、だいたいにおいて教授よりか助手のほうが、知識も識見も上です。人間心理というものは微妙なものですから、前の晩の映画談話会、ちょっとお酒をいれてやるのですけれども、そこで教授を圧倒した助手は、翌日、こんどはルソーについて見解を発表するときでも、自信をもって発表する。これは冗談ですけれども、そういう影響もありうると思いますね。その影響をねらってやったというほど、私たちは政治家ではないのですけれども、結果は大変よかったと考えております。』

地理学五十年

辻田　右左男

辻田右左男《つじたうさお》（一九〇七〜一九九七）　地理学者。京都師範附属第二教室が大正七年創立された時、大塚久雄らとともに第一回生で入学、京都一中に進んだ。父は新聞界の人。一中時代映画少年で、ハリウッドの大女優にファンレターを出して返事をもらったり、女優岡田嘉子にインタビュゥをしたり、成績もクラス二番から乱高下、卒業後セブンスデーアドベンチストの学校に籍を置いたりしたのち、京大地理学科で小学校以来の友織田武雄らと再会。以後母校の京都一中や戦後は奈良女子大学で教え、地理学者として一生を送った。戦中の京都一中教諭時代、治安維持法で検挙された後輩・清水三男の身を人一倍案じたり、戦後まもなく入学してきた伊丹十三のクラス担任となり、彼が父を失って問題児の傾向を深めた時、大学関係のアルバイト先を紹介したり、スケッチブックをプレゼントしたり、最後は京都一中が鴨沂高校校舎に移らされて、その付設中学生となった伊丹に、父の故郷の愛媛の高校に転学を勧め、自由な未来を開かせる役割を果たした（「地理五十年」の随筆は第二教室同窓会誌『樫の実』十九号及び復刊号より）。

地理学教室で再会

京都師範附属第二教室を出てから今年で満六十年、地理をやり始めてから満五十年になる。私は今地理を教え、飯を食っている。地理を教え、飯を食う。何でもない事実のようであるが、私は時々この事実の前に襟を正したいような気持がする。こうなる迄にはどれだけ多くの先生達に御厄介になっていることであろう。私は先ずその事を思う。決して自分で自分の力で一本立になったとは思わない。普通に考えれば大学で三年間地理学を勉強した、教員の資格が得られた、教員とは教える者で教えることによってパンが得られる、たまたま私は地理の教員になった、それで地理を教えている間、私の生活が保証されるということは何ら不思議でも何でもないと考えられる。併し私の場合どうもそう事を単純に考えられない或るものがある。これは私の経歴が変則的であったという事にも関係がある。経歴のみでなく私そのものが多少アブノルマルであるのに、それが所もあろうにノルマルスクールに教鞭をとった事実も時時私に苦笑をもたらす。恩師と友人とだけには人一倍恵まれた。良き師良き友、しかし人生これ以上に何が必要であろうか。第二教室以来幾多の立派な先生につくことが出来た。最後に仕上げをして頂いたのが、名誉教授になられた石橋五郎博士、中村新太郎先生、現教授の小牧先生の三人の先生であるが、その他大学の三年間にお世話になったり講義を拝聴したりした先生は十指に余る程ある。私が今日兎に角地理で飯が食って行けるのは、第二教室以来私を色々の方面から薫陶して下さった数十の恩師のお陰であると正直にそう思う。

しかし第二教室や京一中の同じ教室で机を並べていた三人までが、同じ大学で落合い、同じ先生について地理を勉強し、今何れも地理の教師になっているということは不思議な因縁である。その三人とは織田武雄君と今村新太郎君そして私とである。最初の二十四人のクラスから石野琢二郎君始め三人の医師が出、志保田実君など三人の法学士が出たことに不思議はないが、京大五千の学生の中で七、八人しか学生のいない地理科という小さな水ためへ、第二教室の餓鬼友達が三人まで集らなくてもよかったのに、ここで年度こそ多少違うが、三人が落合ったのは誠に不思議といわなければならない。当時の第二教室の環境が我々を地理学に向わせるほど、すばらしい景観をもっていたとは考えられないし、その後この三人が一緒に学んだ一中の感化であるとも考えられない。いわば偶然である。唯この三人のコントラストが相当顕著である。織田君今村君は名にし負う名門の而かも何れも今はその一粒種であるに反し、私は、名もなき市井の貧家の出である。私が第二教室へ入らなかったならば、これ等両君と友達になるのはおろか、言葉を交す機会さえなかったかも分らない。私はよき師の外によき道伴れをもった。

今の所地理は智識のモザイクの観があり、ジャーナリズムとの腐れ縁からも脱し得られない。私は嘗て地理という学問は鵺《ぬえ》だと考えたこともあった。ほんとに得体の分らないものである。学問としては随分古いといわれるが、未だ定形がない。こちらがその正体を摑まんとすれば、彼女地理学はスルリと体をかわして了う。ここまでは自分の領分だという、動かすことの出来ないはっきりした地盤が地理学にはない。土地に立脚する学問であり乍ら、自分自身の足場がないのが地理学のように見える。この学問の本質、或は方法論は近頃我が国でも盛んに論ぜられている。併しほんとに何人をも首肯せしむるに足る確定的な学説はまだ現れていないようである。記載科学から説明科学になったといわれるが、それは地理学の或る一部門についていわれ得ることであって、地理学全体の性質としてとかくいうのはまだ尚早の感があるのではなかろうか。とに角今我が国には誰々の地理学はあっても、普遍妥当的な地理学は未だない。とに角私には未だ地理学の正体が分らない。それが正直な告白である。

自然科学ならば相当根気よく一つの事をやっておれば、そのアルバイトに一応目鼻がつくけれども、地理学だけはそうは行かない。大抵の学問はそれが学校教育として取り入れられる場合、又学校でなくとも実際の社会に利用される場合、全然形を変えるということは殆どない。併し地理学だけはこの例にも漏れる。人文地理学、自然地理学というが、中等学校以下の所謂地理はそれ等とは直接関係のない所謂地誌であり、地誌は結局旅行案内や新聞に出ている地方各府県の全面広告等と殆ど選ぶ所がない。教科書でさえもこれ等新聞の記事を材料として作られている。こう考えると地理を完全に教えるためには、日本中はおろか世界中の事を一々諳んじていなければならぬという事になるので、実際地理教師たるものは堪ったものではない。私もたしかに地理学の他の楽しい反面がないならば、夙に地理学の陣営を去ったであろう。地理学そのものの学問としての性質は奈辺にあろうとも、その内容として私達の取上げるものは山であり、海である。平野であり、高原である。現実には行かなくとも、想像の翼をはせて写真や地図と共にそれらの美しき自然に我等の眼が注がれる時、そは地上に於ける最も純な、清き喜びの一時である。それら自然物に加えて近時地理学の主流となっているのは、土地との関連に於ける人間である。人間、何と慕わしき名よ。そうだ、人間を対象とする限り、地理学の妙味は尽きない。自然のふところに憩い、各風土風土に於ける人間の姿を正視することが、この学問の全部でなくとも、これ等のものを取扱う特権が地理学に残されている限り、私は地理学を棄てないであろう。

教壇を去る

平成三年一月、妻の入院や自分自身の体調の思わしくないことが重なり、最後の職場であった大谷大学文学部に辞表を提出した。昭和九年四月、母校京都府立一中の教壇に立ってから、まさに五十五年という長い教師生活にピリオドを打った。大谷大学は非常勤講師であったから、これを差し引いても、フルタイムの教師五十年という長丁場であった。

日本一の教師ではないかという自負心が一生に二、三回頭をよぎったことがあるが、話の内容が支離滅裂、史上最低の教師という自嘲心に切りさいなまれたことのほうが多い。もとより、教師になるつもりなどサラサラなかった。だれの作だったのか、苦悩にみちた顔をしている一人の老労働者の絵をみて、こういうふうにはなりたくないという一種のハングリー精神が私を教師への道に走らせた。

いざ教壇に無縁となると、やたらに学校の夢を見る。そこではもはや私の役割はなく、無視され、存在が疎外されている。寂しくも侘しい。しかししばらくはこんな夢を見つづけるのかも知れない。

通訳物語

江戸時代には通詞と言い、通弁などともいった通訳という行為は、今や同時通訳などハイレヴェルの技術に移行している。私自身、かなり多数の外国人を国内各地に案内し、通訳のまね事をしたが、以下は私自身の講演を通訳してくれた通訳の人々の物語である。

私は昭和三十九年から二十数年間、日本に研修に来る外国の技術者に日本の地理や文化を紹介するという奇妙な仕事に携わった。月に一、二回の割で二十何年これをやっていたから、延べ四百回は優に超え、よくもあきずに同じことをやってきたものである。対象はヨーロッパ諸国を除いて、世界各国から来る青年技術者、毎回十人から三十人ぐらいのグループで、全員同じ国籍のクラスもあれば、数カ国の人々をミックスした混成部隊もあった。聴衆はひとりひとりその母国の代表という意識を持ち、彼らの目は常に輝き、私をタジタジとさせる鋭い質問の矢を毎回私に放ってきた。

問題はその用語であるが、英語・フランス語・スペイン語・ポルトガル語・中国語・韓国語・タイ語・インドネシア語・アラビア語等が彼らの国籍に応じて教室に乱れ飛んだ。十人ぐらいの小さいクラスでも、三、四カ国の人がまじっていると、当然三、四人の通訳がついて、私の話を伝えてくれた。それで二十数年間に私の接した通訳の数も百を超え、そのなかには、講師の私以上に卓越した学識の人もおり、また英語通訳の場合などは、主として関西の諸大学出身のうら若い数十人の女性のお世話になり、各大学の英語力のコンテストのような形になった。

インドネシアの人々には、天理大学の若いインドネシア人の助教授とインドネシアに永く滞在した日本人の老紳士とにかわるがわる各二十数回通訳をつとめてもらい、息が合うというのか、私の話を先取りして勝手にしゃべってくれるので、こういう場合には私の話す時間（三時間）が少なくなり、いわゆる省エネになった。韓国語には同志社大学在学中の若い女性たちに何回も助けてもらった。京大医学部の大学院に在籍し、樫の実会員の西村教授の指導を受けていた石さんという美人とは京都までいっしょに帰り、二、三度食事を共にしたことがある。彼女は今、名門梨花大学で教鞭をとっているという。

妻の死

五十六年間連れ添った妻が、今年（平成三年）二月五日に亡くなった。昨年九月に脳こうそくで倒れ、片まひとなったが、せめて家で車椅子の生活ができればと、一縷の望みをもっていたが、いろいろ内臓疾患を併発して、帰らぬ人となった。享年八十二、年に不足はなかった。

常にニコニコしながら毅然としていた。東大と京大とを出て、社会的に少しく名を成した二人の弟（小松武雄〈京一中昭和八年卒、共同通信社ロンドン支局長〉と小松幹雄〈京一中昭和十八年卒、医師〉）をもちながら、そんなことはおくびにも出さず、ひたすらハンディをもつ一人の子の母として謙虚に、たくましく生き抜いた。向こうっ気が強く、まがったことが嫌いで、相手が大学教授であろうがだれであろうと、あんたアホやと平気で言い放った。優柔不断の夫には、一生に何百回となく罵声を浴びせかけ、いささかの猶予もなかった。歯に衣をきせず、何事もズバッというので、入院中、看護婦さんたちにも人気があった。

入院最初のころは、「負けてたまるか、頑張る、頑張る」と高姿勢であったが、死の十日ほど前には、「私の一生もこれで終りやなあ」という弱気の言葉がもれた。そして死の三日前、珍しく車椅子で休憩室に行き、二人きりになったとき、突然、「アンタ好き、アンタ好き」と二度くりかえして言った。そして自分のつばを私の頭に手でなすりつけた（ヨーロッパでもこういう愛の表現があることをあとで映画で知った）。一生を通じて、「きらいや」ということばは何百回ときかされた。しかし好きということばは一回もなかった。強いていえば、何十年も前に「好きやがな」と吐きすてるように言ったことが一度だけあった。こんな話ははずかしくて、だれにも言えないが、ある時ふと教え子（女性）の一人にこれをもらすと、その女性はそれこそ愛の凝縮と言ってくれた。しかし、ひょっとしたら、これは女の性の最後の燃焼だったのかも知れない。

そのあと、すこし世間話、四日は病院に行かず、五日に急変して、口がきけなくなっていた。だから、さきほどのことばが私の記憶に残るラスト・ワーヅになった。五月十四日が百カ日、少し孤独にもなれてきたはずであるのに、うつろで、けだるい空気が依然私の周囲にただよっている。

第V部　探検・踏査は研学の始まり

土木・植林・探検編

日本近現代の土木社会史抄

大木　孝

大木《おおき》　孝《たかし》（一九一九～一九九八）　土木工学研究者。一九三一（昭和六）年京都師範附属第二教室五年修了で京都一中に入学。一九三六（昭和十一）年卒業して三高理科から東大理学部に入り、物理工学を学んだ。弟昭も同じく第二教室五年から京都一中に入学、妹の一人は冷泉家に嫁した。父が土木関係の技師（官吏）であったためか、自立して日本の近代（明治以後）の特に鉄道敷設や、それに伴うトンネル工事などの土木建設会社の関わりの実情や、官許のありようの詳細を調査し、丹那トンネル工事の苦難、第二次大戦後の進駐軍関係工事の乱脈ぶり、その後の新幹線工事着工への過程などを実証的に論究。一九八七（昭和六十二）年に『日本工業新聞』版の『土木社会史年表』にその成果をまとめた。ここには地域的、時代的にわれわれに関連深いと思われる部分を抜粋した。

1　谷暘卿の鉄道促進論

明治初年、大隈重信、伊藤博文らが四面楚歌の中で鉄道建設のため苦闘しているとき、鉄道の利益を説き賛成論を唱え、伊隈の両者を鼓舞していた、京都の医師谷暘卿という人がある。谷は明治三年（一八七〇）一月「悪銭を駆り火輪車を以てする議」を、続いて翌二月には「火輪車建議の余論」と、二度にわたり建白書を提出したが、これは伊藤にとっては百万人の援軍にも等しいものであった。

谷は第一の建白書において、まず火輪車（鉄道）の速度が極めて速く、欧州各国の富強は火輪車により人と物を輸送することによるところが大であり、本邦においても横浜開港以来、物産は年々増加し、就中生糸、茶、蚕卵紙はその増加も著しいが、これらの運搬を牛馬や人力にゆだねていればその機を逸し利を逃すことになるだろうと警告している。さらに本邦の物産は信（長野）、上（群馬）、岩陸羽（奥羽）に最も多く、信州の上田、上州の廐橋（現前橋）、奥羽の福島、出羽の山形等は物産の集まるところであるから、東京から福島及び上田への鉄道を設けることは国の富強につながるものであると強調している。

次いで行った二度目の建白書では論点を変えて、火輪車が出来ると宿屋や馬方人足等が職を失うといって反対する者が多いが、それも一時的なことで、いま我が国には多くの荒れ果てた土地や廃田もあり、そちらに帰ってもよく、また鉄道が出来れば二里とか三里おきに火輪車の休憩所ともなる駅舎も出来、人々の乗降も生ずるから駅舎も賑わいそういうところで働くことも出来るようになると説いている。そして最後にこの際断固として火輪車の事業を推進し、我が国の物産をますます盛んにして外貨を獲得し、国の富強繁栄を期すべきであると結んでいる。

谷暘卿は文化一二年（一八一五）丹波国塩田谷村に生まれ、天保七年京都に出て産科を学び開業、嘉永六年九条家の典医となった。非常に進歩的な考えを持ち、明治二年には無人島だった小笠原の開拓を志し、再三民部省にその願書を提出している。晩年は事志と違い、失意の中に明治一八年没したが、鉄道開設期に行った二通の建白書は、特に殖産興業や海外交易にも論及した格調の高いものであった。

2　工技生養成所と逢阪山隧道

明治九年九月、大阪〜京都間の鉄道が第三番目の区間として開通した。これに続いて京都〜大津間の区間が明治十年二月から着工になる予定であったが、同年突如勃発した西南戦争のために着工は延期された。鉄道建設の責任者であった鉄道局長井上勝は東京〜横浜間、大阪〜神戸間の建設工事の経験から一日も早く外人技術者依存の状態から脱出して日本人技術者による鉄道技術の独立を目指し、自らの手で鉄道土木技術者を養成すべく、明治十年五月、大阪停車場二階に工技養成所を設立した。同養成所は工部省書記官飯田俊徳を所長とし、建築師長セルブイントン、技師ホルサム等を教授として、当時の鉄道職員の中から学生を選び、数学、測量、製図、力学、土木、機械、鉄道運輸一般等を教授した当時官鉄唯一の鉄道技術者養成機関であった。

西南戦争は十年九月に終焉し、遅れていた京都〜大津間鉄道は翌十一年八月着工の運びとなった。井上はかねての信念通りこの工事を日本人だけの手でやろうとしたが、途中に難工事と見られた逢阪山隧道があることもあって三条実美、伊藤博文を始め政府首脳者から猛烈な反対になったが、井上は断固としてこれを退けて決行し、全工区を四つに分け、各工区の責任者をすべて工技養成所出身者を以ってあてることとした。

1区（京都〜深草間）　武社満過
2区（深草〜山科間）　千島九一、長谷川謹介
3区（山科〜逢阪山間）　国沢能長、島田延武

4区（逢阪山～大津間）　佐武正章

この中の最難関は3、4区の逢阪山隧道であったが、ここには隧道工事の経験者である国沢をあて、請負業者としては京阪間の鉄道工事の実績がある藤田伝三郎と、やはり京阪間工事に高島嘉右衛門の手代として従事した吉山組とのコンビにあたらせた。吉山の名は関西ではまだ売れていなかったが高島の片腕といわれ、土木工事の腕は十分信頼すべきものがあった。抗夫には工部省直営の生野銀山の抗夫を呼びよせた。兇状持ちの流人も多くまじっている気の荒い無頼の徒で、喧嘩早いことで有名であった。国沢も、藤田、吉山もこの抗夫達の統率には一方ならず手を焼いた。国沢は昼は現場を指揮し夜は技術書と夜通し取り組む一方で、抗夫たちと酒を汲み花札を引いた。殆ど連日のように草鞋ばきで現場に激励に来た鉄道局長井上勝も、時には兇状持ちもまじった抗夫たちと酒を汲んでその士気を鼓舞した。

かくて全長六六四・八m、幅四二六cm、高さ四七二・四cmの当時最長の隧道はツルハシ、クワによる手堀り堀削によって、途中抗夫二名、人夫三名の犠牲者を出したが、着工以来二十カ月ぶりに明治十三年六月二十六日に竣工した。

逢阪山隧道はその後大正十年八月、京都～大津間に新線が完成して廃線となり、さらに第二次大戦後、名神高速道路工事によってその西口（大谷口）も消滅してしまった。

初めて日本人だけの手で完成した京都~大津線にもう一つの記念すべきものがあった。それは鴨川橋梁であり、延長一二一・九m、スパン一五・二mの橋であり、セルブイントンの指導を受けて、やはり工技養成所出身の三村周の設計、小川勝五郎が請負い施工したもので、日本人の設計による最初の鉄道橋梁となった。

3　井上勝と鉄道工事請負制

わが国鉄道の父と呼ばれる井上勝は、天保十四年（一八四三）旧八月、長州（山口県）萩に生れた。十三歳頃から江戸、浦賀に遊び、十六歳の冬には長崎に赴き兵法を学んだ。天下の形勢を見、文久三年（一八六三）旧五月、伊藤博文、井上馨、山尾庸三らとともに幕禁を侵して英国に渡航、それより約五年間、ロンドンにおいて鉱山及び鉄道を研究、明治元年十一月横浜に帰着した。帰国後は造幣頭兼鉱山正の職に就いたが、明治二年政府は鉄道創業の議を決定し同三年三月より東京~横浜間の工事が着工した。井上は四年八月鉱山頭兼鉄道頭に任ぜられ以後鉄道一筋に生きることになる。井上は鉄道建設を外国人の手に委ねず日本人の手で完成させることに情熱を感じて、特に初めての本格的隧道であり、最長隧道である逢阪山隧道を含む京都~大津間の建設を日本人の手で完遂したいと考えた。そのため鉄道寮を大阪に臨時に移し自ら陣頭指揮することを望んだ。しかしこの考えは工部少輔山尾庸三の容れるところとならず、井上は山尾と衝突して同六年七月辞任してしまった。しかしその後工部卿伊藤博文の説得により同十年一月井上は再び鉄道局に復帰した。

井上が鉄道寮の大阪に移転することを主張した理由の一つは、大阪～神戸間の建設工事の際、工事が外国人まかせであって、言葉が分からぬため工事が順調に行かないことが多かったためと、もう一つはこの工事において政府は中間で請負業者に儲けさせる必要はないとして徹底した直営方式をとったところ大失敗におわったことの反省からであった。当時の神戸は開港ブームに湧いており地方から集まる人も多く労働力は溢れており土工人足には不足しなかったが、何といっても烏合の衆であり、組織も規律も経験もなく、役人の見ている前では働く振りをし、いなくなれば休むという次第で、綱紀は紊乱してトラブルも多くかえって高くつく結果となった。これに対し昭和六年十二月着工した京阪間の工事では藤田伝三郎に一括請負させたところ、藤田は当時関西の顔役丹波屋及び上州屋を用いて人足募集及び監督にあたらせ、藤田組配下の人夫には記章をつけさせ、三十人から五十人ごとの組を編成させ、各組には旗頭を定めて規律と統制を重視して工事を進めたため大いに効果が上がった。

またお雇い外人技術者に関しても、言葉が通じにくく一々通訳を通じて工事を進めるために生ずる不便さや意志の齟齬もありマイナスが多いうえ、中には態度が横柄、驕慢で日本人を未開の劣等人視する者も多く、しかも俸給の点で日本人技術者と比較にならない程高額であること等、井上勝にとっては我慢のならないところであった。

これらの点から、井上は京都~大津間工事を日本人だけで施工するとともに、これまで労務者の提供だけに過ぎなかった請負制度をここに確立することとし、京阪間の工事で力量を示した藤田組と、京阪間工事で高島嘉右衛門の代人であった吉山組を選び、このコンビで逢阪山隧道を含む同工区を完成させたのである。

井上はその後も鉄道一筋に通し、明治二十五年鉄道庁長官となり、翌二十六年退官後、二十九年には汽車製造会社の社長となった。明治四十三年八月鉄道院顧問として欧米視察の途上、ロンドンで客死した。享年六十七歳であった。

4　私鉄第一号日本鉄道の設立

明治十四年(一八八一)五月二十一日、日本鉄道会社は岩倉具視を筆頭に四六〇人の発起人を以て東京府知事に設立願書を提出、翌六月許可、同十一月十一日工部卿より特許条約書の交付を受け、ここにわが国私鉄第一号として発足した。資本金二〇〇〇万円であった。

日本鉄道の設立までにはいろいろ曲折があったが、その一つは井上馨の示唆によるものであった。明治五年、新橋〜横浜間の鉄道開設以来、官鉄路線の伸長につれ、世間の鉄道への関心も高まり、各地で民営鉄道設立の動きも現れてきた。中でも新政府になり領土や家録を失った華族、士族間には、金融公債は手にしたが坐して食せば忽ち底をつくことは明らかであり、鉄道企業の将来性に目を付けてこれに投資しようとする動きがでてきた。この動きを知った井上は、新しく鉄道を建設するより既存鉄道の払下げを受ける方が有利であるという策を示したため、一転して渋沢栄一を総代として明治八年六月新橋〜横浜間鉄道の払下げ請願を政府に起した。政府は翌九年八月、払下げ額八一〇万円で譲渡する旨を返事したが、このときには既に華族の多くは金づまりとなり払下げ返上の声が上り、最終的に明治十一年請願を取下げた。

これとは別に民間人で早くから鉄道に関心を持っていた高島嘉右衛門は、東京〜青森間鉄道建設を明治四年秋並びに翌五年春の二度にわたり政府に請願したが、いずれも却下された。その結果高島は、政府高官ないし、華族等を仲間に入れねば鉄道建設の許可を受けることが困難であると感じ、右大臣岩倉具視及び松平春嶽、伊達宗城等に対して鉄道建設について進言を行った。岩倉は明治四年訪欧大使として欧米各国を回り、鉄道の有用性については十分熟知しており、松平、伊達は当時の華族中の新知識であった。

たまたま明治十三年二月、政府は東京～前橋間鉄道建設設計計画を明らかにしたが、同年十一月財政上の理由からこの計画を取消した。この報が華族間に伝わると、大久保利和、藤波忠言らの間に、政府の中止した東京～前橋間建設を中心に鉄道会社設立の話がもち上がった。明治十四年一月安場保和、安川繁茂、高崎正風、中村弘毅らが岩倉に会い新たに鉄道会社の計画について相談した。岩倉は大いに賛成し積極的に協力を約束、蜂須賀茂韶、伊達宗城、万理小路通房、武者小路実也をメンバーに入れ、さらに事務処理に堪能な肥田浜五郎を推薦した。

そしてこれから岩倉の積極的な動きが始まる。彼は安場、田中、高橋、安川らに命じて埼玉以北青森に至る各県の県令、書記官らの協力を求めさせ、自らは三月七日、大隈重信、寺島宗則、伊藤博文、山田顕義を自邸に招き協議を行った。その内容は主に新会社に対する保護条項に関してであった。その内容の主要な点は次のとおりである。

1．発起人及び全株主に対して出資した日から起算して開業運転まで、年八分の利息を下付する。また開業運転後十ケ年間は純益の割賦金が年八分以下の場合は必ず八分まで補充する。ただし八分以上の利益があるときは株主の所得とする。

2．鉄道軌道、停車場、その他必要敷地は官有地分は無償で下付し、民有地の分は政府が相当の代償を以て買上げの上、会社に払下げる。なお該敷地は無税とする。

等である。この岩倉の政府首脳との会合の後、事態は急速に進み、明治十四年四月第十五国立銀行内に、「日本鉄道会社創立事務所」を設け、五月二十日には発起人が四六〇人に達し、東京府知事に「鉄道会社設立願書」を提出し十一月十一日に特許条約書が下付された。

かくて日本鉄道会社は設立され、翌十五年から建設工事に着手したが、それにしても岩倉がかちとった日本鉄道の広範囲な保護条例の手厚さは、これをその後明治二十一年に設立された山陽鉄道のそれと比べて驚くの他はない。

5　日本土木会社の設立と解散

明治二十年（一八八七）三月十七日、二〇〇万円という当時としては破格の資本金を以てわが国最初の法人請負業者、有限会社日本土木会社が発足した。設立委員には渋沢栄一、大倉喜八郎、久原庄三郎、藤田伝三郎らが名を連ね、中核の技術者陣も土木の大島仙蔵、野辺地久地、笠井愛次郎、久米民之助、宮城島庄吉、野口粂馬ら、建築の高原弘造、新家高正、鳥居菊助、船越欣哉、田中豊輔という多彩な顔触れで、何よりも工科大学出身の気鋭の学士達を大量に集めたことが世間を驚かせた。

何しろ当時のこの世界では、研究調査から企画、設計、技術指導、管理まで殆どがお役所の仕事で、請負業者といえば専ら労働力の提供に終始した観があり、それが社会的評価の低さの一因ともなっていたため、大学出の若い技術者がいきなり請負業界に入ることは極めて珍しいことであった。それが一気にこのように多量の学士社員を集めたのは、発起者の渋沢、大倉、藤田等が請負業者のこうした技術面の弱さ、後進性を打破し、同時に請負業者の地位向上と封建性からの脱却をねらったものとみることができるだろう。しかしその日本土木会社も発足後僅か五カ年で、同二十五年（一八九二）十一月突如解散してしまった。それは明治二十二年二月の会計年法の制定により官庁工事が競争見積りに統一されたためというのが最大の理由であった。

日本土木会社が発足した明治二十年頃の他業種の会社規模は下の通りである。

▽鉄道関係――日本鉄道二〇〇〇万円（明治十四年十一月設立）、山陽鉄道一三〇〇万円（明治二十一年一月設立）、九州鉄道一一〇〇万円（明治二十一年六月設立）、北海道炭鉱鉄道六五〇万円（明治二十一年一月設立）

▽海運関係――日本郵船一一〇〇万円（明治十八年九月設立）、大阪商船一五〇〇万円（明治二十二

年十一月設立）
▽紡績関係――尾張紡績五〇万円（明治二十年六月設立）、鐘淵紡績一〇〇万円（明治二十一年四月設立）、摂津紡績一二〇万円（明治二十二年四月設立）
▽電力関係――名古屋電燈二〇万円（明治二十年九月設立）、京都電燈二〇万円（明治二十年十一月設立）、大阪電燈二〇万円（明治二十年十二月設立）、横浜共同火力三〇万円（明治二十一年十一月設立）東京電燈一三〇万円（明治二十三年一月日本電燈との合併により）
▽その他――小野田セメント一二〇万円（明治十四年五月設立）、三井鉱山一三〇万円（明治二十五年六月設立）。一方請負業界に目を転ずれば、ようやく大正期に法人化し、その資本金は下記のとおりである（鹿島組は法人化が昭和五年であり除外）。大林組（明治四十二年七月五〇万円、大正八年二〇〇万円）、清水組（大正四年十月一〇〇万円、大正十年四月三〇〇万円）、竹中工務店（大正八年八月一〇〇万円、大正十三年五月二〇〇万円）。

6　関門海底鉄道隧道

本州と九州を鉄道で結ぼうという構想は、最も早くまだ山陽鉄道が馬関（現下関）に達する以前に明治二十九年秋にあらわれた。このとき博多で第五回全国商業会議所連合会が開かれたが、博多商業会議所から関門海峡の海底隧道案が提案され、政府、議会に請願を行ったのである。

鉄道当局が関門連絡交通について具体的な動きをみせたのは明治四十四年、鉄道院総裁後藤新平が、関門連絡の方向として橋梁案と海底隧道案の両案について、前者を広井勇、後者を田辺朔郎（京都の疏水・インクライン創設者）と当時の最高権威に、いずれも調査、設計を委嘱したので始まる。

橋梁案については、広井の設計によれば、架橋位置は本土と九州の最も接近している早鞆の瀬戸とし、橋長九〇八・三m、中央支間五六七mの三径間ゲルバー式トラス橋で、床面には複線の広軌鉄道及び電車線、両側に幅三・六六mの歩廊を付したものであった。なおこれと前後して財界、実業界において渋沢栄一、岩下清周、郷誠之助らが関門架橋（株）設立を申請する等の動きもあった。

一方隧道案の委嘱を受けた田辺は、同年十〜十一月に現地を踏査し、全長一一・三km、内海底部一・六kmの海底隧道の建設が可能であるという報告書を後藤宛に提出した。こうして橋梁案、隧道案の両者共可能であるという結論を得、陸海軍、内務、鉄道の四省で検討したが、国防的見地から橋梁の場合は爆破される危険があるとし、特に海軍は「軍艦にはおそれおおくも菊の御紋章がついている。菊の御紋章のついた軍艦を橋の上から見下すことになるのはけしからん」と猛反対したが、これとともに渋沢らの計画した関門架橋（株）の件も消しとんでしまった。

田辺は大正元年には下関でボーリングによる資料につき調査、さらに翌二年にはロンドン万国道路会議に出席を機に欧米諸国を歴訪、ニューヨークにおけるハドソン河底隧道、ハーレム河底沈埋式隧道の工事現場、デトロイト水底隧道等を視察して帰朝、同四年には陸軍参謀本部、海軍省とも協議の上、関門隧道調査報告を鉄道院に提出した。なお鉄道院でも技師岡野昇をして明治四十五年以来、彦島から大瀬戸海峡を隧道で結ぶ路線につき現地調査を実施させた。

しかしこれらの動きも第一次世界大戦のため一時停止となり、大戦終了後大正八年ようやく第四一回帝国議会で予算が通過し、大正八年から十年にかけ十本の地質調査ボーリングを実施したが、またもや関東大震災に遭遇して中断することになった。

しかし遂年増加する関門間の輸送量は連絡船では到底さばききれず、昭和六年の満州事変勃発は、九州筑豊の石炭の増産と輸送の迅速を要求し、海底隧道の開通は喫緊の問題となってきた。

こうした空気の中に昭和十年鉄道大臣内田信也は省内に関門隧道技術委員会を設置、その答申により、路線を弟子待～小森江に変更して、単線隧道二本として施工することにした。同年の第六九回帝国議会で予算も通過し、翌十一年七月には下関に鉄道省下関改良事務所が設けられ、所長に釘官磐が就任して九月十九日には小森江で起工式が挙行された。これと併行して隧道地点の弟子待・小森江付近の地質調査が、昭和八年から十年にかけて海上八カ所、陸上七カ所のボーリング、弾性波調査、豆潜航艇を使っての海底調査等によって行われた。

工法としては海底の地質に応じて厚気及びシールド工法を主とし、途中断層破砕帯に対してはセメント注入工法によって湧水を防止し、土圧による崩壊を防ぐという工法を用いることとした。工事は下り線工事から先に施工し後に上り線を施工した。

シールド工法はわが国では大正九年九月羽越線折渡隧道工事で用いたのが最初であるが、このときは一七六m掘り進んだだけで中止し、次には大正十五年丹那隧道工事で使用したが、この時も激しい湧水と岩の崩壊のためわずか九二m進んだだけで打切ったのである。しかし今回の関門海底鉄道隧道工事では十二分にその威力を発揮し、爾後の隧道掘削工事において大きな自信となった。関門海底鉄道隧道の主要緒元及び行程は下記のとおりである。

下り線　総延長三六一四m、内海底部分一一四〇m、勾配二〇／一〇〇〇

上り線　総延長三六〇五m、内海底部分一二七五m、勾配二二／一〇〇〇

工程　下り線昭和十二年十一月十七日着工　昭和十六年七月十日貫通　昭和十七年六月十日完成

上り線昭和十五年六月十三日着工　昭和十八年十二年三十一日貫通　昭和十九年九月十四日完成

7　幻の弾丸列車

日中戦争最中の昭和十三年、鉄道省内部から弾丸列車計画が浮上してきた。この構想のもとは明治以来繰り返し企画されてはつぶされてきた広軌論で、日支事変後大陸との交通量が急激に増大したため、東京～下関間に広軌高速列車を走らせ、朝鮮半島から先の広軌鉄道と連絡させようとするもので、同年十二月、鉄道省企画委員会が「東海道、山陽線など主要幹線の輸送力拡充ならびに大陸・内地間の交通経路に関する建設局の原案検討」を取上げこれが発端となった。

ついで十四年七月十二日鉄道幹線調査会官制が公布され、十五年三月には東京～下関間幹線増設工事が第七六回帝国議会において可決された。ルートの選定もほぼ終わり、停車駅は東京、名古屋、大阪、広島、下関と決った。ルートの決まらなかったのは起点の東京、終点の下関の位置並びに名古屋～京都間を関ヶ原経由とするか鈴鹿山脈を隧道で抜くかの決定だけとなり、他の地区では用地買収も着々と進んだ。工事は最大の難関とみられていた新丹那隧道から着工すべく、昭和十七年三月二十日熱海市来宮で起工式を挙行した。またこれに続き新東山及び日本坂の両隧道も着工された。

しかしこの頃から太平洋戦争の激化につれて資材並びに労務者の不足をはじめとして土木方面の活動も次第に窮屈となり、遂に幻の弾丸列車となり中止のやむなきに至った。

これらの隧道の内、新東山隧道は東海道本線の新線となり、日本坂隧道は戦後東海道新幹線として復活した。

8　敗戦と土建業者

昭和二十年八月十四日、日本はポツダム宣言を正式に受諾、翌十五日天皇は戦争終結招書を発布、敗戦国となった。明治以来拡大してきた植民地を全部失い、国民は疲弊して、荒廃し破壊し尽された四つの島に押し込められることになった。食糧も住宅も不足しているところに、前線からの復員兵を始め、国内の応召、徴用を解除された者たち、外地に進出していた子会社系列企業等からの帰還者で、国内にかろうじて存続していた会社はどこも人員過剰が最大の悩みとなった。土建業界もその例にもれない。おまけに仕事がない、資材もない、僅かに進駐軍関係の仕事が徐々に始まってはいたが、一時に大膨張した超過人員を十分に消化するには到底不足であった。

この時期の土建業者の有様をいくつかの例にみることにする。

戦時中、業界第一を誇った大林組では早くも昭和二十年末、翌二十一年二月を期限として、規定を上廻る退職手当と数ヶ月分の給料を支払うことを条件に退職希望者を募り四〇〇名が退職したが、それでもなお過剰状態が続いた。こうした事情は多かれ少なかれ他の業者にもあり、中には支店、出張所、営業所を昇格させたり増設して人員を配置したりしたが、大手業者で目につくのは系列会社を新設して人員を送り込んだところも多い。中でも鹿島、清水、竹中らが共同で当時不足していた食塩の増産を目的に設立した播州塩業は、昭和二十一年一月東京に本社を、工場を兵庫県加古川と福岡県糸島郡小富士村に設けて発足、二十三年初頭から生産を開始したが二十六年頃には停止解散してしまった。

その他鹿島では二十二年十月商事会社大興物産を設立、清水も二十年十一月系列会社として通信建設工業を設立したのを始め、二十一年八月には復興建築資材、土建労務者用品等の製造販売等を目的とする丸喜産業（株）、二十二年三月には第一設備工業を、また関西においても丸喜産業と同様の目的の兼喜産業をそれぞれ発足させた。また竹中工務店も二十一年から二十四年にかけて後の竹中土木の前身朝日土木興業始め、朝日機材、朝日設備、朝日土地建物、大阪鉄工、中外林業、朝日土木などの系列会社を設立した。さらに系列会社とまでいかなくても大林組などでは兵庫県三木において山林を開拓して農場を作り、下関や松本における製材業、岡山県味野及び下関における塩田経営、あるいは清水組関係では北海道雄武における開拓農村の造成、愛知県三好や鳥取の大山山麓における農場経営など自活の途を求めて苦斗の日々が続いたがいずれもたいした効果はなかった。

9　進駐軍工事とクレーム

進駐軍の工事に参加することによって日本の建設業者は経営や管理、また技術の面で多くのことを学んだが、またトラブルも少なくなかった。中でも悪質なものは戦勝者のおごりから占領軍の威をかさに、頭から日本の業者を見下し、自分の間違いを認めず、それによって業者に損害を与えても業者の責任にしてしまうというようなものも多かった。

その一つが昭和二十五年から二十六年にかけて米第五空軍発注の八雲、ジョンソン、美保各基地（飛行場）工事であった。これらの工事は米軍から日本側特別調達庁を経ずに直接発注されたものであったが、着工してみると設計書や図面に不備の点が多く、それにも拘わらず米人監督は英文仕様書と契約書をたてにとり、日本の実情に即さない施工を要求し、資材についても不必要に最上の材料を用いることを要求したため、折柄の朝鮮戦争の勃発により資材、労賃等も高騰を続ける最中でありその調達だけでも苦しいのに、設計変更や追加工事が出て来てもこれに対する工事費の変更修正も認めないというひどさであった。業者としてもさすがに泣き寝入りするわけにもいかず、請負った鹿島、大林及び日本鋪道の三社は遂に同調して米軍に対し正当な支払いを求めるクレームを提起した。

これに対し発注者の第五空軍契約官はクレームの五％なら支払ってもよいとしてそれ以上は否決したので、三社はさらに上級機関である第五空軍司令官に上訴した。ところが今度は全面的に否決したため、それならば紛争解決の最終機関である極東軍司令官にさらに上訴した。

極東軍司令官は二十六年五月空軍契約上訴委員会を設け裁定にのり出し、結局三社併せて約一億四七〇〇万円の要求額に対して三一〇〇万円余を追加支払いすることで落着した。追加支払金額の内容は、明らかに設計変更や追加工事の分だけを認めた物で、些小の変更については殆ど否認され、また朝鮮戦争による価格高騰については全て却下されてしまった。しかしこのケースなどは無理難題をいわれても泣き寝入りしてしまった多くのケースに比べればまたよい方といわねばなるまい。

この事件において最も強くクレーム提出を主張したのは鹿島守之助であった。例えば鹿島が施工した厚木飛行場のコンクリート用骨材について仕様書に「最高の品質」と書かれてあったのを、米軍の監督は最高のものでなければならないから相模川の砂利では駄目だ、と頭から決めつけた。守之助は友人である米・モリソン・クヌードセン社副社長に相談したところ、「最高の品質」と書いてあってもそれは形容詞であって、強度その他が条件に合うならばどこの砂利であってもかまわないので、米国ではこのような場合にはクレームをつけるのが普通であるという返答を得ており、このことから守之助は文書によって米政府当局に申し出れば、必ず書面で回答をしてくれるのが米国であることを信じていたからである。

10　進駐軍工事の頃

敗戦直後、殆ど一切の工事は中絶し、資材もなく機械もなく、虚しく手を拱いていたところに、電光石火の如く連合軍が進駐してきた。先遣隊の厚木到着が昭和二十年八月二十八日、その二日後の八月三十日には総司令官マッカーサー元帥も厚木に到着、九月十五日東京・日比谷の第一生命館にG・H・Q（連合軍総司令部）が置かれたが、その間にも矢継ぎ早に占領指令が発せられた。

中でも最初に命令されたのが進駐軍施設及びその家族達のための接収建物の改造、基地兵舎の設営、空軍基地、ＤＨ（デペンデントハウス）の整備等であった。戦災復興といっても名ばかりで実際には資材もなく仕事らしい仕事のなかった業界にとって正に恵みの雨であった。

これらの工事の中には当時の日本では調達不能な資材・機材・設備器具類などを米国から持ち込み、その進歩した機械化施工や技術に初めて触れていろいろ得るところも多かったが、かつての軍部以上の至上命令のもとに、殆ど工期のない突貫工事を強要されることも少なくなかった。接収した高級家屋の畳の上に土足のまま上ったり、数寄屋造りの見事な床柱をペンキで塗り潰されたり、敗戦国民の惨めさをしみじみ味わったことも多かった。

11　黒四ダム

昭和三十年秋、関西電力社長太田垣士郎はまさに社運を賭して秘境黒部川の奥深く第四発電所の建設に踏み切った。いわゆる「黒四」である。黒部川は北アルプス鷲羽岳に源を発し、立山、白馬両連峰の峡谷を縫い日本海に注ぐ川であるが、上流部は年間三八〇〇㎜という多雨地帯でわが国屈指の電源地帯である。かつて高峰譲吉に目をつけられ、大正に入り黒部川第一、第二、第三発電所が築かれたが、第三発電所建築工事中に表層雪崩でRC四階建の飯場が対岸まで吹っ飛び、多数の犠牲者を出したが、非常に峡嶮且困難な場所であり、従って昭和十五年に第三発電所が竣工して以後、それより上流部は人跡未踏で開発されないままになっていた。

ダムはアーチ型ドームダムで、その高さは一八六mという世界でも稀な高さで、関西電力では設計に当り担当技術者を欧州に派遣して研究に当らせたるなど万全の策を講じたのである。

第一の難関は資材輸送の経路であったが、宇奈月から黒部川を遡る道は断崖絶壁に阻まれて到底輸送不可能なため、結局長野県大町から標高二七〇〇mの針の木峠を越える道に決り、重量物輸送のための延長一一kmの隧道及び八一六mのインクラインによる専用道路が建設された。中でも隧道工事は断面積三五m²の全断面掘削工法で施工したが、隧道内は夏でも四℃と低温で、寒くてビショ濡れになるので特別の乾燥器を用意して進んだが、大町側入口より一七〇〇m付近で大破砕帯に遭遇した。約七カ月の苦斗の末、一時は最大六〇〇l/sec湧水圧四二kg／cm²の湧水も大口径の水抜きボーリングによって切り抜けることができた。その後は比較的順調に工事が進行し三十三年二月隧道の貫通を迎えた。これにより大町側で待機していた大量の資材・機械類の現地搬入が行われ、三十四年九月からコンクリート打設を開始、三十五年十月にはダムの一部に湛水を開始、三十六年一月一五・四kwの一部発電を開始、三七年七月には全出力二三・四kwを発電、三十八年八月一切の工事を竣工した。
ダムの主要諸元はアーチダム、堤高一八六m、堤頂長四九二m、総貯水量一万九九二八万m^3である。

12　東海道新幹線

東海道新幹線生みの親十合信二が国鉄総裁に就任したのは昭和三十年（一九五五）五月である。朝鮮戦争以来の経済復興の波にのり、国内輸送量もうなぎ上りに増加を示したが、二十六年の民間航空の再開、自動車台数の激増、高速道路建設も本決まり、三十三年九月には名神高速道路も起工するなど世界的な趨勢からみても鉄道輸送は斜陽化するだろうというのが世論の大勢であった。

昭和三十一年政府は国鉄第一次五カ年計画を計画したが、その内容は輸送量の増大に備えて東海道本線を複々線化するというものであった。しかし三十二年になってみると折柄の神武景気により輸送量の増大は予想以上で、この程度の東海道線増強政策では到底追い付かないことが明白になった。かねて広軌改築論者であった十合は、この際一挙に新しく広軌新幹線を建設することを主張し、技師長に島秀雄を据えて体制を整えた。たまたま敗戦によって旧海軍で航空機研究に携わっていた三木、松平などが国鉄技術研究所に入所して高速運転の研究を進めていたが、時速二〇〇kmで東京～大阪間を三時間で結ぶことが可能であるという見通しを発表した。

これに勢いを得て昭和三十三年十二月には新幹線建設が閣議で決定、さらに予算面でも世界銀行からの借款の話が進み、三十三年世界銀行調査団が来日調査の結果、世界銀行が金を出すかわり、五分の四は日本政府の負担という条件がつけられ、さらに三十九年の東京オリンピックまでに開通させるという条件も付け加えられて、八〇〇〇万ドルの借款が決定、三十六年五月二日調印が行われた。

新幹線のルート決定に関してもいろいろ歓迎するが、ただ通過するだけではつまらない。この時点では後に名古屋市や滋賀県の湖南地方などで問題になった騒音や振動などの新幹線公害については分かっていなかったが、それでも用地買収で土地を取られる人から、「何故ここを通らねばならないのか」とか「新幹線のような贅沢なものはいらない」等さまざまな反応があった。

しかし、戦時中に計画されて幻とおわった弾丸列車構想によって、全体の二割近い用地が既に確保されて居り、日本坂隧道等も殆ど完成したいたこと等は大きな遺産であった。

一番の問題は名古屋～大阪間の経路であった。この区間は戦時中計画された弾丸列車の場合で、結局路線決定をしないまま終わった区間であるが、今回も関ケ原経由か鈴鹿越えかで問題になった。結果的に関ヶ原経由に落ち付いて、昭和三十九年十月一日、東京～新大阪間開業にこぎ付けたのであったが、鈴鹿峠経由が敬遠された理由としては、鈴鹿山脈を真っすぐに抜くと隧道が非常に長くなり、この辺りは石灰岩地帯で鍾乳洞にぶつかる可能性があり、水が出てくると工期的にも長くなり東京オリンピックに間に合わせるという至上命令にそうことが出来なくなる危険性があったからである。もしこの時もっと時間があって十分な地質調査が出来たならおそらく鈴鹿ルートをとっていたであろうし、そうすれば雪に弱い新幹線の汚名を受けずにすんだだろうとは京大教授から国鉄に入り新幹線建設に関与した滝山興（京都一中明治二十七年卒）の感慨である。

（『土木社会史年表』日刊工業新聞社、一九八六年より）

逍遥《はる》かなり奥吉野

芝　房治

芝《しば》　房治《ふさじ》（一九二四〜二〇一三）　一九二四年奈良県磯城《しき》郡多武峯《とうのみね》村に生れ、下鴨小学校から一九三八年京都一中に入学。在学中はバレー部の中心選手として活躍。また五年生時には校内弁論大会で優勝するなど快男児であった。一九四三年卒業。戦後京都下鴨から故郷の奈良県桜井に帰り、奥吉野をはじめとする地域の興隆に尽し、日本共産党奈良県委員、桜井市議会議員、古代大和を考える会会長、吉野林業を考える会幹事等を務め、吉野の林業と山村の再生のために尽した。その生涯を克明に記した『道遥《はる》かなり奥吉野』（奈良新聞社、二〇一二年）の刊行成った直後の二〇一三年一月逝去。

山林王・土倉庄三郎との奇縁

奥吉野の川上村の林業を今日まで大きく振興させた有名な人物がいます。その人物の名は土倉《どくら》庄三郎《しょうざぶろう》です。

彼は一八四〇（天保一一）年、川上村大滝に生まれ、若くして林業を志し、借地林業制度を巧みに運用し、優れた植林技術をもって吉野地方はもちろんのこと全国各地に造林を行い、一代で日本一の山林王になった川上村第一級の人物です。自然発生的な天然更新の山林を、植林という人工技術で造林を行い、借地林業を活用して彼は一挙に自らも山林地主になると共に、村外の不在地主を巨大な山林地主へと育てあげたのです。

しかし晩年の彼は山村の封建的支配ではなく、地位や名誉・資材も捨てて明治の自由民権運動に参加しました。立憲政党が生まれると、彼はその中枢に参画していました。彼の記念碑が川上村大滝の鎧掛の絶壁に刻まれています。「土倉翁造林頌徳」の七文字の刻字です。碑面は高さ四〇メートル余りに及ぶものです。土倉庄三郎は一代で日本一の山林王となり、一代ですべて失った彼の生涯は、功罪こもごもありますが、吉野林業発展史（最近私の知人で奈良県在住の共産党員谷《たに》彌兵衛《やへえ》氏が『近世吉野林業史』という優れた論文を出版されました。吉野林業を語る者には必読の書だと思います。そこには借地林業の展開、土倉庄三郎のことも詳しく書かれています）を語る時、決して忘れてはならない一人だと考えています。

その土倉庄三郎と私は不思議な縁があったのです。私が京都の旧制京都府立一中に入るのが一九三八（昭和一三）年四月です。その時、五年生に土倉九三という上級生がいました。彼は一年生の私には、とても中学生とは思えないオッサンに見えていました。彼は山岳部の部員で旧満州（今の中国東北地方）の興安嶺を踏破したと聞き、なんと豪傑な人物かと畏敬の念をもって見ていました。私も他の部活動をしており、彼に接する機会があったとき、山の話をよく聞かされました。そのとき彼は、「山に登ったとき、沢上りはよいが沢下りは絶対いけない、沢下りは必ず死ぬ」と強調していました。山は山登りも趣味ではなく、登山の経験もありませんでしたが、不思議とこの彼の言葉がいつまでも脳裏に刻みついて残っていました。この一語が、大塔村矢筈（矢放）峠での死の危機から、私を救った生還の原因の一つとなったのです。

私は矢筈峠での遭難のとき、夕闇の中に立里鉱山の終業を継げるサイレンの音を聞き、一瞬この沢を下れば立里鉱山に辿りつけると錯覚し、沢をめがけてずり落ちるように下り始めたのです。そのとき土倉九三の「沢下りは死」という言葉がガンと一撃のように脳内に響きました。私が今日あるのは、彼のその一語の賜物です。もし私が彼の一語を知らず、また無視していれば何人にも発見されることもなく白骨となっていたかも知れません。その土倉九三が大和川上村の山林王・土倉庄三郎の孫であることを後で知り、人生のめぐり合わせの不思議な運命を感じたのです。そして、傾面下りを止め、危険な局面からの脱出を冷静に考えたのです。

源流と大河

山村は深山の彼方《かなた》に、文明から孤立して点在する人々の群れではない、人類文明の原点として、由緒ある千古の歴史を培ってきた人の村である。大海原《おおうなばら》を前に広々とした沿岸平野の中を、大河の流れが海に向かっている。人類の文明・文化は、この大河の河口《かこう》平野から生まれた。ナイル川、インダス川、黄河、揚子江、また然《しか》りである。

大河を遡《さかのぼ》れば、深山の岩間より滴《したた》り落ちる一滴の源流に辿り着く、そこが山村である。この源流に端を発し、流れと共に山を下って人々は都市文明を築いた。これが今日の大都市の繁栄である。山村深山は川の源流のみでなく、人類文明の源流である。源流に育まれている水と森林は、人々に無限の公共・公益性の恵みを与えている。空気の有難さを誰もが感じないように、当然のように存在し続けている緑と水の恩恵は、人々から忘れられている。森林の乱伐により山から緑を失った地域は、今どんなに悩んでいるか。荒涼とした砂漠が広がろうとしている。大都市の人々は、今こそ源流の水と森林に思いを馳《は》せなければならない。山村がなければ、今の都市は生まれてこなかった。

疲弊と繁栄、この二つの対照的局面は、山村と都市を表徴する現実の実態である。村長と村議会と役場を有する山村の人口は千人単位であり、一方の都市は数百万人の単位を有する。このあまりにもかけ離れた人間集団の存在の在り方は、ノーマルと言えるだろうか。都市の人々が山村を忘れるならば、山に緑を失った人々が砂漠で飢餓《きが》に泣く姿を思い起こすべきである。

鎌倉時代の一二一二（建暦二）年、鴨長明《かものちょうめい》は『方丈記』に次の一文を書いた。

「京のならい、なにわざにつけても、みなもとは田舎をこそたのめるに、たえてのぼるものなければ、さのみやはみさをもつくりあへん」

京の都は何事につけても、元はと言えばみな田舎を頼りにしているから、田舎に何か起こり、京へ上がる人が絶えると、京の都は何なすすべもなく混乱困窮する有様を述べたものである。一《いっ》旦《たん》、災害が発生すると、忽《たちま》ち生活困窮に陥る都市の弱点をついている。

鮭《さけ》は源流で生まれ、川を下って大海で育ち、やがて成魚となり再び故里の源流に戻り、次の世代を生み、源流と大海を生息の場とする回帰性の習性本能によって生きる魚類である。人間も故里を思い、成人の後、生きる価値を故里に求めること、かくの如くありたい。

現代資本主義の高度に発展した社会は、こんなセンチメンタリズムに一片の価値も認めようとしない。資本の求めるものは最大限利潤であり、資本が認めないものはこの世に価値がない。資本にとって山村にはどんな価値があるのか。山村の疲弊は僻地なるが故の当然の帰結の如く、金利も高く利潤も多いところへ資本は流れ、利潤を生まない山村は資本から捨てられる。資本にとって山村は、ときにお荷物となっている。この然《しか》るべき利潤万能の誤った価値観が、山村と都市のアンバランスを生み、山村崩壊への原点となっている。山村と森林を考える者は、ここに思いをいたし、改めて原点に帰り、源流の尊さを噛《か》みしめるべきである。

また、都市住民もスモッグと排気ガスの立ち込める文明環境から、清らかな緑と水の自然環境の原点に帰り、自然人としての人間本来に戻り、山村と都市はどうあるべきかを考えるべきである。

いま、都市間では友好姉妹都市協定なるものが結ばれ、相互に提携交流が行われている。それは両都市間の歴史的類似性、経済的結合、文化的発展など、極めて密接な関係があることにおいて締結されている。人口五〇〇人の山村と一〇〇万の人口を有する都市との間に、行政的友好の提携を可能にする条件は何一つ無い。両者の格差は、あまりにもかけ離れているからである。

しかしながら、「源流と大河」という発想は、「山村と都市」という意味である。源流なくして大河はない。山村なくして都市も生まれなかった。山村が消滅して都市の健全な発展が有り得ようか。山村と都市の因果関係は過去のことではなく、現代も強く結びついている歴史的関係にある。目前の事象にとらわれて、山村の人々も都市の人々も、この重大さを忘れてはいないか。都市間の友好姉妹都市協定以上の強い絆が、山村と都市にはあってしかるべきである。「源流と大河」という理念から、改めて山村と都市の提携を考えるべきである。

山村と都市との関係は、姉妹という横の関係ではない。むしろ親と子、母と子といった縦の関係である。一滴の源流から展《ひら》けた大河という実態を思うとき、友好の力関係は都市の力量をもって友好益を山村にもたらすべきである。「友好都市協定」より絆の深い「友好村都協定」の締結を提言したい。

「友好村都協定」は、源流から大河への呼びかけで始まる。即ち源流と大河の理念、村都協定の必然性は、山村からの説得から始まる。都市を説得するのは、山村再生に欠くことのできない山村の大仕事の一つである。山村は都市の力量を導入すべきであり、都市は山村に都市文明を供与すべきである。

・市民の森・山と谷の未知発見
・山と谷の食の幸めぐり
・山の暮らし体験
・林間学校
・村都友好山荘
・山に木材と林業研究所
・林業大学の創設
・大学の演習林
・木材需要知恵くらべと研究開発
・源流愛好市民の会
・定年後の山村生活復帰

源流と大河という発想から、山村再生と都市住民リフレッシュを可能にするアイデアと知恵は無限に湧き出る。源流と大河は、今こそ一体となって、新しい国家環境の国づくりを始めるべきである。

二〇一一（平成二三）年八月記

吉野林業を考える会　芝　房治

（『道遥《はる》かなり奥吉野』奈良新聞社、二〇一二年より）

大興安嶺探検の日常と非日常

土倉　九三・梅棹　忠夫

梅棹忠夫《うめさおただお》（一九二〇〜二〇一〇）　生態学者、民族学者。正親小学校五年修了で京都一中に入学。同学年の川喜田二郎、土倉九三らと早くから山岳部に属して活躍。四年修了で一九三六年三高に進学後は学業を放擲してまでも北線の白頭山登頂探検を果たすなどして、二年連続して原級となり、退学に追い込まれたが、友人たちの懇請により学籍を復し、京大理学部に入ることができた。一九四一年京都一中の山の先輩今西錦司を隊長とする大興安嶺探検隊に、一中以来の山の仲間、川喜田・土倉らと参加、モンゴルの民族の実態に触れ、のちのちのフィールドワークの最初の実体験もした。戦後京大人文科学研究所に入り、大阪市立大学を経て、京大人文研教授となったが、モンゴルをはじめ世界各地で人文科学者としての独自の探検・研究を続け、その成果を『文明の生態史観』（中公選書）や、『知的生産の技術』（岩波新書）にまとめ、国立民族博物館を創設して初代館長。一九八六年原因不明の失明の身となったが、活動をやめず、一九九四年文化勲章を受けた。ここには最初の探検体験であった一九四一年の大興安嶺探検での土倉九三との設営隊での体験の一端を京都探検地理学会報『探検』第三号一九四二年梅棹・土倉（共同執筆）より掲げる。

土倉九三《どくらくぞう》（一九二〇〜一九九六）　祖父は吉野の山林王として知られた土倉庄三郎、父の鶴松も植林家であった。また姉の麻子は京都府立第一高女（現鴨沂高校）時代一九三二年ロサンジェルスのオリンピック大会の短距離選手に選ばれた（のちベルリン大会の三段跳びで世界記録で金メダルを取った田島直人と結婚）。土倉九三自身も体格に恵まれ、京都師範附属第二教室から川喜田二郎とともに五年修了で京都一中に入学し、早々山岳部に。六尺豊かな長身で陸上競技やラグビーにも駆り出され、山男の異名を取った。一九三九年京都高等蚕糸学校（現京都工芸繊維大）に入学後、一九四一年の大興安嶺探検隊に加えられた。戦後も山岳活動に献身するとともに、自家を京都に学ぶ山好きの学生たちに提供したり、学究となった先輩・後輩たちのため廉価で学術出版を引き受ける印刷所を始めたり、愛する美佐子夫人とともに終生裏方に徹した。その人柄や日常を、生前を知る多年の友人川喜田二郎（元東京工業大学教授）、富川盛道（元北大教授）、中村尚夫（元クラレ社長）、山田稔（作家、元京大教授、仏語仏文学）らいずれも京都一中出身の人々が「土倉九三を語る」（329頁以下）で回想する。

一

昭和十七年五月より七月にわたり、われわれは北部大興安嶺を探検した。六月はじめに大興安嶺の脊梁に達し、北に転じて七月下旬に満州の最北端漠河にいたった。その間、行動日数は約六十五日であった。本隊のほかに、支隊および漠河隊とよばれた二つの分遣隊と、さらにそれらのなかからときに応じて編成された多くの小分遣隊の分をもあわせると、われわれが踏破した距離は千数百キロメートルに達した。

探検は隊長今西錦司博士の総指揮のもとにおこなわれた。隊長今西博士および副隊長森下学士をのぞけば、隊の主力は京都を中心とするいくつかの大学・専門学校の学生十名によって編成された。そのほかに無電技師および現地機関よりの参加者七名をくわえた。

二

われわれが計画をたてるにあたって根本的な前提となったのは、いかなることがあっても大興安嶺をつきぬけて黒龍江岸に達するという行動の最大原則であった。われわれはこれをうごかすべからざる鉄則にしようと決意していた。周辺部の小区域の調査ならば、われわれ以外にも人は多い。われわれの信条は、未開地の真っ只中をつきぬけてその核心をつく、ということにあった。

補給地も根拠地もない行動隊のみの長距離横断、はたしてそれは可能だろうか。

興安嶺の場合、その到達目標は漠河の町であった。そして山中にデポ（登山計画に合わせて必要な物資や荷物を置いておくところ）を建設して本隊の北上するのをまつという任務をあたえられて、漠河隊が編成され、黒竜江をさかのぼって行った。本隊の出発の日どりは、本漠両隊ともに無駄な待ちあわせの時日をはぶくために、黒龍江が解氷して漠河隊の船が遡行を開始しうる予定日を基準に推算し決定されたのであった。

一方、北上する本隊からは、途中において一小部隊が分離された。――これがわれわれの支隊と名づけていたものである。支隊はごく少数の人員といちじるしい軽装備で、大興安嶺の最奥部を突破する任務を有し――本隊の経路は脊梁山脈からはややはなれていたのである――漠河隊が行手に建設しているはずの、われわれが基地と呼んでいたところのデポに、本隊とは独立して到着する予定であった。

ここにおいてあたらしく問題になってきたのは、かかる「出むかえデポ」の方法をとるときに、二つの横断隊は一体どうしてそれを発見しようというのかということである。

第一にとりあげられたのは無電による連絡であった。南北より次第に接近する両隊は、毎日刻々移動しつつあるその位置を通報しあった。本隊にあった隊長からは状況に応じて漠河隊の行動に対し適切な指令が発せられた。漠両隊からはその指令に応ずる処置の報告、さらにあたらしい状況が最大もらさず発信された。かくして両隊は緊密な連絡のもとに、密林の中をじりじりとその距離をちぢめて行ったのである。一方、軽装機動を特徴とする支隊は、時報傍受用の小型受信機以外に無電の装備をもたなかったために、本・漠河隊とは全然通信なしに、もっぱら天測と推測航法のみによって白色地帯の真只中に一本の細い朱線をえがき出しつつあった。ほんとうは天測をおこなっても二隊間に相互の位置の通報がなかったならば、両者の会合は不可能なのであるが、われわれの場合はなはだ都合のよいことには、きわめて特殊なある種の事情がただ一つ存在していたために、天測のみで無事に漠河隊と森林中に解逅することができたのであった、一般的には無電を欠くことは致命的である。

登山家はいままで輸送のことについて研究を続けてきたとしても、結局そのほとんどはいつでもヒマラヤに至るための伝統的な輸送方法たる人夫の背による方法のみであったために、その経験はわれわれにとっては用をなさない。北方森林ではこんな方法を採用しなければならない理由はすこしもない。というのは、そこでは人間以外の動物による輸送が充分可能であるからである。カザックは、遠いヨーロッパから馬にのってシベリアをわたってきた。馬は元来が草原の動物であるにしてもシベリアの森林をぬけてくることは困難なことではなかったのだ。大興安嶺にすむオロチョンは、森林を馳駆して獣を狩る民族であるが、その大部分は馬あればこそかかる生活をもいとなみえているといってもよい。われわれだって、馬ならばこの森林中の輸送に成功することができるのではあるまいか。かくてわれわれの輸送は、「馬に駄載」という方法の一本槍ですすむこととときまった。実際それはこの地方においてはもっとも能率的な方法であることに間違いなかった。

馬を使うということにきまると、それに付随していろいろのことが問題になってくる。第一にどんな馬を使うのが良いか。一般的な性能からいって、ひごろから良き飼養と訓練を受けた改良馬がよいというのはもっともであるが、われわれは他の事情もあって、むしろ貧弱な給与と荒いとりあつかいにたえて、しかも土地になれた土産馬を採用することとした。募集に応じてあつまってきた馬どもは、どれもこれもわれわれを悲観させざるにたる代物であったが、このおそるべき駑馬どもは、一たび行動をとりはじめるとたちまちその威力を発揮して、その強靭さはまたわれわれを驚嘆させるに充分であった。土産馬をとった結果として、馬夫は全部土地の人間で編成した。その大部分が三河在住のカザックで一部満人をくわえた。辺境の民カザックは、いまでこそ農民であるが、山に入ると馬の背で育ったようなかれらの本領を発揮して、終始快活に、その馬以上の強靭さで、よく馬夫としてのつとめをはたした。

馬と馬夫の一体化は、この方法によって理想的にたもたれた。いままで駄馬を用いてこの地区に挑戦した隊がいずれもばたばたとたおれる馬に頭をなやまし、ときにはその頭数の数割を失っていたのである。その原因がどこにあるかは知らないが、われわれの使用馬約五十頭のうち、全期間のあいだに死亡した馬はただ一頭にすぎなかったという事実は、かかるやりかたに大いに負うものがあったとかんがえられる。

輸送動物として、本隊側がまったく馬によったのに対して、漠河隊ではさらにもう一種の有蹄類を登場せしめた。それは馴鹿《トナカイ》である。橇ひき動物としての馴鹿の有用性はすでに一般にみとめられているが、駄載用としてはあまり用いられたという例を聞かないので、わたくしはここでその性能についてよりくわしい説明をしておくべきであろうが、それについてはまた別の機会にゆずることとする。二、三の欠点はあるとしても、森林内の輸送動物としては多くの優秀な特徴を有するもので、われわれは数十頭の馴鹿を御して、大いに輸送の能率をあげることができた。

一般に輸送に関してもっとも問題になるのは、輸送機関の動力源についてである。動物の場合をも一種の内燃機関とみて、その飼料をも燃料という語の中にふくませるならば、要するに機関と燃料との関係が問題になる。輸送のためには機関を要し、機関をはたらかすためには燃料を携行する必要があり、その燃料をはこぶためにまた機関を要する。そしてまたそれには燃料がいる、という、例の循環論――いまわたくしはこれを「輸送の堂々めぐり」とよぼう――が、これまで登山家や探検隊の輸送問題につねにつきまとうていたのである。輸送を実施するためには、どこかでこの堂々めぐりの一角を破ることが必要なのである。最初の輸送物はすでに與件であるから、この際、輸送力の選択ということは、可能なる輸送機関のうちもっともすくない燃料ですむものをえらぶということにほかならない。もっとものぞましいことは、携行の燃料が零という場合であることはいうまでもない。

そしてわれわれの場合、それはほぼ実現しえたのである草の萌え出す五月半ばから行動を開始したこと、野草のみの飼養に馴れた土産馬を採用したこと、さらに対象地域自身が馬糧としての野草を充分供給できる場所であったことなどによって、輸送の堂々めぐりはついに克服されたのであった。もちろんこれは常識からいえば、いささか乱暴であるとも考えられ、実際には獣医らの意見は否定的であったのだが、上述の諸状況より判断したわれわれの決断は結局すこしもあやまっていなかった。馬の場合はいうまでもなく、馴鹿についてはこの事情はもう一段徹底している。いったい馴鹿に対しては、山野に自生する花苔以外に何の飼料を携行してゆこうというのか。

結局かかる事情とわれわれの経験を総合すると、タイガの探検の輸送力としては、現段階では動物によるほかになく、またそれがもっとも能率的であるといえるようである。もちろん積雪期においては事情のことなることはいうまでもない。

いままでは無補給行進ということを前提として論じてきた。しかし長距離にわたって補給地のない場合にも、なんとかして補給をうけるということができはしまいか。実際たとえ馬を如何に有効に使っても、現実の問題としては種々の障害によってある程度以上は長距離行進はいちじるしく困難となってくるのである。この行きづまりを打開してさらに行動距離大ならしめるためには、何とかして外部から補給をおこなう必要がある。われわれもこの点に着目してすでに数年前内地において空地連絡の実験をおこない、ある程度の自信をもっていた。そして今回いよいよそれを実地に適用することとしたのであった。ステッペとか氷原とかなら場合によっては航空機の着陸さえ可能である。

フォッカー・スーパー・ユニヴァーサル旅客機は二回にわたって本隊上空に飛来して連絡に成功し、本隊は落下傘その他によって多量の物資の投下をうけた。われわれはタイガのなかでも航空機による物資補給の可能なることを立証することができた。位置の通報・状況連絡に無電が大活躍をしたことはいうまでもない。

この結果からいって、なお二―三、今後の研究にまたねばならぬ点は発見されたのであるが、とにかく長距離横断という戦術において、今後航空機のはたすべき役割の大きさは容易に推察されるのである。航空機の有効なる駆使によって、今後の探検は大きい新生面を開拓できるであろう。

三

輸送のことが問題になるというのも、最大の問題はやはり厖大な量にのぼらざるをえない食糧の始末をどうするかということにほかならない。輸送の方法について工夫をこらす一方、われわれは食糧そのものについても検討をすすめた。

主食については問題なく米をとることとした。実にそこにも大いに問題が伏在しているのであるが、それについてはあとでのべる。昼食のみはメリケン粉および乾パン・ビスケットを用いた。メリケン粉はその重量の点では米よりすぐれているとはいえないが、調理後の貯蔵がきくという理由により時間節約のために行動中の昼食として重用したのである。

われわれの食糧の特色はむしろ副食物においてあらわれているといえよう。副食物については次のような方針がとられた。第一に当然考えられるように、重いもののかわりに軽い食品をもってするということである。すなわち携行する食糧品の重量のうち、できるだけ多くの部分がエネルギーに転換できるような食品をえらべばよい。この方針は次の二つのことがらによって実行された。すなわち乾燥食糧をできるだけ使用することと、缶詰および缶詰類の徹底的排除とである。

缶詰や缶詰類をきらうのはわれわれとして半ば習慣的になっているが、その理由は、第一に内容に多量の水をふくむこと（水はエネルギーにならない）、第二に金属や硝子は食えないこと、第三にその味覚および栄養からいっても弱点を有することなどである。乾燥食糧について、その採用の程度をしめすために、われわれの携行した全副食物の品目を掲げると次のようになる。植物性食品としては、多量の乾燥野菜（キャベツ、ほうれんそう、小松菜）、切干大根、わかめ、塩昆布、梅干、沢庵、にんにく、いくらかの生馬鈴薯、動物性食品としてはすばらしく塩のきいた鰯の干物、干鱈、鰹節、塩雑魚、少量のソーセージと、これでまったくすべてなのである。なお調味料としては、味噌、醤油なども粉末のものを用いた。このように相当思いきった方針でのぞんだために、副食物の重量は非常に軽減されるにいたった。

だが、こんな食物で二カ月間平然と耐えられるであろうか。毎日朝も夜も、立派なアルマイトのお皿にのってでてくるものが塩鰯と乾燥野菜ばかりというところを想像するだけで、大ていの人はいささか頭をかしげるであろう。しかしながら、このようなものしか用意しなかったという裏には、この地域の特殊性に対するわれわれの大胆な確信ということがあったのである。

それは、かかる地域にあっては野生動植物が相当の量の食物を提供しうるにちがいないという確信であった。もちろんごく小さい隊でかなりの時間的余裕さえあれば、適当な方法によれば多くの場所において相当程度に野生生物に依存できるはずである。また獲物があったときに特別の追加料理としてその野趣を賞でるということならばいくらも例のあることである。馬夫をのぞいた隊員のみでも十数名にのぼるわれわれの隊が、それもかなり速力で毎日行進をつづけながら、副食の大きい部分を現地でまかなってゆこうというのは、はたしてどんなものであろうか。この危惧はたしかにまったく払いのけることはできなかった。だがここは北の国の原始林である。種類こそ少なければおびただしい数の動物がすんでいるにちがいない。実際このなかに生活している狩猟民族はかれらの食物の大部分をこれらの動物に依存しているではないか。われわれは大胆にそれを食糧計画の基本方針の中にくりいれた。そしてその結果、それはかかる地域においてはもっとも正しい方針にちがいないことを立証した。

もちろんそのためにはそれ相応の準備が必要であった。狩猟のためにわれわれはオロチョン人の射手を同行し隊員自身も数挺の猟銃と豊富な弾薬を用意した。そしてこれらの鉄砲によってうちとられた食用動物は、二種類の鹿、鴨、雷鳥などであったが、われわれの胃の腑におさまった肉は目方にすれば莫大なものである。釣道具も相当沢山用意し、河からは巨大な鮭科の魚族が毎日釣りあげられた。これらの野生動物を食糧資源として活用するためには、われわれはしかし二つの重大な忘れものをしていたことを付け加えておかねばなるまい。それは猟犬と肉挽機械である。

植物の方は動物にくらべると、一時に多量あつめるのがむつかしいために、よほど重要性を減じてくる。われわれはそれでもずい分いろいろな野草を食ったが、なかでも優秀であったのは、湿地のほとりにすくすくと萌えでたばかりの柔らかい野葱であった。

ところがわれわれは実はなお大いに不徹底なのであった。いま比較のために、われわれの隊で使用した馬夫たちの食糧をみよう。ロシア人馬夫には各自にその食糧を持参せしめたのであるが、その主食は黒パンであった。だがパンの形をしたものは出発後まもなく無くなってしまって、それ以後は粉々になったパン屑ばかりである。副食物はほとんど何も持っていない。三食ともこのパン屑を砂糖ぬきの紅茶に浮べておかゆのようにしてすするだけである。彼らはそれで幾十日も頑張った。満人の馬夫に対してはメリケン粉、高粱、粟などを支給した。メリケン粉ならば一人一日二五〇グラム、それきりで副食は別にいらないという。栄養学説を無視したかかるおそるべき粗食をみては、われわれも大いにかんがえさせられるではないか。かれらもわれわれも同じ人間である。かれらがそれでゆけるものならわれわれだってゆけないということはなかろう。実際こんな食糧で行動をつづけることができたら、輸送の問題もいちじるしく楽になるし、行動半径を飛躍的に拡大することもできようし、いかに探検の能率があがることであろうか。ある人は言うかもしれない。かれらは常日頃からかかる粗食になれているからつづくが、都会の居住者たるわれわれはかかる粗食になれていないために到底不可能であると。しかし探検の能率をあげるために必要とあらば、われわれは日常の生活で粗食の訓練をすればよいではないか。

主食の種類についても似たことがいえるようである。米かパンかという問題はいままでもしばしば論議のまとになっている。平常主義の立場からいえば、日本人は米を食うからこそ力が出るのだといえるのだが、非常主義からいえば、米に執着するからこそ能率があがらないので、一体シベリアや中央アジアの米の生産地以外の探検にも米をもってゆくつもりかともいえるのである。今度の興安嶺の場合では、主食の三分の一をメリケン粉などに切りかえたにとどまったが、将来のことを考えると、パンでも、サゴ椰子でも、ヤムいもでも、ツァンパでも、何でも平然とやってゆけるだけの覚悟と訓練が必要なのではあるまいか。

だが一方、実際の事態についていうと、学術探検隊というものは現在でもそうであるが将来ますますその隊員は一流の科学者によって構成されねばならない。特定の探検隊というもののみでなく、各方面の優秀な人物を広く動員しなければならないであろう。そしてかかるひとびとは日常は大学なり研究所なりで研究していて特にかような訓練をおこなっていない、いわば普通の人である。その際、探検隊がかかる非常主義の方針をとるということは、それらのひとびとの参加を不可能ならしめるということであって、それでは今後の日本の探検は発展性がいちじるしくそこなわれはしまいか、ということもかんがえられるのである。実際最近の日本のいくつかのいわゆる学術探検隊において、事前に、いかなる食物にても不平なく辛抱されたしという条件が申しわたされたならば、参加に二の足をふむ人が案外多いのではないかとおもわれる。

問題はここまでくると、もはや単なる食糧の平常主義と非常主義のということから、探検隊員は特定の訓練をへた人間であるべきか、それとも普通の人であってもよいのかという、人の平常主義と非常主義の問題にまで進展してくるようにおもわれる。この問題に関してはさらに後章で考えてみることとしたい。

土倉九三を語る

川喜田二郎・富川盛道
中村尚夫・山田稔

『追悼・土倉九三』（一九九七年、土倉事務所）より

1　山男、土倉九三君のこと

川喜田二郎

土倉君は、いつもその存在感を無類に発揮した、全く特異な個性で、われわれの仲間だった。よく人を愛し、また憎んだ彼がいなくなった山仲間の間に、好き嫌いを越えて何ともいえない存在感があった。

彼は小学校一年生からの私の友である。京都一中では山岳部仲間であり、よく北山や美濃を歩いた。のちの進学コースは異なっても、仲間であることに変わりはなかった。そうして、京都一中、三高を通じての山仲間の御縁が、大先輩今西錦司さんを領袖とする大興安嶺探検へと結集していったのである。

普通なら学閥のコースが異なれば、御縁はそれまでとなる。ところが、戦時という異常事態が、これまたその后に尾をひく異常な歴史を生みだしたのである。

大興安嶺探検を共にしたのは、今西親分を囲む「不逞の輩」の旗揚げみないなもので、今西、土倉コンビなども、この「御縁」が生みおとしたものである。

まず土倉君は、祖父の時代には大和の土倉家といえば一世をゆるがす大富豪だった。ここに彼の無類の誇り高い魂と万事につけての趣味・センスの正統派的姿勢があり、期せずして今西さんのそれと波長があう面がある。

しかも彼のさまざまの逆境の半面から、彼はまた民衆派・人情派であり、普通人の信義を自覚的に重んずる、民主的・生活者的人間になっていったのである。ハッタリ嫌いでむしろ臆病である。ゴマ化し、ゴマスリは大きらい。その半面、飾らないハートナイスさを非常に愛した。

多読でもあったから、文学的センスも豊かである。その上、他人とのつきあいが無類に広い。更にそれらの生活雑情報をまとめてイメージ化するセンスに長けていた。だから彼の陰の渾名は「情報局総裁」だった。

このような能力こそ、海外への登山隊・探検隊が、まずもって立ちあがりに最も必要とするものである。そこへもってきて、彼のハートナイスさと骨身惜しまぬ出没自在の活動力。こうして、毎度々々どれだけ彼の世話になったか判らない。

それから、彼と私の最も大きな行動は大興安嶺のド真ん中で、地図のない白色地帯を突破した二十日間だった。この「支援」の活動で、彼の果たした役割は大きい。とにかく、肉体力の上で、コサックの相棒と組んで馬三頭の駄載仕事をやれるのは、梅棹、藤田、私のいずれも失格で、彼の独断場だった。その上、乏しい食糧の管理・配給でも、敏腕を振ってくれた。

更に加えて、彼のまとめる能力は、情報をまとめるに留まらず、人脈をまとめる上でも隠然たる力を持っていた。但しその半面、あまりにも激しい好き嫌いのため、反発を買った向きも少なくなかったろう。

今はそのすべてをこえて、この特異な友を喪ったことを、淋しく偲ぶのみである。

（京都一中昭和十二年卒。東京工業大学名誉教授）

2 市井のモラリスト――車庫組のころ

富川　盛道

土倉さんは、旧京都一中で私の二年先輩で、また、大興安嶺登山の先輩でもあった。しかし、土倉さんとしたしくつきあう機会ができたのは、敗戦後、彼が軍隊からかえってきてからだった。土倉さんが、兵営生活の経験をかたったときは、つよい印象をうけた。それはどこかはなれた目で見た、日常的な権力と個々の人間との関係についての具体的な話だったが。いま私の頭にのこるのは、土倉さんの現実感覚、人間への好奇心、直観力、峻別力におどろかされたことである。後年、だれかの本で、「目も耳も手も足ももっている思想」という表現を読んだとき、土倉さんのことを連想した。

烏丸車庫をはさんで、土倉さんとナプタルダイ登山の僚友市原（実、京都一中昭和十七年卒）さんと私とは家がちかく、しばしば会合した。土倉さんにつれられて、どこか民家で密造のカストリ酒やどぶろく酒をのんだり、土倉さんの家でポーカーをやった。ゲームは真剣そのもので、カードをくばりそこねたり、インチキくさいと見るや、即座に指を銃身にかまえて、パンパンとさけんで銃撃戦になった。なんであんなにポーカーに夢中になったのか。西部劇映画のせいだったか、ともかくそこには、生気と哄笑と興奮があって、それには土倉さんの存在がなければならなかった。すくなくとも私などは、その生気によって、一時期の喪失と混迷を、気分的に発散させた。

酒とポーカーの仲間は、車庫組と称してひろがったが、カナメは土倉さんだった。「団結は鉄よりかたく、人情紙よりうすい」という言句は、はやい時期のポーカー戦にすでにあらわれた。後年、土倉さんは、自分が言いだしたともらしていた。それはあたっていただろう。この言句に、格別に愛着し、これを一番喧伝したのは土倉さんだったからだ。この愛着には、生涯、エゴイストを評価した土倉さんの感覚が、すでに反映していた。土倉さんはまた、寸鉄、皮肉、パラドックス等々をこめた警句で、考えを表現することがすきだった。土倉さんはモラリストだった。それも市井のモラリストだった。土倉さんはなみならぬ読書家だったが、私が知っているのは、彼が中島敦と長谷川四郎の作品を愛読したことだった。わかいときから、『李陵』を激賞した。

戦中・戦後に『ウスリー探検記』や『デルスウ・ウザーラ』の訳者であった長谷川四郎については、その全作品をそろえていた。

車庫組時代の晩期を彩ったのは、1950年の土倉さんの結婚だった。毎日のように、バラ一本――いやスイトピーを一本持って銀閣寺方面へ行くことは知っていた。「市原もしたから君もせよ」と言われて、花代にとカンパさせられたことがあった。西田町教会での結婚式では、私と市原さんとは、受付や会計をやらされた。白い花のような美佐子さんとならんで立っている、長身の土倉さんは、『平原児』のゲーリー・クーパーににていた。老牧師の中西先生は、やや呂律がまわらなくて、土倉さんをよぶのに「トクラ・クソーサン」ときこえてくるようでおかしかった。その日の夜だったか、つぎの夜か、市原さんと私はよっぱらって、土倉さんの家の付近から烏丸通りを、「トクラクソーさんよー」とよばわりながらあるいた。その年から二年後の『大興安嶺探検』の出版記念コンパでもらった一冊を、最近になってとりだして見た。すると、表紙のウラのよせがきに、「トクラクソーサン」と土倉さんのサインがある。土倉さんのあの哄笑がきこえてくる気がした。土倉さんの結婚後も、しばらくはポーカーはつづいたが、やがて、土倉さんも新美印刷を創設、それが土倉事務所へと発展し、他のメンバーも、それぞれの新しい仕事場や拠点に定着するにつれて休戦状態となり、車庫組の時代もおわった。

茫々と歳月はながれたが、土倉さんとの交際はつづいていた。この四年来、私は自宅療養とともに書生生活にはいった。土倉さんとは、電話によるコミュニケーションがおもだった。

ある時、ウランバートルへ行ってきたと言って、私をうらやましがらせた。その土倉さんが、半年後の九五年三月には、すい臓ガンが発見され、手術をうけることになった。手術後は元気で、友人で日ごろ主治医の斎藤医師から「もうおもいのこすことはないやろ」と言われたが、「イヤある」とこたえたと言ってわらった。十一月下旬、再入院で肝臓へガンが転移していることを知らされたことをつげる電話で、一瞬、私が絶句すると、「いずれは、わかれんならんやないか」と言った。最後に「がんばれよ」と言うと、「そうしようとおもてる」とこたえた。月末に私は土倉さんを自宅に見舞った。やせほそってはいたが、おだやかに、ひざにのった子猫をしきりになでていた。

気が合うらしかった。その後、年をこえて元気な声のときもあったが、四月以降、入退院をくりかえし、終末期がちかづいた。私は六月二日、三日、土倉さんを見舞った。最後にわかれるとき土倉さんは、うれしかった、と二度くりかえした。私はそのとき胸中のコトを口にしなかった。ここでそれを言っておこう。ドグさん、ながいあいだ、ありがとう。

（京都一中昭和十六年卒。東京外国語大学名誉教授）

3　若い日の彼と

中村　尚夫

一、出会い

振り返ると、彼との関係が始まったのはもう六〇年も以前でした。私が京都一中の一年（昭和十一年）の時、彼が私を呼び止めて「君は未だどの運動部にも入っていないんだったら山をやらないか」。彼の誘いを断れぬまま、次の休日に北山の小舎について行きました。これが彼との長年の付き合い始まりであり、山歩きの初めでもありました。愛着尽きない北山の山小舎、これを始めに鈴鹿・美濃と中学在学中、何十回の山行きを共にしたか分りません。

二、軍隊での面会

第二次世界大戦の戦況が日本にとり厳しくなって来た昭和十八年十二月、学徒出陣で我々は学窓を後にしました。土倉さんは陸軍航空隊に、私は陸軍歩兵に駆り出された訳です。

昭和二〇年春の東京大空襲を機に、声高な聖戦遂行の掛声にも拘らず、日本内地にも敗色がしのび寄って来たことを感ぜずにはいられませんでした。偶々、病を得て軍役を離れ帰宅していた私の処に土倉さんの姉さん「麻さん」から連絡があり、面会日に出来れば会いたいとのこと。入手し難い汽車の切符を買って早朝市電のない時刻、歩いて京都駅まで行き、岐阜の各務ケ原の陸軍航空隊に会いに行きました。

何を話し合ったか覚えていませんが、ぼっそりと「日本ももう無理だな」とつぶやき、私に、こんな世界から帰れて良かったと言ってくれました。隊を出る時、周囲のかまびすしい中で送って来た彼の顔に浮んでいた孤独の影を忘れることが出来ません。

三、二条駅頭のトラブル

敗戦後の生活の荒廃振りは良く指摘されていますが、偶にはこの生活から抜けて山でも見てこようと、土倉さんと二人、二条駅で改札前の長い列に並んでいました。殆どの人は食糧入手の為、山陰の田舎に行く人達で、話し合う元気もない疲れた人々です。その処に食糧の闇屋と覚しき風体の良くない二人の男が列の一番前に座り込みました。列車の都合で列の全部が乗れるとは限らないので、この割り込みは正に無法です。土倉さんの正義感根性は抑え切れず、刃傷沙汰になりかねないのにこの二人に、「列の最後尾に並べ」と大変な剣幕で言いました。軍の航空服を着、半長靴をはいた土倉さんの気合に押され、この二人は捨て台詞を残して立ち去って行きました。

二人で危なかったなあと言い合い乍ら、彼の気性は学生時代と全く変わっていないことを実感しました。

四、電通印刷・労組委員長

復員後、学業を終えて職に就こうにも昭和二十一年、二十二年の経済崩壊の最中で、中々ありませんでした。土倉さんは偶々、先輩の電通の常務の紹介でその会社に入り、印刷部門に就職することになりました。

この時期はＧＨＱの政策もあり組合運動が広がっていった時でもあります。自分を利することを全く知らない土倉さんが、衆望を担ってこの電通印刷の組合長に選出されたのも又当然でしょう。

しかし、この団体交渉というものは双方の主張のぶつかり合いではあっても、時流を背景に落し処を探るプロセスでもあります。妥協を求めない彼の性格に経営側が辟易し、交渉は決裂続きでした。

その時、私に先の先輩より連絡があって、「私の立場まで壊す気か」と言われました。丁度組合員も離れてきているのを聞いていたので、土倉さんに「もう辞め時だ」言ったら、彼も渡りに船とばかりに、「誰がこんな処にいてやるものか」と辞める決意をしてくれました。今後どうするかと問うと、「もう宮仕えは俺の性格に合わんのが良く判った、自分でやる」と。今日の土倉事務所の誕生となって行きます。

（京都一中昭和十七年卒。株式会社クラレ代表取締役会長）

4　立ち話

山田　稔

毎月二十日をすぎるころ、土倉事務所に電話をかけることになっていた。電話番号はもう諳んじていて、しゃべる内容も一定していた。「日本小説を読む会の山田ですが、次号の原稿ができましたので取りに来ていただけますか」「すぐに取りにうかがいます」土倉さんの応答もほぼ決まっていた。その早口の口調から、本当に今すぐにでもやって来そうな気がした。それで毎回、原稿の直しや加筆などを全部すませて、いつでも手渡せる準備をととのえてから電話をかけた。土倉事務所から下鴨と松ヶ崎の境にある私の家まで、車ですぐである。間もなくチャイムが鳴る。玄関のドアを開けると、門のうえに長身の土倉さんの帽子を脱いだ立派な顔が見えている。じりじりして、門ごしに原稿を引ったくって帰って行きたそうである。しかし私はいつも門を開けてから手渡した。それから私たちはちょっとの間立ち話をした。それが二十数年間つづいた。

土倉さんは会報を通じて会員に親しみをいだいているらしかった。だれそれさんは最近どうしたはりますか、とたずねたりした。二人に共通の知人のうわさ話になることもあった。多くは有名な学者や評論家で、その何人かは土倉さんの中学の同級生や親しい人、私にとっては先輩や先生筋に当たる人だった。それらの人たちについて土倉さんはときには辛辣な批評を加えた。そのやんちゃ坊主のような話しぶりと表情がおもしろく、又批評にも当たっていると思えるふしがあるので私はうなずいたり笑ったりしながら、しかし一方で親友でもない私にむかってそこまであけすけに言っていいのかと、内心危ぶみながら聴いていた。

ひとしきりしゃべりおわると、土倉さんはふと仕事のことを思い出したように急に黙りこみ、もっと言いたいのを我慢しているような表情で目を伏せ、「ほな、いただいて行きます」と言って帰って行くのだった。ひとときの饒舌と辛辣を悔い、照れくささに内心ちぇっと舌打ちする、そんな気持ちが目を伏せた顔にあらわれていて、それは私の共犯者的なうしろめたさと重なり、しばらく私を落ち着かなくさせた。

わずか六ページの会報の編集は私には重荷ではなかったが、土倉さんはよく労をねぎらう言葉をかけてくれた。あるときから発送事務まで私が引き受けるようになったことを知ると見かねたように「それくらいはうちでやらせてもらいますのに」と申し出てくれた。しかし、私は辞退した。ほとんど儲けにもならぬ小さな仕事のために毎月何度か足を運んでもらう、それだけでも気が引けるのに、発送の仕事までさせては申し訳ない。

「何時まで続けられますの」呆れ顔にこう訊ねられたことがある。「土倉さんの生きているかぎり」なかば本気で私はそう応じたものだ。また別のとき「五百号まで」と具体的に号数を挙げると、土倉さんは一瞬、怯えたように目をむき、ついで私の顔を見てわっはっはと笑いだした。五百号の出るのは二〇〇五年五月のはずであった。その後、会の事情から五百号は無理、四百号まてと決まり、その旨を伝えると、「それではお世話させていただきます」と安心したような表情をうかべた。

最終号へのメッセージをぜひといって私は土倉さんに頼んだ。再入院さきの病院のベッドで書かれたその文章の最後にはこうある。「別れのときはさけられないが、これで山田さんと定期的にお会いする名分がなくなるのだと思うと、たまらなく淋しい」

何時だったか、まだ元気なころ、その定期的な出会いの後、立ち話のかわりに土倉さんは一枚の印刷物を手渡した。そして私の顔から目を外らせ、例の皮肉な笑いをこらえた顔で言った。

「大地原のやつ、こんなもんこしらえて行きよって」

別れた後で読んでみると、サンスクリット文献学者として有名な大地原豊氏（京都一中昭和十六

年卒）の「告別の辞」のコピーだった。横書きで、

「多年の呼吸障害の末に、本日十三時十四分、彼岸に旅立ちます。思い残す所の無い一生でした。その何れかの局面にて貴台より賜りました御厚情に、深く深く御礼申し上げます。／なお葬送あるいは追悼の行事は、一切これを望まずと遺族に申し伝えております。／では、一足お先に……」

日付は一九九一年二月八日。九一年の「一」および月日と文中の死亡時刻は手書きで、これだけは家人の手によるものにちがいなかった。

（京都一中昭和二十三年卒。作家、仏語仏文学者）

南極越冬隊員として

西堀栄三郎・犬ぞり隊

北村　泰一

北村泰一《きたむらたいいち》（一九三一〜）　理学博士。九州大学名誉教授。京都一中昭和十九年入学。新制鴨沂高校を経て京都大学理学部地球物理学科を出た。京都一中には大正九年度卒業の今西錦司や西堀栄三郎等以来の山岳部の伝統がある。その中でも三高、京大通じて先覚的だった西堀栄三郎が昭和三十九年第一次南極探検隊隊長となるに及んで、大学を出たばかりの北村を犬ぞり隊員に任命、オーロラ観測の任にも当たらせることにした。最年少隊員の北村は、稚内で犬ぞりの訓練を受けたのち、一九五七年南極に到着。犬たちと寝食を共にして奮闘、越冬隊にも加えられたが、第二次越冬は無理との判断で、いったん一五頭の犬たちを残して帰国。翌一九五八年南極越冬の先発隊は再びもとの基地を訪れる。北村もいた。そして奇跡的に生きていたタロ、ジロの二頭と再会を果たす。この感動物語は、世界に伝わった。北村自身『南極第一次越冬隊とカラフト犬』『カラフト犬物語、生きていたタロ・ジロ』（ともに教育社）に体験を書き残している。北村は帰国後ブリティッシュコロンビア大学客員助教授を経て九州大学理学部教授となった。

金井千仭先生（ホロさん）のこと

私は昭和十九年の京都一中入学だから、大東亜戦争の末期に入ったことになる。中学二年の夏、戦争は終わった。

金井千仭先生は生物の先生であった。小さい声で、ホロホロと聞こえる声で話しておられたことを覚えている。上級生が金井先生を『ホロさん』だと教えてくれた。ホロホロ鳥の鳴き声に似ているから、というが、私はその鳥を知らない。が何となくわかるような気がしてそれに満足した。

その金井先生がいう。

「諸君は、パイオニア的人生を送りたまえ……」

「日本は開けきっていて、どこへ行ってもパイオニア風土はない。しかし、その香りだけでも残っているとすれば、それは北海道である。……」

「諸君は北大へゆきたまえ……」

当時、私は一四歳か一五歳であった。〝パイオニア〟の意味はわからなかったが北大（北海道大学）は知っていた。よし北大へゆこうと思った。

やがて学制が変わり、四年生の夏休みがすんだ時、京都一中は洛北中学校とかいう新制中学校に校舎を渡し、私たちは地域毎に鴨沂とか山城とか朱雀高校にわかれた。京都一中を卒業したのかしていないのか判らないままに。私は鴨沂《おうき》高校の二年に編入された。ある国語の時間、先生の名前は忘れてしまったが、

『ぼくの前に道はない。ぼくの後ろに道ができる……』という詩を教わった。高村光太郎の道程という有名な詩であることは間もなく知った。

大学受験時代となった。金井先生の言うように、北大を受験したいと思っていたが、その頃は、汽車も大変だし、下宿をどう探すかも問題であった。友人も他の先生も、親元から通える京大にせよと、口々に言った。それもそうだと思い京大にした。

しかし、金井先生の口ぐせ「北大へ行きたまえ」の影響だろうか、北大と京都一中との結びつきは強い。私が知っている山岳部関係の範囲でも、加納一郎氏をはじめ、若いところで、樋口敬二氏（名大名誉教授、昭和二十年卒）、南極第一〇次越冬隊に参加した安藤久男氏（昭和二十一年入学）等、皆京都一中から北海道へ渡った人たちである。京都一中と北大という雰囲気を感じて北大に進まれたのであろう。

京大と山岳部そして探検

今から思えば、その京大は良い学校であった。京大に入るや運動をしたいと思い、西部講堂の山岳部へ行った。山岳部とスキー部の部屋は隣りあわせだった。そこに、ぼくを、京都一中時代に始めて花背のスキー場に連れていってくれた同級生の熊代照夫君というのが立ちはだかっていて、「北村君。こっちやこっちや」と言って導き入れられたのがスキー部の部屋であった。熊代君は一足早くスキー部に入部していた様子だった。

そこはスキー部であるとすぐにわかったが、「まあ、ええわ。スキー部も山岳部も同じようなものだろう」と考え、スキー部に入部した。スキー部に入ったが、隣の山岳部では、ガチャガチャとアイゼンの音。山へゆくための準備をしていた。

三回生になって、たまらず山岳部に転部した。部員はみな、当時未踏であった世界一の山エベレスト（八八四八メートル）に、何時の日にか登るぞ、と意気軒昂であった。ぼくもそんな気になっていた。

しかし、そのエベレストも一九五三年、四回生の時にヒラリー、テンジンによって登られてしまった。世界中の山岳人は、みな、その第二登頂を果たさんと必死になった。

その時である。今西錦司（京都一中大正九年卒、のち京大教授）、西堀栄三郎、桑原武夫（京都一中大正一二年卒、京大教授）の先輩の教えとして、「そんなところより、低くてもよいから、諸君だけの、前には全く足跡のない山に登れ。〝自分の山〟に登れ！……」

この時、気がついた。金井先生の言う「パイオニア的人生を送る」と鴨沂で習った「ぼくの前に道はない……」と、京大山岳部の「前に足跡のない自分の山に登れ」、はみな同じ意味ではないか、と。

これらは、みな「探検的生き方」を教えているのだ、と気がついた。

こうした時、一冊の本に出会った。「世界最悪の旅」。スコット隊の一員、チェリー・ガラードの著作であった。名文調の日本訳なので一気に読んでしまった。加納一郎氏（京都一中大正五年卒、北大卒、探検評論家）が訳したものであった。

その最後に「探検とは……」とあった。ぼくは思わずゴクリと唾をのみこんだ。

「〝知的な情熱〟の〝肉体的表現〟である……」ぼくは、〝これだ！〟と思った。

だがその頃は、探検という言葉は、地理的な意味にしかないものだと思っていた。地理的な未知をさぐり、それを探検というなら、それは自分にも出来そうだ。肉体をはってそんな処へ行きゃいいんだろ？　金井先生や〝ぼくの前に道はない〟を教えてくれた先生の言葉にも沿うんだろ……？

今西・西堀・桑原氏の言葉、京大山岳部の行き方にも反しないんだろ？……

「よし、これだ……」

と、自分の方針は決まった。

南極探検隊員への道

大学院修士二年の初秋のころ、南極探検が始まることを新聞で知った私は、「これだ！」と思い込んだ。だが、身は京都大学大学院生。どうして南極探検隊員になることが出来るのか。毎日、憔悴の日々が続いた。

その頃、西堀栄三郎氏が副隊長に選ばれた。大学院二年が終わったとき、思い切って大学を辞し、東京へ行くことにした。目指すは、この西堀氏の線しかない。今西先生の紹介もあり、やっと、西堀氏に会うことが出来た。隊員選考の噂が出る時期になった。西堀氏は、選考はその人の能力次第であるという。能力とは、具体的には免許の有無が一つ目安である。

その頃は、まだマイカーを所有する人は稀で、自動四輪免許証は一般的でなかった。南極では雪上車を運転しなければならない。それには免許証がいる。隊員候補者は各世代に多くいた。尋常のことでは選考には残れない。人々は四輪自動車の免許証取得に走った。この時、自分は悩み、そして考えた。そうだ。『自分の山に登れ！』ではないか。『ぼくの前に道はない』ではないか。『パイオニア的生き方』ではないか。

人が自動車なら自分は犬ぞりだ。犬ぞりの免許証というものはないが、特殊技能には変わりはない。西堀氏に相談した。犬ぞりの訓練は北大の山岳部が一手に引き受けていて、稚内に訓練所があった。西堀氏から呼び出しがあった。すぐに稚内にゆけという。五〇年経った今でも、このことが不思議でならない。みすみす隊員選考に有利な点となる犬ぞり技術を、外部の者（北村）に学ばせることを承諾した北海道（北大山岳部）の人たちを。

その時思った。これは西堀氏と加納氏（共に京都一中卒、前出）との関係に違いない。加納氏は金井先生の口癖「諸君は北大へゆきたまえ……」という言葉に感銘を受けて北大に行ったに違いない。加納氏は、私が京都一中に在籍したということは多分ご存知ないだろうが、同氏は西堀氏からの要請なので私の犬ぞり訓練入りを承諾し、北大山岳部の人たちを説得したに違いない。また、偶然そうなったが、第一次越冬隊員一〇名中、三人が北大山岳部出身であった。

犬ぞり訓練を学んだ私は、思惑とおりに隊員に採用された。それどころか、越冬隊員にも犬・オーロラかかりとして採用された。つまりこれは、金井先生の影響が、まわりまわって、自分に及んできたに違いない。しかも、有難いよい影響で……。

金井先生の教えと西堀さん

今歴史的にふりかえれば西堀栄三郎氏なくしては、初期の南極観測は成功せず、従って、今の日本の南極探検事業はこのように順調には発展しなかったであろう、といっても過言でない。まず、西堀氏と金井千仞先生の関係を述べよう。金井先生は一九〇七(明治四〇)年から一九四六(昭和二一年)年まで京都一中に在職されていた。先生は、夏休みに生徒をよく日本アルプスへ連れてゆかれたらしい。その中に西堀氏がいた《〃わが師を語る〃(一九六三年NHK放送)、西堀栄三郎、あかね第五号一九六七年刊》。西堀氏は、その時、槍ヶ岳の峨々たる山様に接して山岳への志をいだき、その道に入ったという。もっとも、西堀氏は小学生の時、白瀬隊長自身による、白瀬探検隊の講演を聴きにいって、いつの日にか、と南極への夢を描いたという話を聞いている。

また越冬中、昭和基地の冬の夜長に、私が先生の言葉「諸君はパイオニア的人生を送りたまえ……」を西堀隊長に話したら、西堀氏も「それを聞いた……」ということになり、ひとしきり金井先生の話で盛り上がった。

さて、南極計画は一九五五年の初春から動いていた。当初は朝日新聞社の一隅で、朝日新聞社固有の事業として、やがて、それは国の事業となった。国の事業となってから、学術側の代表は当時学術会議会長の茅誠司氏（のち、東大総長）。そして、実際に南極へ出向く学者・研究者の代表として、永田武氏が選ばれた。やがて、観測を支える設営の必要性が認識され、その責任者として西堀栄三郎氏が日本山岳関係の推薦で選ばれた。

ここで問題となったのは、当時の〝南極〟が「探検」か「観測」かということである。朝日新聞社側や一部の人は、日本が目指すプリンスハラルド海岸地域は人跡未踏とした。

過去にノルウェーのクリステンセン探検隊（一九三七）も、アメリカのバード探検隊（一九四八）も、その地域への接岸はおろか、そこへ接近することも出来ず失敗している。その頃のアメリカの南極地図には、プリンスハラルド海岸地域は「接近不可能域」と書いてある。だから、日本隊が上陸に成功すれば、それは人類最初の上陸となる。それは「探検」以外の何ものでもない、と主張していたが、文部省はじめ研究者側は「探検」という語句を嫌った。探検というと、それは非科学的というイメージを払拭出来ないらしく、探検と冒険の区別を理解していないかの如くであった。

結局、この南極事業は世界共同の地球観測の一環だというので、「観測」に軍配があがった。という訳で永田武氏が隊長に決まった。南極遠征隊の名前も、『日本南極観測隊』と決まった。そして、西堀栄三郎氏が設営の責任者、副隊長と決まった。

西堀栄三郎氏の八面六臂の活躍が始まった。西堀氏の南極事業に対する貢献は、大きく準備期間中と越冬中との期間にわけて述べた方がよいが、紙面の都合で、ここでは前半の準備期間中だけに限ろう。

越冬中にはいろいろな困難、技術的なそして精神的な困難に出遭った。その都度、それらを西堀隊長が見事に解決し、そのお陰で第一次越冬の目的である一年間を生き抜いて、出会ういろいろな体験を日本に報告するということが立派に果たされたことを証言しておこう。詳述は、今、私が書いている仮称『実録、日本の南極観測の始まり。タロ・ジロとソリ犬たち』にゆずらざるを得ない（陽の目を見る（出版）ことを祈るが……）。

準備期間中の貢献

西堀氏の南極参画が決まったとき、その計画を西堀流の観点から見直した結果、大きくわけて、次の四点に大きな変更があった。以下に、その変更点を示そう。

①第一次越冬

当初、日本の南極観測計画は二回の南極行きを予定していた。その先の将来のことは考慮だった。それは、南極計画そのものが、かって国として経験したこともない多岐多様な方向に準備せねばならず、その計画が途中で挫折せず、とにかく南極へ出発することが当面の目標で、それがうまくいったらいよいよ本番の観測をし、……というところまでが精一杯のことで、それから先のことを考える余裕などなかった、というのが実情だろう。

その頃、初回（第一次観測）を予備観測、二回目を本観測と名付けていた。そして、予備観測では南極を偵察し、南極という処を知り、越冬はしないが、資材だけを現地に残して次回の本観測に備えるとした。

しかし、西堀氏に言わせると、モノゴトには必ず〝はじめ〟（あり）とするのは、あまりにも危険で、必ずしも成功するものではない。

最初の計画のように、本観測で初めて越冬すると、大学、研究者が、南極の厳しさに耐えて生活することと、観測するという二つの仕事を同時にしなければならず、それぞれに困難なことを考えると、予備観測で越冬を経験し、その結果を逐一日本に報告して本観測に備える方がより良いことは明白である。つまり、予備観測（越冬を含め）を〝はじめ〟として考えるべきである……と主張した。

人々は驚いた。「そんな無茶な……。貴方は死ににゆくのですか？」と反対した委員もいたようだった。国側もこぞってそんな予算を計上していない、との理由で反対した。初回に、それも『探検行動』が予算云々という思想で出来ますか」というのが西堀氏の態度であった。

西堀氏のニックネームを〝「真夜中」のにわとり〟という。〝「夜明け」のにわとり〟が普通である。夜明けに、やがて朝だと告げて鳴くニワトリにこそ人々はその先見性を感じる。しかし真夜中に、にわとりに鳴かれては人々はまだ睡眠中で、迷惑であってもその超先見性を感じる人は少ない。西堀氏はまさにその「真夜中」のにわとりであった。だから、人々は迷惑し、反対する。しかし、後にはその超先見性が明らかになり、人々はそうだったのかと理解する。始め越冬に猛反対していた人々は、のちに西堀氏の味方になり、西堀氏を尊敬するようになった。

今考えると、確かにこの予備観測での越冬は卓見であった。宗谷の馬力は四八〇〇馬力であった。これは、砕氷船としては中途半端な馬力である。リュツォウホルム湾の氷を割れるかどうかは不明である。西堀氏は、割れないものとして、氷を割るよりも、氷と氷の間の間隙をぬって航海する「氷海航法」なるものの必要性を感じていた。

予備観測の時、幸いに「大利根水道」と名付けた、氷盤と氷盤との間の幅数一〇〇メートルの水道があって、宗谷は、そこを辿ってするするとプリンスハラルド海岸地域に進入した。現在の基地の手前一八キロメートル（直線距離、輸送距離は二五キロメートルに及んだ）まで近づき、無事上陸を果たし、昭和基地を建設し、一年間を越冬した。そして、以来五〇年間、それは日本の基本基地としての役割を果たし続けている。

今から思えば「大利根水道」が見つかったことは「偶然」としか思えない。事実、二回目（本観測）には、この「大利根水道」は発見できず、宗谷は昭和基地を隔たること一五〇キロメートル地点までしか到達できず、第一次越冬隊の人間と仔犬と母犬九頭を帰還させたのみで、成犬一五頭は置き去りにせざるを得なかった。

注　この一年後、第三次越冬隊として北村（のみ）が再び昭和基地を訪れた時、タロジロが奇跡的に生きながらえていたことは周知の通りである。

いかにそれが偶然であったにせよ、第一次越冬成功は成功であった。

第二次越冬が失敗に終わったとき、南極統合本部（南極事業のすべてを司る政府内の組織）の会議では、第三次南極行を行うべきかどうかで激論があったという。再開論の根拠は、とにかく西堀隊が越冬したという実績であった。もし、当初の計画とおり、予備観測で越冬せずとしていたら、第二次本観測であのいう失敗が起った以上、日本の実力では南極は無理なのではないかという悲観論が支配し、第三次観測はとりやめになったろう。そうなると、勿論タロジロの生存発見もなく、今日のような日本の南極事業の発展はなかったに違いない。

②犬ぞりを採用したこと

もともとの計画には、犬ぞりはなかった。輸送方として、雪上車だけが予定されていた。西堀氏が参画するようになって、犬ぞりが採用されることになった。一九一一年のアムンゼン、スコットの極点争い以来、極地の輸送は犬ぞりに定まっていた。

当時の雪上車には技術的に自信がなかった。極地通の西堀氏にとって、全面的に雪上車に頼ることはできない。事実、越冬中に大陸旅行先で、決定的かと思われた雪上車の不具合が起こる。この時、そのピンチを救ったのは西堀氏であった。

ところで、ある時西堀氏は北海道の加納一郎氏を訪ねた。ここから先は、私の推量であるが、この時、西堀氏は尊敬する先輩加納氏の、犬ぞりに関する意見をただしたに違いない。加納一郎氏は前に述べたが、京都一中の大正五年の卒業である。当時、すでに金井先生は京一中におられ、加納氏は先生の言葉に感動を受けたに違いない。加納氏は北大へ行った。

加納氏は、特に極地知識に関しては、当時、右に出る者はないといわれるほどの極地通であった。西堀氏は、何かにつけて、加納氏の意見をただしていたフシがある。

西堀氏は、その加納氏の紹介でわが国唯一のカラフト犬研究者の北大教授犬飼哲夫氏に会い、カラフト犬をあつめ、南極用のそり犬二〇頭余りの用意を第一次観測隊の出発に間に合うように用意することを依頼した。一九五六年二月のことである。

この犬達は南極で活躍し、雪上車は四台で一五〇〇キロメートルを走破したが、犬ぞりは二台だが、犬たちは全員がどちらかのそりで走っているから、結局、走破したのは一年間で一六〇〇キロメートル。雪上車の一台あたりの走行（三八〇キロメートル）より一二〇〇キロメートルほど多く走ったことになる。これは、明らかに犬ぞりの成功であり、犬ぞりがなかったら、ボツヌーテン（往復四三五キロメートル）もオラーフ海岸探検の旅（往復三五五キロメートル）も出来なかったことになる。

それのみではない。この犬ぞりのお陰で、私は犬たちとの間に不思議な関係が出来、私の越冬生活は大変豊かなものになった。

犬橇《いぬぞり》旅行――南極ボツヌーテン探検行

当時、私は最年少の大学院学生であり、オーロラ観測を担当していたが、同時に橇犬《そりいぬ》係でもあった。いやもう少し正確にそして正直にいうならば、どちらかというと後者に力を入れていた。現役時代私は山岳部に属していたが、京都大学の山岳部はその方面の優れた先輩と仲間に恵まれており或独特の雰囲気があった。そうした雰囲気に身をおいた私は、いつしか〝未知〟に強い憧れをもつようになり、何日の日にか私も〝未知〟にこの足を踏み入れたいと強く願うようになっていた。南極の茫漠たる氷原は、そうした私にとっては何ものにも勝る魅力であり夢であった。そしてそれをかなえてくれそうなものが、犬橇だったからである。

南極の一年は楽しかった。橇犬相手の一年は肉体的には勿論辛かったが、気持の上では楽しい日々の連続であった。十五頭の犬達には単に使役犬というよりも、もっと親しい何といったらよいか、そう――信頼し愛する手下共という感じをもった。犬の個性、感情の起伏等あたかも人間のそれのように私に伝わった。犬に関する想い出は数多いが、ここに未だ私の胸に残る事柄の一つ、二つを記したい。

私達がかねて計画していたボツヌーテン峯犬橇旅行に出発したのは十月初旬であった。ボ峯（ヌナターク）とは基地の南方二〇〇キロメートル余り大陸の真只中に屹立する孤立峯（一八〇〇メートル）で、高度こそ世界の高峯とは較ぶべきもないが、そこに到るルート・氷原は完全な処女地であり極地旅行に経験をもたぬ当時の私達にとっては恰好の目標であった。一ヶ月分の積荷は極度に制限された。例えば食糧の缶詰の缶も重いというので基地で開缶し、中味だけをポリエチ紙で再包装するという有様であった。幸い南極は天然の冷凍庫、ポリエチ紙で再包装されてもそのまま凍っていた。チリ紙タバコ迄制限された。その涙ぐましい迄の努力をみて誰かがひやかした。『おいタバコは煙にしてもっていったらどうだい』と。それ程努力したが猶荷は重く犬はあえいだ。勿論人間は橇に乗れない。当時五〇歳をこえていた中野隊長（注・中野征紀志　北大山岳部O・B　当時五三歳）はともかく、私等は往復四〇〇〇キロメートル以上の距離の殆んどを犬の先頭に立って走らねばならなかった。重量のせいもさることながら、犬達の訓練が不足で目標のない広い雪原を走る時、犬達は自然に曲ってしまうからである。雪は柔かく、くるぶしから時として膝迄あった。犬達は五〇〇メートル走ってはとまり、二〇〇メートルいっては休止した。老犬も幼犬も必死に橇を曳く様はみていて、いじらしくなる。犬達の口の周りの鬚は吐く息にすっかり凍りツララ様のものがぶら下る。足の爪の間に氷の小片がはさまる。跛をひく。わずかな休み時間にとり除いてやる。足の裏はヒビ割れてラッセルのあとに点々と血がにじむ。「すまん。我慢してくれ」心にそう思う。行程には難所がいくつかあった。その一つは円丘氷山群と呼ばれる、吉田山程の岡が延々と連らなる雪と氷の丘陵地帯である。そこを登ったり下ったりせねばならないが、犬は登りには殊に弱い。まして犬の腹迄没する深雪、重荷と悪条件が重なってはどうしようもない。「それゆくぞ！　トウ！」と声をかけると犬達は一歩又一歩とアエギアエギ進むものの、二〇メートルもゆくともう停止してしまう。吐く息ばかりが白く荒々しい。一分程の時間を見計らってまた「そらゆくぞ！」で皆猛然と曳く姿勢になる。「トウ！」で再び曳き始めるが、今度は一〇メートルもゆくと再び雪の中に倒れこむようにとまってしまう。苦闘数時間、もう犬も人間も限界に近い。しかし道は猶遙かに遠い。眼前には一段と高く、そして急傾斜の丘がある。この登りを登り切れるだろうか？　隊員の一人が先頭に立ったが、犬達はもうかけ声だけでは動かなくなっていた。再三再四の号令にも、どうしても動かない。どうしよう。いや人間様も、もう動きたくない気持だ。ここで泊ろうか。しかしそんなことはいっておれない。私達の中でも議論がわかれる。よし、もう一度だけ試みよう。今度は私が先頭に立ち、重いものを肩にかつぎ前方をラッセルして道をつけてやった。「おい　お前達どうだ？　出来るか？　今日これをやらねば明日からの道が進めないのだ。頼むぞ」。犬達の目をのぞきこむと「ヘエ　やります」といっているような気がする。爪の氷を除いてやり、一頭ずつ頭をなでてやり「そらゆくぞ！トウ！」。犬はこん身の力で曳き出した。しめた。動いた！　残り一〇メートル、五メートル、二メートル。ああ遂にのり切った万才！　この時程嬉しく又、犬達がいとおしく思えた時はなかった。私達の間には犬の取扱い方について剛柔二説があった。一説は、犬は支配するもの。荒くれ犬の制御はこれしかないというのと、他は犬と気持の上で一心同体になるべきものだとの二説である。私は後者の立場を採った。そしてそれが正しかったことをその時知った。私の犬達に対する気持に、彼等は報いてくれたような気がした。

又こんなこともあった。無事ボ峯登頂も終え帰途につき、あと一日で基地に到着するという時のことである。雪は相変らず柔かい。橇犬一五頭のうち、大部分は身長、体重共にそろっていたが、「アカ」と呼ばれる一頭の犬だけは足が特別に短かかった。おまけに風采もあがらない。小柄で赤茶けた長い毛に大きい耳がダラリとたれ、マユゲの毛が長くて半分目を覆いかくし、胴体が比較的長くまるで丸太に四本足をくっつけたような犬であった、樺太犬といえば、脚骨太く眼はランランと輝やき熊の様にたくましく……といったものだが、アカはその標準からはるかにはずれ、何かの誤りでこの昭和基地にまぎれ込んだのではないかという感さえする犬であった。行進の際は、大体みな足並みが揃い。前の犬のふみあとを後の犬がふむといった具合だが、このアカだけは仲間と歩幅が適はず、新雪を踏んで人一倍苦労せねばならなかった。疲れの為つい曳綱もゆるめ勝ちであった。そんな時、私達は「こりゃ！　アカ、怠けているか！」と叱ると、アカは又曳綱をピンと張ってボコリボコリと雪に沈みながらも必死に曳いてゆくのであった。雪が浅い時、他の犬達はさ程疲れず休止時にもケロリとしているのに、アカだけはハアハア荒い息をしているのは、何とも滑稽であった。アカは又頭がよく、茶目でずるいところもあった。そうこうしている内にアカは身を護る術を学びとった。曳綱はピンと張っていて、見ていても一生懸命引張っているようにみせかけて、その実は力を入れていない走り方である。しかしそんな時はすぐにバレた。休止時他の犬が荒い息をしているのに、アカだけは逆にケロリとした顔をしているからである。叱りに近づくと、背を丸め頭を下げて上眼づかいに「バレたか。ヘエすんません」といわんばかりにこちらを見上げていた。こんなアカを、半ば本気で、半ば冗談に慰みもの的な気持で叱りつつ、それでも無事登頂を終え、帰途の円丘氷山群の難場にさしかかった。再びはじまる悪戦苦闘。アカは相変らず歩調が適はず、寧ろ仲間に張っぱられたりする始末。遂に業をにやし、「こりゃアカめ！　お前などは役に立たぬ。放してやるからとっとと失せろ！」と半ば本気で叱って鎖からはずし尻をひっぱたいてやった。するとアカはしょんぼりとして、漸らくは橇の後に蹲っていたがやがて立上って弱々しい足どりで歩き出した。ところがその方向は、今歩いてきたばかりの方向、つまり基地とは反対の方向ではないか、「これアカ。どこへゆく？」と声をかけたが、アカはチラリと悲しげな眼をむけて再びトコトコと走り出した。私は一〇メートル小走りに追いかけたがアカは止ろうとしなかった。「エイ　アカめ！　どこ迄手を焼かせる積りだ。こん畜生め！」。私は腹を立てた。「どうしましょう。放っておきましょうか？」私は問いかけるように隊長にふりかえる。「一匹たりとも犬を失ってはいかん。北村追っかけて連れ戻せ」隊長が答える。私は足を早めた。するとアカもそれにあわせるように足を速める。こちらが立ちどまる。アカも立ちどまって頭を垂れ上眼でこちらを見る。「こりや、アカ。戻ってこい」というと、「ヘエ　私はお役に立ちそうもありません。足が短かいばっかしに仲間と歩調が適はず、ダンナにも仲間にも迷惑をかけました。旦那《だんな》のおっしゃるようにどこかへゆきます。お世話になりました」と云っているように思える。「アカ、もう良いから戻ってこい」といって一～二歩近づくと、さよならと云わぬばかりにくるりと背をむけ、シュプールに沿って歩き出した。私はあわてた。

「アカ　もうよいから戻ってこい。お前を叱ったけれど、私が悪かった。足が短かいのはお前のせいではない。お前を連れてきた私が悪かった。すまん。すまん。あやまるから戻ってこい」。私は小走りに走りながら本気でそうあやまった。二キロメートル程も追っただろうか。私の謝罪の言葉にアカも思い直したか、それとも、これだけ私を謝らせたからもうよいと思ったか、走る速さが遅くなり、やがてある氷山の一角にとまった。こちらはハアハア大汗をかいてやっとアカの首輪をおさえた。「すまん。すまんオレの気持は本当だ。一緒に帰ってくれよ。なあ頼むよ」というとアカは「そうですか。それ程迄おっしゃるなら。」と云わぬばかりに、素直に今度は仲間のいる橇の方にむかって歩き出した。

こうして橇犬との旅行は困難も多かったが、今となっては楽しい想い出ばかりである。アカは本当に申し訳ないと思ってそうしたか、それとも持前の茶目気で、私をからかったかは勿論知る由もない。しかしその時、アカを本当にいとおしい気持になったことは確かである。

犬と暮らした一年間の想い出も、もう一〇年の昔のこととなった。アカもその他の犬も基地で死んだ。ただ当時三歳の少年犬であった「タロ」だけが無事生還し、今猶静かな余生を札幌に送っている。

（京一中洛北高校同窓会『あかね』6号より）

1959年１月、タロ・ジロと再会する北村泰一氏。

第Ⅵ部　言語空間の深化目指して　文化・芸術編

市村恵吾君とフランソワ・ラブレエ

新村　猛

新村《しんむら》　猛《たけし》（一九〇五～一九九二）　フランス文学者。言語学者・新村出の次男。京都一中大正十三年卒（湯川秀樹、真下信一らと同年）、三高を経て京大仏文科卒。同志社大学予科教授であった一九三五年二月、中井正一（戦後国会図書館副館長）、真下信一（哲学者）、武谷三男（物理学者）らと『世界文化』を創刊して反ファシズムの論調を展開。為に一九三七年治安維持法違反として検挙され、二年間の獄中生活を余儀なくされた。『世界文化』には京都一中の後輩で京大仏文科の俊才であった市村恵吾もペンネームでフランスやスペインの人民戦線の動静を寄せたが、検挙された新村らが拷問に抵抗して口を割らず、市村は検挙を免れた経緯がある。市村は京大仏文科を卒えて直ちに三高講師、京大講師となり、学生たちにも慕われたが、不幸肺患で一九四一年二六歳で夭折する。ここに掲げたのは、その遺稿『フランソワ・ラブレエ——人と時代と作品の研究』（京都印書館、一九四三年）を刊行するにあたり、新村があとがきとして寄せた哀切の一文である。新村は戦後、京都に人文学院を創設。名古屋大学仏文科教授、橘女子大学長を務め、又父の遺業を継いで、『広辞苑』の編纂に当たったことでも知られる市村恵吾君は、大正三年十月二十五日、京都帝国大学法学部教授故市村光恵博士の四男として京都下鴨に生まれた。母堂の追憶記中のお言葉によれば、幼時は髪黒く房々と色白の小柄ながら丸々とし、元気で負けぬ気は父親似で、しかも温和な無理をいわぬ子であった由、大正十五年春、京都師範附属第二教室五年から京都府立第一中学校へ入学、三年生十五歳の時、父君と次兄とを相次いで失った恵吾君は一層発奮して学業に余念なかったということである。

昭和六年四月、第三高等学校文科丙類へ入学、同九年四月、京都帝国大学文学部文学科へ入学しフランス文学を専攻することとなり、爾来私との交誼が深まったのであるが、かねてより市村家と私の家とは格別に懇親の間柄にあったばかりでなく、恵吾君の次兄文雄君は私にとって湯川秀樹・真下信一・井手成三等の諸君と共に京都一中時代の級友でもあった。

こういう因縁がフランス文学の研究を以って世に立とうとの志を故人に抱かせるに与って力があったやうに思われる。昭和十二年三月京大文学部を卒業、その際の論文の題目がすなはちフランソワ・ラブレエであった。卒業後の閲歴は序文に太宰先生が概略をお記しになった通りであって、同志社専門学校・第三高等学校・同志社大学予科の講師を順次兼ねつつ、昭和十六年四月抜擢せられて早くも京大文学部講師を嘱託せらるるに至った。実に恵吾君が西洋文学研究学徒として示した用意の慎重と鋭才なる批判、包容の量と至純の情熱とは孰《いず》れも並び揃うて群を抜き、稀に見る偉器の開発を予想せしめ、ただ年月による累積の功を待つのみであった。

しかるに、天は君に与えるに頴才を以ってしながら、恵むに健康を以ってせず、年毎に我が国の若人の命を数多く奪うかの病患に、勃々たる好学心と正義感とを抱いたまま君がたおれたのは、その後わずか半歳にも足らぬ九月十八日初秋の夕刻であった。

残された肉親や師友知己の悲歎、愛惜の情には、故人の母校第三高等学校の会報に寄せられた母堂の「亡き児の追憶」や恩師の賜うた本書の序文並びに右に一節を引いた同じく弔詞によっても、どれほど深く切なるものがあるかが窺い知られよう。そして、学徒というより寧ろ真実の弟のようにさへ故人を考えていた私は、今秋その遺著を校訂する間、恰も在りし日の君と共に再び生きるの思いに満たされ、且つは頃日図らずもエチエンヌ・ド・ラ・ボエシーの死を父に報ずるモンテーニュの手紙を読むにつけても、痛恨の心は愈《いよ》々募るばかりである。わけても、自分はさて措き、せめて恵吾君には学徒としての敢えていわば平坦安穏な道を歩ませたいものをとの念願の徒になった悲しさ。恵吾君を失ったことは自分の生涯の最大の不幸とすら感ずる折がある。

……併し、今は綿々と胸裡を語る時でもなくまたここはその場所でもない。

こうして夭折した故人が短い研究生活の間に為し遂げたフランス文学に関する仕事は幾つかの筆記帳や原稿となって残っている。太宰・落合・伊吹三先生の講義の筆記類や仏文の卒業論文

「ラブレエ」、在学中の報告書「スュリ・プリュドム」などを除けば、本書の基を成す原稿「フランソワ・ラブレエ」を最も多くの精力を傾けた仕事として第一に挙げなければならない。

この遺稿に就いては後に稍々詳述するとして、次にブリュヌチエールの「様式《ジャンル》の進化」(「フランス文藝批評史」)の訳稿がある。これは、昭和十四年の酷暑の頃、鋭意訳し了えたもので、故人の恩師の一人である伊吹武彦先生の御斡旋により白水社からやがて上梓せられる筈であり、モーリアックの評論「小説家とその作中人物」の訳稿も亦伊吹先生並びに渡邊一夫・草野貞之両先輩の御厚意によって同じく白水社から出版の予定である。未完の仕事としては昨春頃迄略略半ばを訳したロマン・ロランの「ミケランジェロ」があり、これは始め弘文堂発行の「世界文庫」の一篇として故人が択んだプラッタールの「フランスに於ける文藝復興」を私の勧めに従い変更したのであるが、既にその後他の人の手に成る訳書の刊行せられた今日、憾《うら》むらくは上梓の機から遠い。以上の外に私と協同の小さな仕事も幾つかないではないが、それらに就いては省略する。

さて、「フランソワ・ラブレエ」は前期仏文の卒業論文に併せて提出せられた参考論文であって、弱冠二十三歳の齢で脱稿し、大型五百字詰め用紙四百六枚、一枚を二頁に算えて頁数を記した原稿を第一部第二部、更にこれを十五章に区分し、各々に標題を付け、章毎に註を附し、参考書目を添え、目次をも記している。——ここにも几帳面で用意周到な故人の面目が認められる。

――今般上梓に際し、太宰先生の御意見に従って「人と時代と作品の研究」という副題を加えた以外は、故人自らの区分と標題とを殆どそのままに採った。原稿全体は、昭和十二年の始め、太宰・落合・石田三先生の御閲読を得、更に今夏再び太宰先生の御校閲を経た後、私が単なる校正に止まらず校訂の如き任に当った。左に凡例を代えて本文・註・書目・索引・挿入写真について略説する。

本文からは、書名その他は別として、原稿に記された欧文欧字を省いて、これを索引に収め、又、フランス以外の欧州人名地名の類もフランス語流の呼称に依って書かれているが、専門外の読者の便宜とこの點に関する近事の趨勢とを顧慮して、能う限り各国語の呼称に変えた。尚、漢字や仮名遣等も明かに誤記である場合は適宜に改めた箇所が若干ある。その為に生じた幾らかの混乱、不統一については読者の諒恕を求める外はない。

（『フランソワ・ラブレエ――人と時代と作品の研究』京都印書館、一九四三年より）

私の漢文修業

狩野　直禎

狩野直禎《かのなおさだ》（一九三〇～二〇一七）　東洋史学者。京大文学部で中国哲学・文学を早くから教えた狩野直喜を祖父に、十歳ごろから中国古典の『大学』の素読を教わったと寄稿の冒頭に記している。父の務めの関係で東京の京華中学に入学後一九四四（昭和十九）年京都一中に転入学。祖父直喜の教えを継いで、京都大学文学部に学び、のち聖心女子大学で教えた。文中、旧制一高教授阿藤伯海にも戦中鎌倉の自宅などで漢文の素読を個人的に習ったとある。阿藤伯海は旧制一高を出ながら、狩野直喜の学風を慕って態々京大大学院に入ってその教室に学んだ先人。上田敏の全集編纂に尽くしたのち、一高の漢文教授となり、生徒の清岡卓行（のち詩人、「アカシアの大連」で芥川賞受賞）、三重野康（のち日銀総裁）らに深い感銘を与え、慕われた。その阿藤伯海のことなどももっと伺いたかったが、筆者狩野直禎さんはこの稿を寄せられたのち間もなく亡くなった。長子直彰君も洛北高第三九回の卒業である。

一

私は十歳（小学三年）の時、祖父君山・直喜から漢文を習い始めた、といっても意味は分からないままの、いわゆる素読である。『大学』から始まり、『中庸』は読まんでもよいからという祖父の学問上の考えから、次は『論語』ということになった。しかし十二歳の時、父親の転勤で七月末に東京に移って一旦は中断した。

しかし九月から、改めて祖父の御弟子さんで、当時（旧制）第一高等学校の教授であられた、阿藤伯海先生に、改めて『大学』『論語』『孟子』という順で素読をして頂いた。阿藤先生は岡山県浅井郡六条院村（現浅口市）の御出身で、大地主であったが、戦後、進んで農地解放をされたという。それは戦後の事で、私が素読をして頂いたのは戦中の時である。先生は矢掛中学から第一高等学校を経て、東京帝国大学文学部の西洋哲学を専攻された。しかし中国の学問に関心を持たれるようになり、京都大学の哲学科に進まれた御友人の話なども聞かれたのであろう。京大に狩野という支那哲学の教授が居るという事で、大学院（旧制）は大正十三（一九二四）年京大に入学された。大正十五年、法政大学で教鞭を執ることになって帰京され、私が素読を受けた時には一高の教授であった。その時の一高の生徒の愛弟子の中に清岡卓行、三重野康、高木友之助（のち中央大学総長）らがいた。

阿藤伯海先生と祖父とは院生と教授という関係よりはむしろ江戸時代の儒者とその弟子という関係に近かったと言った方がよいであろう。勿論、共に学問をし、詩文も作るが、同時に師の私事を助けるという面も強かった。現在岡山県六条院の阿藤の生家にある、君山の伯海宛の書簡からも、この点はよく窺える。

伯海先生には毎週一回、約二時間素読をして頂いたが、戦争中にもかかわらず、和服に袴をつけ、一高の授業を終えた後、わざわざ拙宅に来られた。盆、暮れには、母親と鎌倉にある御宅に伺ったし、昭和十九年だったと記憶するが、一高の記念祭の折に、名物の寄宿寮に連れて行って頂いたこともある。しかし、昭和十九年四月より、私は勤労動員で帰宅時間がおそくなり、先生も一高を辞職され、六条院の御宅にお帰りになってしまわれ、素読はいつとなく終ってしまった。

私は昭和十七年四月、東京の京華中学（現京華高校）に入学したが、その時の口答試問で将来、何になりたいかと問われた時、今憶い出しても顔が赤くなるが、臆面もなく、支那について勉強したいと答えた。その答えはどう評価されたか知らないが、入学できた。

漢文の先生は吉田先生であったが、授業の一部に教科書を使わずに復文ということを教えて下さった。復文というのは読み下し文をもとの漢文（白文という）に戻すことである。例えば「吾は書を読まず」を「吾不読書」とするのであるが、これも私にとっては面白く有難い授業であった。

昭和十九年十一月よりアメリカの東京空襲が始まり私達一家は父だけを残して、祖父の勧めもあって京都に帰って来た。そして幸いにも京都一中に転入させて頂くことができたのであった。隈部校長の時であり、戦後濱中、田中先生が、漢文を受け持って下さった。

二

君山が京都一中の諄信館に額を贈ったいきさつについては、私は申し訳ないが全く知らない。何時の事か、どなたに頼まれてのことか、もし御存知の方があれば、教えて頂きたい。私の推量する所では、京都一中が近衛から下鴨の地に移った時ではないだろうか。そしてそれに関わられたのは、土屋員安元校長（熊本県人）ではなかったのであろうか。

祖父は熊本の生まれで、済々黌中学（現高校）を卒業後、一高、東大と進んで、京都とは全く縁がなかった。しかし京都に日本の第二番目の帝国大学ができた時、総長になられたのも熊本の人で、祖父の一高生時代の校長をしておられた木下廣次氏であった。木下氏は京大に文科大学（文学部）を開いた時には、狩野を教授に任じようとし、明治三十三（一九〇〇）年に、清朝に留学をさせた。しかし義和団の乱が起り一旦帰国、改めて上海に赴いた。留学を終えて京都に帰って来たものの、日露戦争が起ったりして、ようやく明治三十九（一九〇六）年に支那哲学科が開かれ、さらに四一（一九〇八）年に文学科も創まり、君山は両学科の教授を兼ね、こうして君山と京都の関係ができていったので、京都には知人、縁者が無かったのである。ただし、京都或いは関西には、熊本県人が居られた。中でも済々黌の同級生でもあった、鳥居素川（大阪朝日主筆）とは親しかった。素川は明治、大正期のわが国を代表するジャーナリストであった。

ところで君山は大正十四（一九二五）年一年だけ、日記をつけているが、その日記の一月十七日に、芦屋にいた素川を訪れている。素川は十八日にヨーロッパ巡遊に出かけたからである。十七日、素川宅に集まったのは、土屋、林、近藤、中嶌の諸氏であった。この中の土屋氏は多分土屋員安氏ではないだろうか。祖父が諄信館に額を贈ったのは土屋先生を介したものではないかと推測する所以である。もしそうであるとするなら、前に京都一中の校長をされた土屋氏である。

私が転入学するまで、京都一中と君山とを結びつける縁はほとんどなかったのである。なお私が転入学した時の隈部校長も熊本の人であったとは、その時は知らなかった。

非戦の断章　「人と山の破滅」、『兵役を拒否した日本人』より

稲垣　真美

稲垣真美《いながきまさみ》（一九二六〜）　作家・評論家。京都府八幡に生まれ、三歳から京都市北区の加茂川河畔に育つ。オクスフォード大学で宗教学と社会学を修めた父（元佛教大学長）と、日本女子大学英文科から大正期最初の男女共学を実現した東洋大学文化学科に学んだ母との間の一人っ子。京都師範附属第二教室時代読書と作文で随一といわれ、『君たちはどう生きるか』を初版で読んだのも京都一中入学（一九三八年）前のこと。入学後も、ドストエフスキー、アナトール・フランス、ロマン・ロラン、ガルシン、トルストイ等の文学に親しみ、フランス語を独習。四年生当時の太平洋戦争開戦後「人と山の破滅」の非戦的一編を校内学友会誌に発表。戦後肺患に苦しみながら東大美学科大学院を出て、高見順、井上靖らに認められ文学へ。さらに『兵役を拒否した日本人』（一九七二年、岩波新書）で論壇に登場、尾崎翠の全集も編纂し、彼女を描いた劇作『花粉になった女』（作曲・芥川也寸志）は新劇戯曲賞にノミネートされた。『旧制一高の文学』をまとめ、戦中非戦を貫いた母の生涯を描く長編『あかぎれ夫人の肖像』に取り組む。

人と山の破滅

山を背景にしたその平原は、全くその果も見えない位広かった。そして殆ど毎日が晴であった。その空の青さは日に映えた草原の緑の色さえ帯びていた。

何本かの樹は川に身を寄せて立っていた。自分の影を映せる程、ゆっくり流れる水が、時折運んでくる山からの移住者達に、彼等は自分勝手な挨拶を送っていた。

総ては自然の中に生活していた。輝かしい朝日は、雲を紅に彩りながら、直接空に浮び上り、総ゆる生物に新しい光を送った。

終日太陽は身を隠す物の無い空にあった。けれど、幾つかの山の間に、寂寞の中に落ちる日は美しく寂しかった。

平原の夜の世界は、全く総てにとって未知であった。夜には総ての物が眠ってしまった。唯夜に生きているものは人であった。

×

人は清らかな美しい紅の夕陽が山の間に落ちて行く時に、その夕陽の美しさに感じるかわりに、その中に立っている、鋭い山の頂に目を惹かれていた。

人は征服の野望を持っている。その相手はどんなものでも好かったし、勿論その征服の意味はあってもなくても好かった。然も或る時は無謀に等しく、ある時には獣的な力を以て、物を征服しようとする。

平和な平原にも人は住んでいた。そして、自然の中に生きて行きながら、その中にある物を征服しようとした。

難しいのは平原を征服する事であった。容易なのは山を征服する事であった。平原は温和にどこまでも広かった。そして山は鋭く高く立っていた。

夜の世界には月があり星がある。それ等の神秘な光は、人にとっては静けさの心を起させないで、人の心を怪しく躍らせた。

人は征服した山をそのままにはしておかなかった。人は平原の生活に馴れていた。そしてその生活の為に人は山を平にしようと試みた。

毎夜その山の真上に、際立って青白い星が出ていた。けれどその星は、次第にその光を薄めて行き、やがて、赤味さえ帯びて来た。

人はいよいよ山を平らかにした。

×

平原には珍しい気候の変化がやって来た。それは夜にであった。空は高かったが、全くの闇であった。総ての星は隠れてしまっていたが、山の上の真赤な星だけが、暗黒の幕を通して自分の所有物の様な山を見下していた。

侵された山の跡は、その闇の中に不思議に歴然としていた。そしてその傷跡の岩がきらりと光った。

真赤な星は燃えながら落ちて来た。山の腹にぶつかって、それは幾百の破片となって飛んだ。燃えるだけ燃えて幾百の破片は地の中に消えてしまったが、もはや平原に一峯の山さえ見る事は出来なかった。

人は山を征服した。しかも山は怒らなかったが、赤い星は山の総てを破壊してしまった。

×

人は山を征服して山を失ってしまった。然し又人は夜の世界にも生きようとした。

人は平原を征服しようとはしなかったが、それは山の征服より、はるかに難しかったに違いなかった。しかも平原の征服は不可能ではなかったが、夜の征服は不可能であった。夜は死の世界である。夜は総てを死の布で包んでしまっている。人が如何に生きようとしても、総ゆるものはそれを冷かに見ているに過ぎなかった。

人は既に無謀であった。

山を破壊した星は大地の中にあった。そして再び真赤に燃えた。総てを噴いて、それは天に昇ってしまった。

×

平原は空の様に青い。日の落ちる彼方には山は鋭く高く、然も崇高そのものの様に立っていた。今は、平原は全く平和であった。死滅した人さえも、総てのものと同じ様に自然の中に生きていた。

夜、総てが眠っている中に、星は青白く輝いていた。

（この短編は、筆者中学四年時代の戦時下に書かれ、一年上級だった文芸部委員の逸見武光〈のち東大医学部精神科教授〉の推薦で『校友会誌』に掲載された）

『兵役を拒否した日本人』（自著）あとがきより

戦時下といえばなんでも文字どおり軍国主義の一色に塗りつぶされた世相であったごとくこん

にち考えられているが、すくなくとも学生仲間などでは、かえって反軍国主義（アンチ・ミリタリズム）というか、非戦・反戦の思想への志向も決してないわけではなかった。私自身もかなりそういう傾向のつよい一人であったし、たとえばH・G・ウェルズがすでに第一次大戦後『世界文化史大系』の終章で、〝世界大戦という世にも恐ろしい経験〟をした人類にとって、世界平和の達成は最大の事業であるとして、その理想実現のために〝世界国〟建設をも提唱し、「陸軍でも海軍でも今日はかくまで厖大であるけれども、世界国では全くその姿を消してしまうにちがいない」と述べているのを戦中の少年時代に読んで、そうした〝軍隊のない国〟の理想をどんなにすばらしいものに思い、その実現を夢みたことか。

だが、わがもの顔の軍人たちは百年戦争などということを平気で唱える。軍部の組織が急速に崩壊するとも考えられなかった。しかも、軍の意志に支配された天皇の国家は、われわれに死を強制してくる。この呪われた国家体制についても学生仲間でひそかに議論したことはあったが、いざ入隊となると一人一人はバラバラにさせられ、もはや抵抗を口にするどころではなくなった。

入隊直前、私はこんな詩めいた言葉を紙片に書いた。

兵営という名の刑務所

死刑の待っている――
そこへぼくは行く

入隊する私は死刑囚の心境に近かったのである。いまにして思えば、はっきりと兵役を拒否すべきであった。事実、そういう気持も抱かないではなかったが、一方では軍隊内で抗命した学徒兵のあるものは銃殺されたという話も耳に入っていた。それはあるいは故意に流されたうわさであったのかもしれないが、やはり実際に抗命すればただちに直面するにちがいないと思われる軍法会議や処刑の危険を冒し、生死を賭してまで抵抗する勇気はなかったのである。

それだけに、そのような恐怖と脅しに満ちた巨大な軍隊の機構に対し、なおかつ兵役拒否をなしとげた人があり得たとしたら、という願望に似た思いも、自分がそれをなし得なかったことによる贖罪の意識とともに、戦後日本が平和憲法のもとに再出発してからも執念《しゅうね》く私の脳裏を去らなかった。が、いわゆる徴兵逃れ＝徴兵忌避の話はあっても、正面切っての兵役拒否の記録にはでくわすことなく、期待はついに叶えられないままに、自分なりの戦時下レジスタンスの世界を創作の可能性のなかに描き上げようと試みたこともあった。

ところが、一昨年（一九七〇年）、はしなくも阿部知二氏の『良心的兵役拒否の思想』（岩波新書、一九六九年）によって、戦前の日本のキリスト者集団のひとつ灯台社の関係者から三人の軍隊内兵役拒否者が出たことを知らされ、十五年戦争下の日本で、正面切って〝良心的兵役拒否〟をつらぬいた人がやはりあったのだという事実に行きあたったとき、いまさらのように驚異の念に駆られた。

さらに、その行為が、現在のように基本的人権や思想の自由の認められていない、牢獄国家ともいえる状況の日本の、明治以来国民皆兵の名のもとに厳しい軍紀をもって律していた帝国軍隊のなかで、しかも戦時下に実現されたことを思いあわせるとき、少年期にその時代を知る私にはそれは奇蹟のようにも思われ、その実践の勇気はいっそう特筆に値すると考えられたのである。

私は兵役拒否の実践者が生存するなら是非とも会ってくわしく話をききたい気持を押さえることができなかった。そして、前記『良心的兵役拒否の思想』の資料面で協力された山口俊章氏（現神戸大助教授）にいくつかの資料を教えられ、そのうちの『戦時下抵抗の研究』Ｉ（みすず書房、一九六八年）の「灯台社の信仰と抵抗の姿勢」（佐々木敏二氏）の章によって、灯台社の主宰者であった明石順三氏が晩年を栃木県鹿沼市ですごしたことを知り、とりあえずその地を訪ねてみることにした。そこで、はからずも同市に健在であった兵役拒否実践者村本一生氏に親しくめぐり会うことができたのは、一九七〇年秋九月末であった。

ある教員寮の管理人としてひっそりと暮らしていた村本氏は、その初対面の折、かんじんの兵役拒否の行為については、

「自分としてはあくまで信仰に忠実に、あたりまえのことをしただけなので、実はそれについて人に話をするというのも、これが初めてのことなのです」

といわれた。村本氏は、ただ普通の市民として静かな日常を送っていたのである。その周辺でも、いまでは戦時下の兵役拒否の行為を知る人もほとんどないままに——。

村本氏との出会いから、兵役拒否の実践とそれを実現させた灯台社の思想をあとづけようとする私の営為ははじまった。それから足かけ三年、私は、村本氏や、同じく灯台社信者で非転向をつらぬいて、いまは明石家の養女となっている隅田好枝さんや、明石家の遺族、さらには旧灯台社関係者をも何度か訪ねて面談を重ね、そのつど記憶を甦らされて語られたことどもを忠実にまとめようと努めた。同時に、明石家に保存されていた資料のほか、海外などに散逸していた戦前の官憲側秘密資料中の灯台社事件に関するものも、専門研究者小森恵氏の厚意ある教示によって網羅することができたので、それらの資料をも含めて、ようやく私なりに、兵役拒否がつらぬかれ得た思想と実践のあとづけを試みたのが、この『兵役を拒否した日本人』の一書である。

が、当の兵役拒否をつらぬいた村本一生氏は、私宛の私信でつぎのように現在の心境を語って

おられる。

「私自身は自己の過去に全く無関心であると云うことです。何か一かどの事をやったと云うような自負もなく、感懐もなく、反芻もありません。一言に尽せば、過去は全く忘れたのです。クリスチャンの大先達たる使徒パウロは示す。〝兄弟よ、唯この一事を務む。即ち後ろにあるものを忘れ、前のものに向かいて励む〟と」

――このような言葉に接すると、私がここになしとげられた兵役拒否について記すことも、それを実践し、なし終えた人の心境にはむしろそむくことになるのではないかと、申しわけない気持が先に立つ。

しかしながら、あの戦争の時代の日本の軍隊において、なおかつ兵役拒否をつらぬき得た人があったという事実はあまりに貴重である。それはあくまで人間の真実の記録として伝えられるべきであろう。

同時に、これらの実践と思想の記録は、たとえば孤独な人間は戦争が厭だと思ってもなにも出来ない、というあの時代多くの民衆が抱いたであろう、あるいはいまも個人個人が抱きつづけているかもしれない無力感に対しても、ある示唆を与えずにはおかないであろう。孤独な人間はなにもなし得ないどころではなく、明石順三が公判廷で〝一億対五人〟の闘いを展開したように、ほかならぬ個人こそもっとも自由な立場で闘い得るものであり、実は孤独な個人の確信乃至内面の自由のなかにこそ、国家の一見巨大にみえる権力をもってしても冒し得ない、抵抗の核があったのではあるまいか。

また、灯台社の実践を通じて、結果としてわからされたことは、ひとつは、民衆あるいは個人と権力の体制との闘いにおいて、実際におびえたのは一見巨大にみえた権力の側であったということであり、さらにいまひとつは、権力の機構を強大視すること自体が、実は長年にわたってそのように支配体制によって仕向けられてきた個人個人の内なる〝思いこみ〟による虚妄にすぎない、ということであろう。

なによりも、灯台社の人々が〝一億対五人の闘い〟という叫びを権力にぶっつけてから、わずか三年の後には、その権力の側のほうが敗戦によってひとまず瓦解し、軍部も解体して、〝国を挙げての兵役拒否〟ともいうべき条項が憲法に行文化されるにいたった事実を、あわせて記しとどめておかねばなるまい。

その憲法はいま生きつづけている。つらぬかれた兵役拒否にみられる個人の抵抗の問題が、すべての人間、あるいは集団としての抵抗の問題にどのように結びつけられるかは、他日の問題となろう。ここではただ、孤独な個人のなかにこそ抵抗の核があり、そういう個人のまえに恐怖したのは、一見巨大にみえた体制の側であったことをいま一度くり返しておこう。

一九七二年五月　憲法記念日に記す

(『兵役を拒否した日本人』あとがき、岩波新書、一九七二年より。一文は刊行時、東大政治学科教授・坂本義和氏により『朝日』論壇時評に要所が引用紹介された)

あとがき　まなびやは時空を超えて

明治三年、日本最初の旧制中学校として京都に創立された京都一中は、学校制度の改正、校舎の建て替えなど、時代の変遷をくぐり抜けながら伝統を育んできました。

自由を重んじる気風の学校は、輝く才能や崇高な精神を持つ人材を輩出し、昭和二十五年、京都府立洛北高校と名を変え、現在に至っています。

明治維新から百五十年、新たな年号を迎える時代の幕開けに、この学び舎を振り返り、偉大でユニークな先輩たちの言葉や意外な素顔を拾い上げ、新たに発信することは、過去と未来の素敵なコミュニケーションになるはずです。思い出の詰まった学び舎は時空を超えて、これからも自由の風を運び続けていくのではないでしょうか。

本書の多彩な登場人物のエピソード……ノーベル賞学者、湯川秀樹が芭蕉の面白さを語り、大丸百貨店当主の下村正太郎が、京都に大丸、と謳う。南極越冬隊員の犬ぞり隊物語に大自然のリアリティを知ることになる。

「GO　MY　WAY」

「好きこそものの上手なれ」

素晴らしき先人たちがそんな真理を教えてくれているような気がします。

歴史を見ればわかるように、世の中は諸行無常、万物は流転します。だからこそ、他人に振り回されずに「ほら、勇気を出して前に進みなさい」と私たちの背中をそっと押してくれる天才、奇才、聖人たち。彼らの生きざま、魅力が少しでも伝わるように願っています。

この一冊、どのページから読み始めても楽しく実りある読み物になっています。まずは興味をそそられる人物のページを開いてみてください。

そのあとは、どうぞご自由に……。

私ごとになりますが、本紙掲載のわが祖父、鳩居堂十代当主を務めた熊谷直清は京都一中大正十一年卒、その長男であり、わが父である熊谷直好も洛北高校に学びました。私の母校でもあるこの学び舎です。京都の歴史とともに熊谷直清、熊谷直好、熊谷かおりの三代にわたるご縁をいただいた幸せは、目にみえない大切な宝物です。未熟な私がこの編集に携わる光栄に恵まれたこと、関係者、そして読者の皆さまにお礼申し上げたいと思います。

本書の編集にあたり、京一中洛北高校同窓会誌『あかね』編集委員関係の堀江博、三輪新造、岡本由美子、八田香津子、遠山祥子の方々に種々お世話頂き、また刊行に当ってはミネルヴァ書房の神谷透、柿山真紀両氏にお骨折りを頂きました。深謝致します。
学び舎は時空を超えて、すべての人に幸せを運んでくれますように……。

編著者　熊谷　かおり

洛北高校正門前に立つ熊谷かおり（撮影：太田智子）

京都一中年表

西暦	和暦	月	
一八七〇	明治　三	十二	京都二条城北京都所司代邸舎を改造して校舎とし開校、校名京都府中学。教科は国学、漢学、数学、欧学（英語、独語、仏語）、医学、法学。
一八七三	六	六	旧京都守護職邸内（現府庁所在地）に新教場落成。
一八七七	十	二	明治天皇臨御。
一八七九	十二	四	修業年限四年とし、従来の専攻教育制を高等普通教育制とする。
一八八〇	十三	四	第一回卒業生八名を出す。生徒数は同年末に二六六名に。
一八八一	十四	七	中学綱領に準じ学年は九月より翌年七月、初等科四年、高等科二年とした。
一八八四	十七	七	高等科第一回卒業生を出す。
一八八五	十八	五	寺町丸太町上ル（現鴨沂高校所在地）に校舎を移転。
一八八六	十九		同年四月発布の中学令により修業年限五年と改める。
一八八七	二十	一	京都府尋常中学校と改称。二月明治天皇三度目の臨御。
一八八八	二十一		地方経済逼迫のため、大谷派本願寺より経費維持の支出を受け、授業を継続することとなる。校長に第一高等学校講師たりし清沢満之が就任。
一八九三	二十六	四	地方税によって経費支弁の方途立ち、元の府経営に戻る。

一八九五	二十八	四	文部省令により学年を四月より翌年三月までとした。
一八九七	三十	七	三重県津市の海浜で観海流泅水術の演練合宿をはじめ、以後夏休みごとに実施して一九四二（昭和十七）年にまで及んだ。同年九月、吉田の新築校舎に移転。
一八九九	三十二	四	京都府第一中学校と改称。
一九〇〇	三十三	十	京都府立第二中学校の創設に当たり、四条通以南より通学の生徒二二七名を移籍。
一九〇一	三十四		補修科を設ける。同年九月京都府立第一中学校と改称。このころまでに出身者から松本亦太郎（心理学）、藤岡勝二（言語学）、高瀬武次郎（中文）、烏賀陽然良（商法）、橋本進吉（国語学）、羽田亨（東洋史学）、松尾巖（内科学）、園正造（数学）ら多くの碩学を生んだ。
一九〇八	四十一	三	新町にあった分校を独立させて京都府立第五中学校（のち三中）とした。
一九一一	四十四		元第三高等学校教授・前学習院教授・森外三郎が英国留学より帰り校長に就任。イートン、ハローに準じた紳士教育と自由を進める方針で、多方面に活躍する人材を育てることになった。
一九一八	大正七	三	京都府立京都第一中学校と改称。
一九二〇	九	十	創立五十周年祝賀式を挙行。
一九二二	十一	四	森外三郎第三高等学校長へ転出し、津中学校長山本安之助が新校長に就任。一九二六年ごろまでの大正期の出身者から、香山蕃（日本ラグビー協会長）、木村素衛（哲学者）、村山槐多（詩人、画家）、林達夫（翻訳・評論

			家）、西堀栄三郎（南極越冬隊長）、佐伯勇（近鉄社長）、桑原武夫（仏文学者）、朝永振一郎（ノーベル物理学賞受賞者）、新村猛（仏文学者、『広辞苑』編著）、湯川秀樹（ノーベル物理学賞受賞者）、大塚久雄（経済学者）、松田道雄（小児科医）をはじめ各界に多彩な人士を送り出した。
一九二三	十二	年末	府議会で校舎改築が決議される。
一九二九	昭和 四	四	下鴨梅ノ木町（現洛北高校敷地）に新校舎完成し移転。総工費九十二万九十八円、京都府最大の天文台など全国最新の設備を整えた。五月竣工式を挙行。生徒たちの勤労奉仕でプールも完成。
一九三〇	五	十	創立六十周年記念祝賀式を挙行。
一九三二	七		前年の満州事変さらに上海事変によって軍国化の兆しを受け陸軍派遣の配属将校が、全校生に対し登下校時に足にゲートルを巻くことを強制しようとしたところ、山本安之助校長は「断じてその必要なし」と拒否。以後京都一中生は昭和十七年頃の太平洋戦争時まで、登下校時ゲートルを巻かぬ自由を保持した。
一九三五	十	七	同窓会事業として全生徒千三百名収容の近代式食堂が内庭に完成。全校昼食や運動部員の放課後にも活用されたが、一九三九年初夏焼失。
一九四〇	十五	十	二十日より三日間記念祝賀式、記念講演会、美術展などを校内外で挙行。昭和期に入っても大正期から引き続き全国屈指の進学実績を示し、毎年地元の旧制三高には六十名前後、その他旧制高校に四、五十名、さらに京都府立医大予科、北大、東京・神戸・大阪の商大予科、早稲田、慶応、同志社、京都高等工芸学校（現京都工芸繊維大学）などに進学する者多く、海

			軍兵学校、海軍機関学校、経理学校、陸軍士官学校に進学する生徒は少なかった。たとえば太平洋戦争下の昭和十八年卒業年次（二百五十余名）を見ても、旧制三高に四修・五卒・既卒合わせて五十余名、一高へ七名、ほか熊本の五高、鹿児島の七高、松江、山口、学習院、北大、東京商大（現一橋）、神戸商大、府立医大予科等に百十九名の反面、軍学校へは十数名にとどまった。進学しなかった者は七パーセント以下だった。
一九四五	二十	五	京都一中ほか京都府近県より選抜して科学教育特別学級を設置。以後四期生まで選考。
一九四六	二十一	四	終戦後京都一中最後の入学生入る。
一九四七	二十二	十	二十五日。創立七十七周年記念祝賀式挙行。
一九四八	二十三	四	一日。六・三・三制の新学制により京都府立京都第一中学校は、京都府立洛北高等学校と改称。校舎も新制の京都市立洛北中学に明け渡し、荒神口の京都府立鴨沂高校の校舎に移転して、鴨沂・嵯峨野両校女生徒と午前・午後の二部授業となる。さらに十月、学区制の強制により在籍通学の高校は居住地域により分散することとなり洛北高校はいったん解消。
一九五〇	二十五	四	一日。総合制、男女共学制の京都府立洛北高校が元の下鴨の京都一中校舎に戻り復元開校。
一九五二	二十七	三	京都府立洛北高校第一回卒業生を出す。その中に旧京都一中最後の入学生も多く含まれて伝統を伝えることになった。
二〇〇四	平成 十六	四	洛北高等学校中高一貫校コースを開設。

《編著者紹介》

稲垣真美（いながき・まさみ）

1926年京都生まれ。京都府師範学校附属小学校第二教室から京都一中を1943年卒業。東京大学大学院美学専攻課程修了。作家・評論家。代表的編著作に『定本尾崎翠全集』上下巻（筑摩書房，1998年），『兵役を拒否した日本人』（岩波新書，1972年），『日本ペンクラブ50年史』（日本ペンクラブ，1987年）等があり，『旧制一高の文学』（国書刊行会，2006年）もまとめ，長編『あかぎれ夫人の肖像』を執筆中。

熊谷かおり（くまがい・かおり）

京都府立洛北高校31回卒業。鳩居堂十代当主熊谷直清（京都一中大正11年卒業）の孫，父直好も洛北高第４回卒業。ミュージシャン。ミュージカルの作・演出の第一線で活躍。代表作に「レディ・スターダスト」,「わが本願のあらん限り」。知恩院の暁天講座等で仏教界にも浸透。文筆にも優れる。

京都一中百五十周年記念

われら自由の学び舎に育ち

2018年12月30日　初版第１刷発行　〈検印省略〉

定価はカバーに
表示しています

編著者　稲垣真美
　　　　熊谷かおり

発行者　杉田啓三

印刷者　田中雅博

発行所　株式会社　ミネルヴァ書房

607-8494　京都市山科区日ノ岡堤谷町１
電話代表　(075)581-5191
振替口座　01020-0-8076

創栄図書印刷・新生製本

ISBN978-4-623-08394-7
Printed in Japan